AK Trivia Book No. 1

도해 근접무기

図解 近接武器

오나미 아츠시 저

무기란 싸움의 도구입니다. 조금 더 나아가서 오해의 소지를 두려워하지 않고 말하자면, 인간이나 살아있는 생물을 상처 주고, 죽이기 위한 도구입니다. 일격으로 목숨을 빼앗는 것, 거미줄에 걸렸을 때처럼, 조금씩 조금씩 죽어가게 하는 것, 멀리서부터 일방적으로 공격하는 것 등, 다양한 종류의 무기가 만들어지고, 사용되어 왔습니다.

야생 동물의 경우 태어나면서부터 발톱이나 이빨 등의 무기를 가지고 있으며, 초식동물 조차도 단단한 뿔이나 발굽과 같은 무기로 몸을 보호합니다. 허약한 육체밖에 가지지 않은 인간이 무기를 원하는 목적은 다양하지만, 지니고 있는 무기를 보면 그가 어떤 사상의 소유자인지를 미루어 짐작할 수 있습니다. 무기는 상대방에게 상처를 입히는 물건이면서 동시에, 사람의 내면을 비추어 주는 거울인 것입니다.

이 책에서는 그러한 무기 중에서도, 검이나 창, 활 등 총이 등장하기 전에 많이 사용되었던, 속칭 『냉병기』라 불리는 것에 대해 다루고 있습니다. 근접무기의 기초지식에서 시작하여, 각각의 무기를 [힘의 무기] [기술의 무기] [특수한 무기]로 분류하고 있습니다만, 이것은 단지 편의상의 분류입니다. [힘의 무기]에도 다루는 사람의 기술은 필수이며, [기술의 무기]를 다루는 데에도 근력이 필요하게 됩니다. 이 분류는 힘이나 기술 등의 요소 중에서도 "어느 쪽이 더 중요한 무기인 것인가"에 기준을 맞추었다고 생각해 주시기 바랍니다. 또한 외래어의 표기에 대해서 입니다만, 자료나 시대에 따라서 『표기를 우선시』할 것인지, 『발음을 우선시』할 것인지에 따라 미세한 차이가 존재합니다. 같은 표기라 하더라도 시대에 따라서 발음이 차이가 나는 경우도 많아, 인쇄기술이 발전하기 까지 하나의 단어에도 여러 개의 표기가 존재했습니다. 같은 모양의 무기임에도 자료에 따라 명칭이 다른 일도 다반사입니다. 이 책에서는 그러한 것을 무리하게 통일하기 보다는 일반적이라고 생각되는 발음이나 명칭을 우선시 하는 것이 더 나을 것이라는 판단을 가지고, 전문서와 다른 표기를 택한 무기도 존재합니다만, 그 점에 대해서는 양해 바랍니다.

『가지고 있는 무기를 통해 그 사람의 내면을 알아낸다』, 또는 『인물의 캐릭터를 표현하기 위해 어떠한 무기를 쥐어주면 좋을까』와 같은 것을 생각하는 것이 이 책의 테마이기 때문에, 무기의 역사적 자취나 상세한 데이터는 조금 줄였습니다. 이러한 정보에 대해

더 자세하게 알고 싶으신 독자 분께서는, 이 책을 읽으신 후 新紀元社에서 출간된 『무기와 방어구』 3부작이나, 『무기사전』 등, 역사의 깊은 부분에 까지 손을 댄 전문서적을 읽으신다면 보다 무기의 진리에 다가갈 수 있을 것입니다.

오나미 아츠시

목 차

제 4장 특수한 무기

모순

　어느 나라에 한 명의 행상인이 찾아왔습니다. 이 남자는 전쟁이 날 것 같은 곳을 찾아가서는 무기를 팔아먹는 불한당이었습니다. 상인은 대로변에 물건을 진열하더니, 길가는 사람들을 향해 큰 소리로 호객행위를 하기 시작했습니다.

　『자, 자, 이쪽에 보시는 파일벙커. 강화 미스릴을 사용한 창 끝의 날카로움은 어떠한 장갑도 일격에 관통할 수 있을 만큼 뛰어나답니다! 게다가 이 오리할콘 실드의 방어력으로 말할 것 같으면 천하제일, 어떤 돌격창이나 갑옷뚫기도 뚫는 것은 불가능합니다! 지금 세트로 구매하신 고객님께는 예비용 창을 무려 3개나 서비스로 드리는 특별 캠페인을 실시중입니다! 다들 와서 보고가세요!!』

　그러나 묵묵히 듣고 있던 군중 속에서 한 명의 여성이 걸어 나와서는 말했습니다.

　『저기 있잖아, 그거 "모순"이라는 거 아니야? 그 파일벙커로 실드를 찌르면 어떻게 되는지 직접 좀 해서 보여줘 봐.』

　상인은 벌레라도 씹은 표정이 되어 혀를 찼습니다.

　『쳇, 먹고 살기 힘든 세상이 되어버렸군.』

　『왜 그래? 못하는구나?』『아이고, 무슨 말씀이십니까? 이건 소중한 상품입니다. 상처가 나서 아무도 안 사게 되면 곤란하다구요.』『그럼 내가 사줄 테니까, 둘 다 줘봐.』

　직접 시험해보자 파일벙커의 창은 부러지고, 방패는 산산조각이 나고 말았습니다.

　『이것 봐, 역시 불량품이잖아.』『아닙니다. 창을 부러뜨린 이상, 방패는 분명히 파일벙커의 공격을 막아냈지 않습니까. 물론 방패는 산산이 조각나 버렸으니, 파일벙커의 공격도 실패라고 할 수는 없지요.』

　상인은 거침없이 대답합니다.

　『뭐라구? 도대체 무슨 소리를 하는거야.』『기본적으로 이것은 제품의 사양입니다. 이러한 경우에 관한 면책사항으로서 설명서의 제4장 제2항의 케이스 63 부칙 8에도 명기되어 있잖아요?』『그런 논리가 통할리가…』『물론 이것은 결함이 아닌 사양이므로, 보험 대상에서 제외됩니다.』『고… 고소해주겠어. 이 나라에서 장사 못하게 해줄 테야.』『곤란하군요 아가씨. 이 이상 쫑알쫑알 시끄럽게 굴면 당신이야말로 영업방해로 고소해버릴 거야. 응?』

　해설: 이 고사가 의미하는 것은 『장사꾼은 입으로 성공하지 않는다.』『법적인 자기방어의 중요성』과 같은 교훈이다. 상품은 팔아버리기만 하면 판 사람이 이긴 것이다. 그러나 판매 후에 생길 문제를 회피하기 위해서 보험을 들어두는 것도 장사의 철칙인 것이다.

『고사 속담 대사전 전국 편』(신기원서방)으로부터

제 1 장
기초 지식

어떤 무기를 선택할 것인가?

수많은 무기를 앞에 두고 「가장 좋은 무기를 고르시오」 라는 말을 들었을 때, 고민하고 헤메는 일은 없을까. 과연 "좋은 무기" 란 대체 무엇인 걸까. 조건은 다양하지만, 하나의 지침이 될 수 있는 것은 사용자가 「무엇을 하고 싶은가」 하는 점이다.

목적에 맞는 무기의 선택

무기에도 다양한 모양이나 사이즈가 있고, 이것은 「예상되는 사용방법」 에 적합하도록 되어있다. 사용자의 목적이 뚜렷하다면 그에서부터 역으로 추정하여 적합한 무기를 골라낼 수가 있다. 무기를 가지는 목적의 대부분은 싸움이고, 전장에 나서는 이는 "남에게 이기고 싶다" 하는 생각을 가지고 있을 것이다. 그리고 승리의 가장 이해하기 쉬운 형태는 「자신의 전투능력은 유지하면서, 상대방의 전투능력을 빼앗는」 것으로, 이를 위해서는 무기의 위력이 필요하게 된다.

상대방에게 커다란 피해를 줄 수 있는 무기의 필두로는 도끼나, 해머가 있다. 「날이 달린 곤봉」 이라고도 말 할 수 있는 도끼는 인간의 팔뚝 따위는 손쉽게 잘라낼 수 있고, 해머는 갑옷 위에서부터 때려도 상대방의 뼈를 분쇄할 수 있다. 또한, 긴 자루를 가진 창은, 상대방을 자신에게 다가올 수 없게 하면서, 간격을 살린 선제공격에도 적합하다. 그리고 도끼와 해머, 창의 요소를 모두 조합한 무기인 폴 암^{pole arm}은 활 등의 투사무기와 함께 오랜 시간 전장의 주역이 되어왔다.

또한 같은 싸움이라 하더라도, 평상시의 「호신」 을 목적으로 한 것도 있다. 이것은 "남들보다 강하지 않아도 괜찮지만, 타인보다 약한 채로 있는 것은 곤란하다" 라는 생각으로부터 선택되는 무기로, 짧게 만든 검이나 도, 적당히 가볍게 만든 해머 등이 선호된다. 일상적으로 전투사양의 살벌한 무기를 들고 다닐 수는 없지만, 「들고 다니기 편하면서도, 필요한 만큼 충분한 위력이 있는」 무기를 호신용으로 삼는다면 문제가 없다는 뜻이다. 그러나 경비병 등의 경우 「호신」 과 「위협」 의 목적을 겸하여, 일부러 대형 무기를 선택하는 경우도 있다.

「암살」 이나 「전투시의 견제」 등이 목적일 경우, 상대방이 "설마" 하고 생각하게 만드는 것을 통해 성공률이 극대화 되기 마련이므로, 암기^{暗器}와 같은 손바닥이나 옷 속에 숨길 수 있는 크기의 것이 가장 적합하다고 일컬어진다.

무기를 사용해서 무엇을 하고 싶은 것인가?

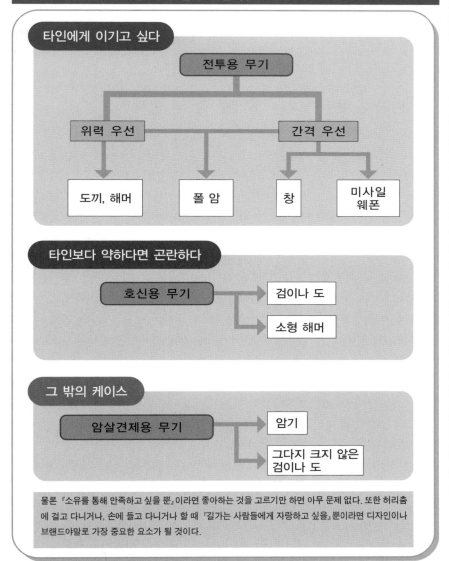

타인에게 이기고 싶다

전투용 무기

위력 우선 — 간격 우선

도끼, 해머 폴 암 창 미사일 웨폰

타인보다 약하다면 곤란하다

호신용 무기 → 검이나 도

→ 소형 해머

그 밖의 케이스

암살견제용 무기 → 암기

→ 그다지 크지 않은 검이나 도

물론 『소유를 통해 만족하고 싶을 뿐』이라면 좋아하는 것을 고르기만 하면 아무 문제 없다. 또한 허리춤에 걸고 다니거나, 손에 들고 다니거나 할 때 『길가는 사람들에게 자랑하고 싶을』뿐이라면 디자인이나 브랜드야말로 가장 중요한 요소가 될 것이다.

관련항목

- ◆ 검이라는 무기의 특징이란? → No.007
- ◆ 도라는 것은 어떤 무기인가? → No.008
- ◆ 도끼는 야만족의 무기? → No.010
- ◆ 다양한 종류의 해머 → No.012

- ◆ 숨겨서 지니고 다닐 수 있는 무기 → No.014
- ◆ 창은 기병의 무기? 보병의 무기? → No.015
- ◆ 폴 암(pole arm)이라는 무기 → No.017
- ◆ 원거리 공격용 무기 「미사일 웨폰」→ No.019

자네, 어떤 사람인가?

무기란 살육을 위한 도구이며, 살육은 남자가 할 일이었다. 이에 따라 거의 모든 근접무기는 그 디자인이나 용법이 『평균적인 성인남성이 사용하는 것』을 기준으로 삼아 설계되어 있다.

 ## 여자나 어린아이는 무기를 쓸 수 없다?

싸우는 목적에 적합한 무기를 찾았다고 하더라도, 그것을 능숙하게 다룰 수 있는지 여부는 별개의 문제이다. 키가 작은 사람이 땅에 끌릴 만큼 긴 바지를 입으면 넘어지게 마련이듯이, 같은 무기라 해도, 사용하는 사람이 여성이나, 어린아이일 경우에는 기능을 제대로 발휘할 수 없는 경우도 있는 것이다. 그렇다면 성인 남성이 아니면 무기를 제대로 사용할 수 없는 것이냐고 묻는다면, 물론 꼭 그렇지는 않다. 같은 인간인 이상 『사용할 수 없는』것이 아니라, 그저 『사용하기 불편할』뿐인 것이다.

그 가장 큰 이유 중 하나는 바로 『근력』이다. 성인 남성을 기준으로 삼아 만들어진 무기의 중량은 여성이나 어린아이에게는 부담스럽기 마련인지라, 휘두르기는 커녕 도리어 휘둘려 버리거나, 들어올리는 것 자체가 불가능하기도 하다. 찌르기를 기본 동작으로 하는 레이피어나 창은 이러한 불안정 요소를 어느 정도는 없앨 수 있으나, 역시 근력이 부족하다면 줄 수 있는 데미지도 만족스럽지 못하게 된다.

또한 『체격』도 중요하다. 고령의 노인에게 도끼나 해머를 휘두르라고 하는 것도 가혹한 일이고, 키가 150cm밖에 안 되는 왜소한 남자가 길고 무게 중심이 한쪽으로 치우친 폴암을 다루는 것도 무리가 있다. 게다가 빈약한 체격은 피로를 가속시키기 때문에, 분에 넘치는 무기를 휘두르고 다니다간 금세 지쳐서 움직일 수 없게 될 것이다.

하지만 이러한 상성조차도 절대적인 것은 아니다. 신발에도 사이즈 차이가 존재하는 것처럼, 입수경로에 따라서는 같은 디자인의 무기 중에서도 자신의 근력에 맞는 무게의 물건을 손에 넣을 수 있을 수도 있다. 무기의 크기도 자신의 체격에 맞도록 어느정도 잘라내거나, 늘이거나 하는 등 개조의 여지가 있을 것이다. 물론 훈련이나 수행을 통해서 『자기 자신을 무기에 맞추는』방법도 매우 효과적이다. 이것을 잘 뛰어 넘는다면 『배틀액스를 양손에 한 개씩 들고 휘두르는 작고 가녀린 소녀』와 같은 망상기 넘치는 경우라도 불가능하지는 않고, 근접무기의 일반적인 전투 패턴을 벗어나 도무지 종잡을 수 없는 전투를 실현할 수 있을 지도 모른다.

무기를 사용하는 인간의 적성

무기를 사용할 때 필요한 육체적인 요소

근 력	체 격

근력의 부족

- 상대방에게 커다란 대미지를 줄 수 없다.

- 기본적으로 무기자체를 들어올릴 수 없다.

빈약한 체격

- 체중이 가볍기 때문에 무기에 휘둘리고 만다.

- 금새 지쳐 버리는 탓에 전투에 참가할 상황이 아님.

해 결 책

- 창의적인 고안으로 무기를 개량한다.
- 엄격한 수행으로 자기자신을 단련한다.

관련항목

얼마나 간격을 두고 싸울 것인가?

적과의 교전거리는 『간격』이라고도 표현되지만, 근접무기의 세계에서는 "가까우면 가까울수록 반드시 데미지가 커진다"고 할 수 있는 것은 아니다. 근거리에서는 쓸모 없지만, 거리를 벌리게 되면 위력을 발휘하게 되는 무기도 적지 않다.

뒤로 빠질 것인가, 앞으로 파고들 것인가?

상대방과의 거리 중에서도 가장 일반적인 것이 『중간거리(미드레인지)』라고 불리는 것이다. 검도의 시합을 떠올리면 이해하기가 쉬울 것이라 생각하는데, 흔히 말하는 검이나 도와 같은 "인간의 팔과 비슷한 길이의 무기를 들고 싸울 때"의 간격이다. 데미지를 주고 싶을 때는 발을 내디디며 파고들어 거리를 좁히고, 방어에 집중할 때에는 그대로 상대방과의 거리를 유지한다. 어느 쪽 경우에도 무기의 길이를 공방일체의 형태로 사용할 수 있기 때문에 싸우기 편하다.

여기서부터 거리를 좀 더 좁히게 되면, 『근거리(숏 레인지)』가 된다. 이것은 유도와 같이 "손을 뻗으면 닿는 거리에서 싸우는" 간격으로, 중거리용 무기는 지나치게 크다. 때문에 근거리용 무기에는 30㎝정도의 길이를 유지하는 대거나 손도끼와 같은 무기가 자주 사용된다.

그리고 이마를 맞댈 만큼 가까운 거리까지 다가가면 『지근거리(크로스 레인지)』가 된다. 이 간격에서는 사용하는 무기도 맨주먹의 연장선상인 철권이나 구조鉤爪와 같은 것을 사용하게 되고, 데미지도 사용자의 근력에 의존하게 된다. 지근거리나 근거리용의 무기는 간격이 가깝기 때문에 공격 가능한 범위가 상반신으로 한정되지만, 가볍고 사용하기 편리하기 때문에 상대방의 무기를 쳐내거나 받아넘기기 쉽다.

중거리용 무기가 닿지 않는 위치에서 공격하는 것이 『원거리(아웃레인지)』용 무기이다. 창이나 폴 암과 같이 길고 커다란 무기가 많고, 멀리 있는 상대에게 체중을 실은 일격을 가할 수 있다. 물론 미사일 웨폰이라 불리는 투사무기도 원거리용 무기의 일종으로, 어느 쪽이나 "상대방을 접근시키지 않는다"라는 점에서 방어적인 전투에도 사용할 수 있다.

지근거리나 근거리용 무기는 상대방이 멀리 있으면 싸울 수가 없기 때문에 『성큼성큼 접근하면서 싸우는 방식』을 취하게 되고, 원거리용 무기는 상대방이 자신의 공격을 위한 간격 내부로 들어오게 되면 위험하므로 『후퇴하면서 거리를 유지하며 싸우는 방식』을 취하게 된다. 자신의 무기가 어떠한 간격에 적합한지를 아는 것은, 싸움에 있어 중요한 요소이다.

지근거리 (크로스 레인지, close range)

이마를 맞댈 만큼 가까운 거리

- 구조
- 아이언 너클
- 침

근거리 (숏 레인지)

손을 뻗으면 잡을 수 있는 거리

- 대거
- 숏 소드
- 메이스

중거리 (미드레인지)

검이나 도로 대표할 만한 일반적인 간격

- 롱 소드
- 일본도
- 플레일

원거리 (아웃레인지)

중간 거리용 무기가 닿지 않는 거리

- 창
- 폴 암
- 미사일 웨폰(투사무기)

거리를 벌린다(간격을 취한다)

거리를 좁힌다(간격을 좁힌다)

관련항목

- 근접무기를 사용한 방어방법 → No.005
- 검이라는 무기의 특징이란? → No.007
- 도라는 것은 어떤 무기인가? → No.008
- 창은 기병의 무기? 보병의 무기? → No.015
- 폴 암(pole arm)이라는 무기 → No.017
- 원거리 공격용 무기 『미사일 웨폰』 → No.019
- 벌목도 → No.033
- 철권 ~ 아이언 너클(iron knuckle) → No.039
- 단검 ~ 대거(dagger) → No.062
- 짐승과도 같은 일격 ~ 구조(鉤爪) → No.070

근접무기를 사용한 공격방법

다운 스윙(down swing), 사이드 스윙(side swing), 슬래싱(slashing), 스러스트(thrust), 스러스팅(thrusting)

실제 무기를 들고 적과 대치했을 경우, 어떻게 하면 좋을지 모르고 헤메고 있으면 순식간에 당하고 말 것이다. 그렇게 되고 싶지 않다면, 어떻게든 내 무기를 먼저 맞출 필요가 있다. 자! 쓰러지기 전에 쓰러트려라!

상대방을 무찌르는 것이야 말로 승리에의 길

근접무기에 의한 공격 패턴 중에서도 기본이 되는 것이, 무기를 들어올렸다가 위에서 밑으로 내려치는 『내려치기(다운스윙)down swing』이다. 무기의 중량을 데미지에 더할 수가 있기 때문에, 곤봉으로 치고 받으며 싸우던 시절부터 활발히 사용되던 전법이다. 검도의 『머리』나 『손목』은 이것에 내디디는 속도를 더해서 위력이 증강되도록 고안한 기술이다. 무기를 발목까지 내려친 다음에 다음 공격을 위해 다시 한번 들어올리지 않으면 안되기 때문에 연속공격에는 적합하지 않다.

『후려치기(사이드 스윙)side swing』은 무기를 옆으로 후려치듯 휘두르는 공격 패턴이다. 내려치기보다 약간 데미지는 낮지만, 옆으로 휘두른 무기의 방향을 바꾸면 연속 공격이 가능하다. 상대방의 어깨춤부터 비스듬하게 베어내는 『가사袈裟 걸치기』, 『가사베기』라고 불리는 공격방법은 무기를 완전히 휘두르지 못하면 단순한 『어정쩡한 내려치기』밖에 안되므로, 도신이 휘어있는 일본도나 샴쉬르와 같은 무기를 사용하는 것이 효과적이다.

『찌르기(스러스트)thrust』는 효과적이면서도 실전적인 공격 패턴이라 할 수 있다. 정면에서 행하는 찌르기는 무기의 궤도가 "점"이 되기 때문에, 상대방이 회피하기가 어렵고, 끝부분에 타격력이 집중되므로, 데미지도 크다. 노린 곳을 정확히 맞추기 위해서는 훈련이 필요하지만, 내려치기나 후려치기보다도 급소나 갑옷의 틈새를 노리기 쉽다.

예외적인 공격 패턴으로서 『밑에서부터 쳐 올리는』방법이 있다. 이것은 기습을 하거나 사각에서부터 공격을 하기 위한 예외적인 방법으로, 내려치기나, 후려치기에 적합한 『무거운 무기』와는 절망적일 만큼 상성이 나쁘지만, 가볍고 예리한 날을 가졌고, 돌파가 가능한 가타나打刀의 경우 이러한 용법에 적합하다.

이러한 전투 패턴은 오랜 옛날부터 축적되어 온 인간의 공격충동과 무기의 용법이 함께 조합되어 정형화된 것으로, 평화로운 시대가 되고부터는 『예절』이나 『도』로서 전승되게 되기도 했다.

근접무기의 공격패턴

무기를 맞출 수 있는 범위

내려치기(다운 스윙)

· 무기의 중량을 데미지에 더할 수 있다.
· 연속공격에는 적합하지 않다.

효과적인 무기

· 해머
· 도끼
· 크고 무거운 검

후려치기(사이드 스윙)

· 비스듬하게, 혹은 옆으로 무기를 휘두른다.
· 대미지는 『내려치기』 보다는 못하지만,
 다음 공격으로 연계하기 쉽다.

효과적인 무기

· 도신이 휜 도
· 중간 크기의 검
· 폴 암

찌르기(스러스트)

· 체중을 실으면 가벼운 무기라도 효과적이다.
· 정확히 노리기 위해서는 훈련이 필요하다.

효과적인 무기

· 창
· 찌르기용 검
· 단검

관련항목

◆ 도라는 것은 어떤 무기인가? → No.008
◆ 중동의 환도 ～ 샴쉬르(shamshir) → No.058
◆ 일본 사무라이의 칼(Japanese samurai sword) ～
가타나(打刀) → No.059

근접무기를 사용한 방어방법

웨폰 블록(weapon block), 블로킹(blocking), 패리(parry), 패링(parrying)

무기는 싸움의 도구이면서, 동시에 몸을 보호하기 위한 방패이기도 하다. 전사의 본분이란 (전투에서)살아남는 것으로, 마구잡이로 덤벼드는 것은 그야말로 어리석음의 극치라 할 수 있다. 상대방의 공격을 끝까지 지켜본 후, 유연한 방어로 대응해야만 목적도 달성시킬 수 있는 것이다.

자신이 쓰러지지만 않았다면 진 것은 아니다

싸움에 익숙하지 않은 사람이 무기로 방어하려고 할 경우, 확실한 방법은 손에 쥐고 있는 것을 "무기로서 생각하지 않는" 것이다. 이것은 특이한 형태의 방패라고 간주하고, 반격 따위 생각하지 말고, 그저 상대방의 공격을 막아내는 데에만 집중하자.

『무기방어(웨폰 블록)』등으로 불리는 이 방법은 수많은 공격 패턴에 대해서 효과적이지만, 상대방의 공격을 "받아낸다"는 특성상, 받는 데미지가 무기에 집중되는 문제점이 있었다. 제 아무리 무기가 튼튼한 소재로 만들어졌다 해도, 공격을 계속해서 받는다면 그만큼의 데미지가 축적되어, 부러지거나, 휘어져 버리고 만다. 방어구인 『방패』는 데미지를 튕겨내거나, 분산시키는 구조로 되어있고, 설사 부서진다고 해도, 싸울 수 없게 되지는 않지만, 무기가 망가져서는 그 시점에서 끝장이다.

상대방의 공격을 무기로 방어하면서도 축적되는 데미지는 최대한 줄일 수 없을까 하고 고안된 것이 『받아넘기기』라고 불리는 방어 패턴이다. 이것은 상대방의 무기를 받아친 순간, 자신의 무기의 각도나 방향을 틀어서 무기에 가해지는 데미지를 경감시키는 방법으로, 무기의 강도차이가 심해서 "단순한 무기방어"만을 해서는 무기가 부서질 것 같은 경우에도 대응할 수 있다.

또한 상대방과 같은 수준의 강도를 가진 무기를 지녔다면, 보다 능동적인 『쳐내기』라고 불리는 방어패턴을 선택해도 된다. 이것은 내려치나 찌르기로 공격해 오는 상대방의 무기에 맞춰 자신의 무기로 쳐내는 동작인데, 이 목적은 "상대방의 무기의 겨냥을 빗나가게 하기" 위한 것이므로, 힘을 줄 필요는 없다. 상대방의 공격에 대해 쳐내기를 반복해서 생긴 빈틈에 완벽히 겨냥된 필살의 일격을 때려 넣는 것이다.

이러한 받아넘기기나 쳐내기는 『패리^{parry}』『패링^{parrying}』이라 불리며, 무기방어보다도 고도의 방어패턴으로 사용된다.

근접무기로 방어한다

무기방어(웨폰블록)

무기를 『겨냥 당하고 있는 것 같은 위치』에 가져가 상대방의 공격을 기다리며 받아낸다.

내려치기에 대한 방어

후려치기에 대한 방어

※찌르기는 『점』을 공격해 오기 때문에 가는 무기나 소형 무기로는 대응하기 어렵다.

보다 고도의 방어패턴 = 『패리(parry)』

받아넘기기

- 무기방어로 상대방의 무기를 받아낸 순간, 힘의 흐름에 맞추어 무기의 방향을 틀어, 무기에 전달되는 충격을 완화한다.

쳐내기

- 공격해 오는 상대방의 무기를 받아 치는 것을 통해 『겨냥점이 빗나가게 하는』 방어방법으로, 찌르기에 대해서도 효과가 있다.

『방어』에 구애되어서는 안 된다?

자신의 무기가 약할 경우나, 상대방의 무기가 중량급일 경우에는 무리하게 방어하려 하지 말고 회피하는 것이 현명합니다. 다만 체술이 뛰어나지 않으면 곤란하기 때문에 평상시에 단련을 게을리하지 않도록 합시다.

관련항목
- 근접무기를 사용한 공격방법 → No.004

절단·참격·찌르기·타격

무기에는 각자 줄 수 있는 데미지의 특징이 있다. 베는 것에 적합한 것, 때리는 것에 적합한 것, 무기의 형상에 따라 다양하다. 간격과 마찬가지로, 무기의 데미지 속성을 아는 것은 전술을 정하는 데 있어서도 중요한 요소이다.

자신의 무기가 주는 데미지는 어떤 유형에 해당할까?

무기를 "가하는 데미지의 속성별로 분류하는" 것은 옛날부터 행해져 왔다. 대표적인 것으로는 검 등의 『베는 무기』, 창 등의 『찌르는 무기』, 그리고 해머 등의 『때리는 무기』와 같은 구분이 있고, 이것은 누구나가 납득하는 것일 것이다. 그러나 일본의 검(도)와 서양의 검은 용법도 데미지의 속성도 다르고 하나로 묶기에는 위화감이 든다. 따라서 베는 무기를 『절단』과 『참격』으로 세분화하여, 네 개의 계열로 데미지 속성을 정리해 보았다.

우선은 일본도로 대표할 수 있는 절단계 무기이다. 베어서 공격하는 무기인데, 칼날을 숫돌로 예리하게 갈아서 이것으로 베인 상대방은 벌어진 상처로부터 다량의 출혈을 피할 수 없게 된다. 내려치기나 후려치기, 찌르기 등 다양한 공격패턴을 사용하여 공격할 수 있으나 금속제 갑옷에 대해서는 데미지가 격감한다.

참격계의 무기는 절단계와 마찬가지로 "베어서 공격하는 무기"이지만, 칼날 그 자체는 그리 날카롭지 않다. 서양의 검이나 도끼가 여기에 해당하며 장작을 패는 느낌으로 내려치는 것이 주된 사용법이다. 일부 날카롭게 잘 베이는 날을 가진 것이나, 찌르기에 적합한 날카로운 끝부분을 가진 것도 있지만, 기본적으로는 내려치기나 후려치기 등의 전술에 적합하다. 참격계 무기의 공격은 무게가 실려 있으므로 상대방의 팔뚝이나 다리를 뼈째로 끊어낼 수 있다.

자돌刺突계의 무기를 대표하는 것은 창이다. 찔러서 공격하는 무기지만, 데미지가 집중되어 몸 속으로 파고 들기 쉽고, 검 끝이나 창 끝이 내장 등의 급소를 가격하기 때문에 치사율이 높다. 이로 인해 검이나 해머의 일부가 에스톡estoc이나 워픽warpick이라는 형태로 찌르기 형태의 데미지를 줄 수 있게 진화되어 왔다.

타격계의 무기는 오래 전부터 있어왔고 각종 해머가 이에 포함된다. "들어올려서 내리찍는" 형태의 극히 단순한 방식으로 데미지를 줄 수 있어서 기량이 미숙한 자라도 사용할 수 있다.

무기의 대미지 속성

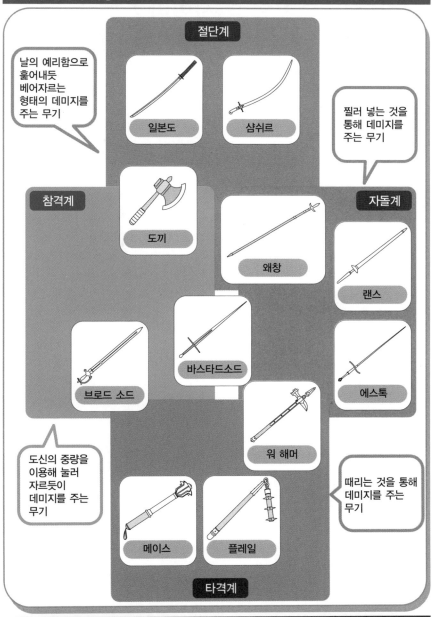

절단계

날의 예리함으로 훑어내듯 베어자르는 형태의 데미지를 주는 무기

일본도

샴쉬르

찌르는 것을 통해 데미지를 주는 무기

참격계

도끼

왜창

자돌계

랜스

바스타드소드

브로드 소드

에스톡

워 해머

도신의 중량을 이용해 눌러 자르듯이 데미지를 주는 무기

때리는 것을 통해 데미지를 주는 무기

메이스

플레일

타격계

관련항목

- ◆ 검이라는 무기의 특징이란? → No.007
- ◆ 도라는 것은 어떤 무기인가? → No.008
- ◆ 다양한 종류의 해머→ No.012

- ◆ 창은 기병의 무기? 보병의 무기? → No.015
- ◆ 찌르는 검 ~ 에스톡(estoc) → No.057
- ◆ 전투용 곡괭이 ~ 워 픽(war pick) → No.067

검이라는 무기의 특징이란?

소드(sword), 세이버(saber), 블레이드(blade), 사벨(sabre)

검은 참격용 무기이다. 중량을 이용하여 내려찍듯이 사용되지만, 찌르기용 검도 많다. 모양이나 크기에 다양한 배리에이션이 있어 대형검을 제외한다면 『휴대하기 편리함』과 『위력』의 균형이 잘 잡힌 무기라고 할 수 있다.

무력과 권력의 상징

검은 칼자루로부터 곧게 뻗은 도신을 가진 무기이다. 지역이나 시대에 따라서 도신의 길이는 다양하지만, 그 형태는 『양날의 직도』인 경우가 많다. 일본도와 같이 외날인 것은 도라고 하는 별도의 분류로 포함된다.

중세의 기사 대부분이 검을 가지고 있었으나, 그들 모두가 전투시에 검을 무기로 사용하여 싸웠던 것은 아니다. 살인무기로서의 유효성을 생각했을 때, 위력이 큰 도끼나 해머, 사정거리 밖에서 공격할 수 있는 창이 더 유용하고, 기사들도 그것은 이해하고 있었다. 그럼에도 불구하고 그들이 『이 검에 걸고서라도…!』하며 외쳤던 것은 검이 오래 전부터 『힘의 상징』으로 기능해왔기에 단순한 무기 이상의 뜻을 가지기 때문이다.

검은 그 디자인상, 제작하는 데 창이나 해머 보다 많은 양의 금속을 필요로 했다. 즉, 금속의 제련법이 아직 발달하기 전의 시대에는 검을 가질 수 있었던 것은 권력자나 신분이 높은 자들뿐이었던 것이다. 검을 지니는 것 자체가 일종의 지위의 상징이었고, 금속이 일반화된 시대에도 그런 생각은 이어져 내려왔다. 현대에도 수많은 미국인 들에게 『총을 가지는 것』이 자유와 독립의 상징인 것처럼, 검을 지니고 다니는 것에는 특별한 의미가 있었던 것이다. 왕족이나 귀족 등이 신분에 걸맞는 호화로움을 위해 화려하게 장식했던 것도 해머나 창이 아니라, 역시 검의 칼자루나 칼집이 대부분이었다.

검의 도신에는 『칼날』이 달려있지만, 날이 예리한 커터 칼이나 면도칼 같은 것이 아니라, 굳이 말하자면 손도끼쪽에 가깝다. 손도끼로 나무를 베거나 장작을 패는 것처럼, 중량을 이용해서 휘두르고, 내려 찍듯이 해서 사용한다. 일본도와 같이 "베는" 것을 목적으로 한 무기는 아니므로, 위력을 높이는 것은 『예리함의 향상』이 아닌 『중량의 증가』에 의해서 이루어졌다. 무거운 날이 명중하면 살을 찢고 뼈를 부수어, 결과적으로 목표가 절단되도록 하는 것이다.

검의 각부 명칭

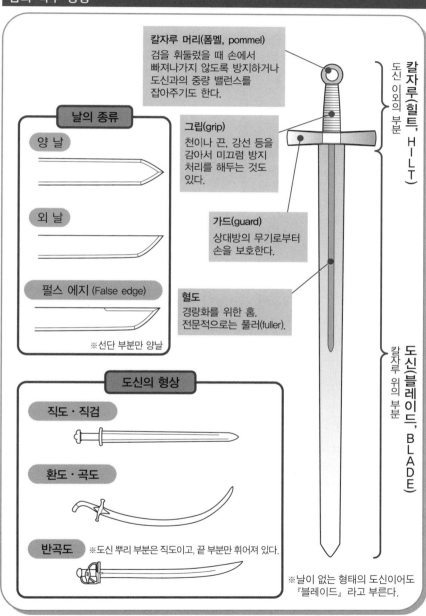

칼자루 머리(폼멜, pommel)
검을 휘둘렀을 때 손에서
빠져나가지 않도록 방지하거나
도신과의 중량 밸런스를
잡아주기도 한다.

칼자루(힐트, HILT)
도신 이외의 부분

날의 종류

양 날

외 날

펄스 에지 (False edge)

※선단 부분만 양날

그립(grip)
천이나 끈, 강선 등을
감아서 미끄럼 방지
처리를 해두는 것도
있다.

가드(guard)
상대방의 무기로부터
손을 보호한다.

혈도
경량화를 위한 홈.
전문적으로는 풀러(fuller).

도신(블레이드, BLADE)
칼자루 위의 부분

도신의 형상

직도 · 직검

환도 · 곡도

반곡도 ※도신 뿌리 부분은 직도이고, 끝 부분만 휘어져 있다.

※날이 없는 형태의 도신이어도
『블레이드』라고 부른다.

관련항목

◆ 도라는 것은 어떤 무기인가? → No.008
◆ 도끼는 야만족의 무기? → No.010
◆ 다양한 종류의 해머 → No.012
◆ 창은 기병의 무기? 보병의 무기? → No.015

도라는 것은 어떤 무기인가?

도는 면도칼과 같은 날을 가진 절단계통의 무기이다. 일본의 환도(휘어진 칼)로 크기는 다양하지만, 디자인 상으로는 거의 같다. 복잡한 구조를 가지고 있기 때문에 서양의 검보다 강도는 떨어지지만, 그 예리함은 다른 근접무기들을 압도한다.

일본 특유의 근접무기

도는 일본에서 특히 발전한 무기로서, 외날로 휘어진 가는 도신이 특징이다. 중국의 청룡도나 서양의 기병도^{사벨, sabre}등 『도』라는 문자를 사용하는 도검은 많이 있지만 단순하게 『가타나』라고 부를 때는 일본도를 칭하는 것이라 생각해도 문제 없다. 도신과 그립(칼자루)이 일체화 되어있는 대다수의 서양검과는 다르게 일본의 도는 서로 다른 성질을 가진 금속이나 나무, 상어가죽, 실이나 대나무 등을 조합하여 만들어진다. 도신은 『접쇄단도』라고 불리는 방법으로 제련되어 면도날처럼 예리했지만, 전장에서는 난전이 되어 활과 같은 투사무기나 창을 사용할 수 없어졌을 때의 보조무기, 또는 적의 목을 치기 위한 도구로서 사용되는 일이 잦았다. 이것은 창보다도 "칼날의 이가 잘 나가고, 리치가 짧았던" 것이 이유로, 서양의 검과 마찬가지로 실제 교전의 주역으로 사용되지는 않았다.

도는 일본의 전사 계급인 『무사』의 무기로서 발전해 왔다. 그 중에서도 대표적인 것이 다치^{太刀}와 가타나^{打刀}인데, 이것은 서양의 검으로 말할 것 같으면 롱 소드에 해당하는 것이다. 시대적으로는 겐페이시기의 무사들이 사용하던 것이 태도, 막부 말기의 낭인 패거리가 사용하던 것이 타도이다. 다치와 가타나는 칼집에서 뽑은 상태만 봐서는 구분이 잘 안 가지만, 칼집의 겉 모양으로 구별할 수 있다. 다치는 칼집의 앞 뒤로 끈을 묶기 위한 쇠장식이 달려 있어 허리에 매달아서 휴대할 수 있었다. 가타나의 칼집은 심플하여, 이러한 쇠장식은 없다. 전장에서는 사게오^{下緒}라는 끈으로 몸에 묶기도 했으나, 평소에는 허리띠에 꽂아서 휴대했다. 또한 쉽게 칼을 뽑아낼 수 있는 점을 중시한 다치는 "날을 윗쪽 방향으로" 해서 허리춤에 꽂기 때문에, 칼집이 휘어진 방향을 보고도 두 가지를 구분할 수 있다.

에도시대가 되자 막부가 도에 대해 『신분증』으로서의 의미도 부가하였기 때문에 무사가 아닌 자가 대소(가타나와 와키자시)를 함께 갖추어 들고 다닐 수는 없게 되었다. 도가 가장 중요하게 사용된 것은 전장이 아니라 이러한 시대에 호신용이나 암살용, 또는 『복수』『결투』 등 막부가 인정한 결투에서였다.

도(타도)의 각부 명칭

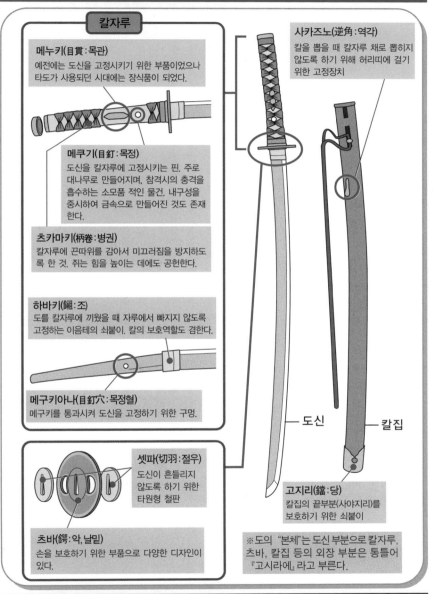

칼자루

메누키(目貫 : 목관)
예전에는 도신을 고정시키기 위한 부품이었으나 타도가 사용되던 시대에는 장식품이 되었다.

사카즈노(逆角 : 역각)
칼을 뽑을 때 칼자루 채로 뽑히지 않도록 하기 위해 허리띠에 걸기 위한 고정장치

메쿠기(目釘 : 목정)
도신을 칼자루에 고정시키는 핀. 주로 대나무로 만들어지며, 참격시의 충격을 흡수하는 소품 적인 물건. 내구성을 중시하여 금속으로 만들어진 것도 존재한다.

츠카마키(柄卷 : 병권)
칼자루에 끈따위를 감아서 미끄러짐을 방지하도록 한 것. 쥐는 힘을 높이는 데에도 공헌한다.

하바키(鎺 : 조)
도를 칼자루에 끼웠을 때 자루에서 빠지지 않도록 고정하는 이음테의 쇠붙이. 칼의 보호역할도 겸한다.

메구키아나(目釘穴 : 목정혈)
메쿠키를 통과시켜 도신을 고정하기 위한 구멍.

셋파(切羽 : 절우)
도신이 흔들리지 않도록 하기 위한 타원형 철판

츠바(鍔 : 악, 날밑)
손을 보호하기 위한 부품으로 다양한 디자인이 있다.

— 도신   — 칼집

고지리(鐺 : 당)
칼집의 끝부분(사야지리)를 보호하기 위한 쇠붙이

※도의 "본체"는 도신 부분으로 칼자루, 츠바, 칼집 등의 외장 부분은 통틀어 『고시라에』라고 부른다.

관련항목

검과 도가 싸우면 어떻게 될까?

서양의 검은 "무게에 의존해서 힘이 가는 대로 내려 찍는 것 밖에 못하는" 무딘 칼이고, 무기로서는 세련되지 못한 이류에 지나지 않는다는 평가가 있다. 『부러지지 않고·휘지 않고·잘 베이는』일본도는 정말로 검보다 뛰어난 무기인 것일까?

검사와 무사의 진검승부

일본도는 도검으로서 가장 뛰어난 물건이다… 라는 생각은 일부의 일본도 최강론자들 사이에서의 상식인 것 같다. 일본도는 철로 된 투구도 깰 수 있고, TV의 어느 쇼에서는 총알조차도 둘로 쪼갰다. 단순한 『무쇠 덩어리』에 지나지 않는 서양의 검에 질 리가 없다고 말이다.

그러나 하지만, 일본도의 천적이라고 할 수 있는 것이 바로 이 『무쇠 덩어리』이다. 날 붙이로 무언가를 자르기 위해서는 목표물에 칼끝이 파고들게 할 필요가 있고, 철 투구나 총알이 잘리는 것도, 표적이나 칼 둘 중에 하나를 고정해서 "칼끝이 파고들기 쉽게" 한 다음이다. 이것을 『날의 각角을 세운다』고도 하는데, 전투 중에는 자기 자신도, 상대방도 멈춰 있지 않는다. 격하게 움직이는 『표면이 단단하게 제련된 무쇠 덩어리』에 대해서 날줄기를 세우는 것은 정말이지 보통 일이 아니다.

일본도의 무기인 『예리함』이 봉인되어서는 남은 건 무쇠 덩어리끼리 부딪히는 일 뿐이다. 기본적으로 서양의 검에 면도날처럼 예리한 칼날이 없던 것은 그 당시 현장에서 일반적이었던 금속 갑옷에 대해, "그런걸 달아봤자 무의미 했기" 때문이다. 서양의 검과 일본도의 관계는 『손도끼와 부엌칼』쯤으로 얘기할 수 있을 것이다. 손도끼와 부엌칼이 부딪치게 되면, 이가 나가거나 부러지는 것은 부엌칼 쪽이다. 손도끼는 어느정도 이가 빠지거나 부러지는 건 문제 없지만, 부엌칼의 칼날이 이가 나가서는 이야기가 되지 않는다. 도라는 무기는 본디 부드러운 것을 자르기 위한 무기로, 서양의 검처럼 『단단하면서도 튼튼한 것을 때리기』위해서는 만들어지지 않은 것이다. 그러나 서양의 검 중에서도 레이피어 같은 것이라면 겨룰 수 있을지도 모른다. 가늘고, 찌르기를 전제로 한 레이피어가 상대라면 "검끼리 격렬하게 부딪히는" 싸움이 되지는 않기 때문이다. 도가 검과 싸우려고 할 때는 가능한 한 맞부딪히거나 맞받아서 밀어내는 것은 피하고 빈틈을 노렸다가 급소를 노리거나, 방어구가 없는 곳을 베어서 출혈을 일으키도록 하는 형태의 전투방식이 되야 할 것이다.

강도 vs 예리함

검의 장점

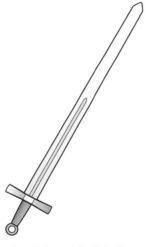

- 절단계의 무기에 대해서는 강도 면에서 유리
- 중심이 손목에 가깝기 때문에 다루기 쉽다.

검사의 기본자세

- 무조건 필요이상으로 칼을 휘둘러서 도의 날이 다 나가게 만들어 버린다.
- 도에 의해 검이 부러지는 상황은 일어나기 힘들기 때문에 무기방어를 효과적으로 사용한다.

도의 장점

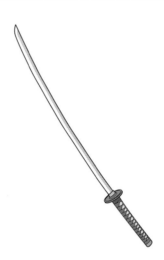

- 예리함 측면에서 뛰어난 날을 가졌다.
- 적당한 무게 균형과 휘어진 도신으로 인해 다루기 쉽다.

무사의 기본자세

- 상대방의 검과는 날을 맞대지 말고, 빈틈을 노려가며 한방에 승부를 낸다.
- 가벼운 상처를 많이 입게 해서 상대방의 출혈을 유도한다.

관련항목

◆ 가는 날의 검 ～ 레이피어(rapier) → No.054

도끼는 야만족의 무기?

액스(ax)

도끼는 참격계 무기이다. 중심이 손잡이에서 멀리 떨어진 끝부분에 집중되어 있는 데다가, 날 끝을 목표물에 맞추지 못하면 위력이 반감하기 때문에 다루기가 까다롭다. 일상적인 도구로부터 발전한 것이지만, 능숙하게 사용한다면 가공할 무기가 된다.

다루기 어렵지만 위력은 크다

도끼는 자루 끝에 금속으로 된 날을 고정시킨 무기이다. 초창기의 도끼는 길이 30㎝정도의 짧은 자루 끝에 넓적한 날을 장착한 것으로, 현재 손도끼핸드액스, hand ax라는 이름으로 불리는 것에 가깝다. 손도끼는 주로 나무를 자르거나, 장작을 패거나, 덤불을 베어낼 때 사용하는 도구였으나, 점차 사냥터나 전장에서도 사용되게 되었다.

무기로서의 도끼는, 사용의 편의성과 위력이라는 두 마리 토끼를 잡기 위해, 점차 자루가 길어지는 경향을 보였다. 양손 크기의 도끼라면 휘둘렀을 때의 원심력을 이용해서 커다란 피해를 입힐 수 있고, 힘을 가하기도 쉬웠기 때문이다. 양손으로 잡는 것을 전제로한 덕분에 거대한 도끼머리를 장착해도 무리없이 사용할 수 있게 되어 전투에 특화된 배틀액스가 탄생하게 되었다.

일본에서는 『도끼』라고 말하면 바이킹이나, 인디언(네이티브 아메리칸)의 무기라는 인상이 강하지만, 이러한 전투용 도끼는 검이나 창과 함께 서양의 기사들도 널리 사용하였다. 도끼는 칼날 부분을 명중시키지 않으면 데미지를 줄 수가 없으므로, 사용자의 기량이 요구되었지만, 같은 크기의 검보다 큰 위력이 있었으므로 검이나 창의 보조적인 역할을 충분히 해낼 수 있었다.

점차 기사들이 걸치는 갑옷이 강화되어 가면서, 판금 갑옷에 대해서도 효과적인 공격이 가능한 메이스라는 무기가 출현하게 되었고, 이로 인해 도끼는 기사의 사이드 웨폰으로 소수파가 되기는 하지만, 유럽을 침공해온 프랑크 족과 바이킹 들에 의해서 전장으로 되돌아왔다. 도끼가 『야만족의 무기』라는 이미지는 그들의 풍모나 전투 방식과도 관련이 있었겠지만, 어느 쪽이 되었든 일방적인 것이라 할 수 있겠다.

그 뒤로 도끼의 자루는 점점 더 길어져서 폴 암과 같은 대형 무기로 변화되어 가지만, 한편으로는 인디언들이 사용했던 토마호크와 같이 "소형으로 일상 속에서도 사용 가능한" 형태의 도끼도 계속 사용되었다.

도끼의 각부 명칭

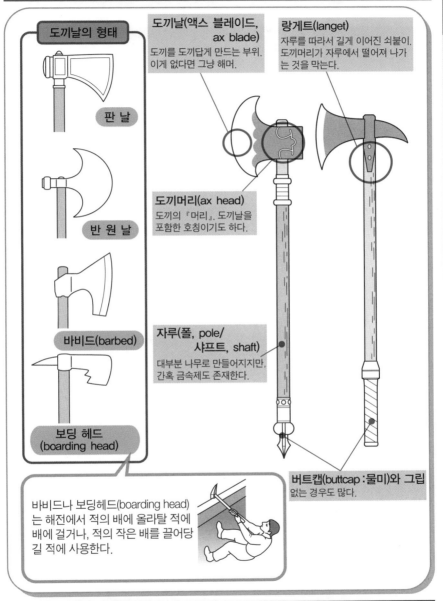

도끼날의 형태

판 날

반 원 날

바비드(barbed)

보딩 헤드 (boarding head)

도끼날(액스 블레이드, ax blade)
도끼를 도끼답게 만드는 부위. 이게 없다면 그냥 해머.

랑게트(langet)
자루를 따라서 길게 이어진 쇠붙이. 도끼머리가 자루에서 떨어져 나가는 것을 막는다.

도끼머리(ax head)
도끼의 『머리』. 도끼날을 포함한 호칭이기도 하다.

자루(폴, pole/ 샤프트, shaft)
대부분 나무로 만들어지지만, 간혹 금속제도 존재한다.

버트캡(buttcap : 물미)와 그립
없는 경우도 많다.

바비드나 보딩헤드(boarding head) 는 해전에서 적의 배에 올라탈 적에 배에 걸거나, 적의 작은 배를 끌어당 길 적에 사용한다.

관련항목

◆ 검이라는 무기의 특징이란? → No.007
◆ 창은 기병의 무기? 보병의 무기? → No.015
◆ 폴 암(pole arm)이라는 무기 → No.017

◆ 한손도끼 ~ 토마호크(tomahawk) → No.034
◆ 전투용 도끼 ~ 배틀 액스(battle ax) → No.035
◆ 철퇴 ~ 메이스(mace) → No.037

도끼와 검 중 어느 쪽이 더 강할까?

도끼와 검이 싸운다면, 위력 면에서는 압도적으로 도끼의 우위가 점쳐진다. 도끼는 끝이 무겁고 튼튼한 날을 가지기 때문에, 원심력에 의해 『중량을 그대로 위력으로 전환시킬 수』 있기 때문이다.

『위력의 도끼』와 『정밀함의 검』

검과 도끼의 날이 정면에서 부딪힌다면, 안타깝게도 부러지거나 휘어져버리는 것은 검 쪽이다. 도끼는 휘둘렀을 때의 원심력에 의해 가속도가 붙기 때문에 일격의 데미지가 크고, 날(도끼머리)가 받은 충격을 자루에 분산시키는 구조를 가지고 있기 때문에 힘을 믿고 마구 휘두를 수가 있다. 게다가 도끼머리는 두께가 있고 무겁기 때문에 검의 도신을 간단히 부러뜨리고 만다. 같은 검이라 해도 대형 검이라면 『중량에 의한 위력의 증가』를 기대할 수 있지만, 같은 크기의 도끼와 위력싸움을 벌이는 것은 불리하다. 나무꾼은 도끼로 나무를 쓰러뜨리지만 검으로 같은 일을 하라고 한다면 아주 어려울 것이다.

그렇다면 검은 도끼를 이길 수 없는 것인고 하면, 그렇지 만도 않다. 양쪽 모두가 비슷한 크기라면 검이 좀더 『중심이 손목에 가깝기』 때문에 다루기가 쉽기 때문이다. 다루기가 쉽다는 것은 공격 시 목표를 노리기가 쉽고, 방어도 하기 쉽다는 뜻이다. 나무꾼처럼 "단지 나무를 베는"것 뿐이라면 모를까, 도끼를 전투에서 자유자재로 사용하는 것은 어렵다. 도끼머리의 중량 때문에 내려치기는 빈틈이 크게 생기고, 중심이 끝부분에 있기 때문에 찌르기에도 적합하지 않다. 따라서 수평이나, 비스듬하게(팔자로) 휘두르는 듯한 후려치기에 편중된 전법을 취하게 되는데, 이래서는 상대방에게 공격을 읽히기 쉽다. 검은 내려치기, 후려치기, 찌르기 등의 다양한 패턴을 상황에 맞게 선택할 수 있어, 공격이나 방어의 변화가 넘치는 싸움을 할 수가 있다.

도끼를 사용하는 이는 검사와 대치했을 때, 상대방이 허튼 수작을 부리려 하기 전에 일격으로 승부를 내야만 한다. 위력이 낮다 해도 공격의 정밀도는 검이 더 높기 때문에 싸움을 오래 끌면 불리해진다.

또는 한 손으로 휘둘러도 힘들지 않은 작은 도끼를 양손에 들고, 중량에서 기인하는 도끼의 "빈틈"을 줄이는 방법도 있다. 일격필살의 위력은 없어질 지도 모르지만, 그래도 충분히 검과 비슷한 수준의 데미지는 유지할 수 있을 것이다.

도끼의 장점

· 데미지가 크다
· 충격이 자루로 분산되기 때문에
  힘껏 휘두를 수 있다.

도끼 사용자의 기본 전술

· 폭풍처럼 거칠게 공격하여 상대방
  이 아무것도 하지 못하게 해서 단박
  에 승부를 결정짓는다.
· 상대방의 도신을 노려서 공격하여
  무기를 사용불능상태로 만든다.

검의 장점

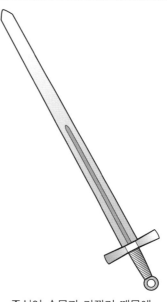

· 중심이 손목과 가깝기 때문에
  다루기 쉽다.
· 공격 패턴이 풍부하다.

검사의 기본 전술

· 무기를 맞부딪히며 싸우는 것은
  피하면서 빈틈을 노리다가 급소를
  찌르는 등, 일격으로 승부를 낸다.
· 자루나 도끼머리의 접합부를 노려
  서 상대방의 무기를 사용불능으로
  만든다.

관련항목
◆ 근접무기를 사용한 공격방법 → No.004

29

다양한 종류의 해머

해머, 클럽(club), 메이스, 플레일

해머는 물리적인 충격을 데미지로 전환시키는 타격계 무기이다. 목표를 때리는 무기 중에서 가장 오래된 것은 『손에 든 돌』이나 『뼈나 나무로 된 곤봉』일 테지만, 해머는 이것들을 조합한 무기로서 발달시킨 것이라 할 수 있다.

힘을 담아서 내려치는 것뿐

해머는 『타격무기의 대명사』적인 존재라 할 수 있다. 검을 사용할 수 없는 자의 대용 무기라는 인상도 있지만, 머리 위로 들어올려 내려치듯이 사용하는 해머는 『중량』 그 자 체가 상대방에 대한 위협이 되어, 검이나 창에 대해 효과적인 『받아내기』 『받아넘기기』 등의 방어패턴이 통하지 않는 가공할 무기라고도 할 수 있다.

해머의 모양에도 여러 가지가 있지만, 한눈에 해머라고 알 수 있는 것이 망치머리가 옆 을 바라보고 있는 T자 형의 물건이다. 대장장이의 망치를 대형화시킨 것 같은 형태로, 그 중에는 한 쪽을 부리처럼 날카롭게 만들어서 금속제의 판금 갑옷을 뚫을 수 있도록 한 것 도 존재한다. 전투용으로 개량된 『T자 = 쇠망치』형의 해머는 워 해머라고 불리며, 강도 향상을 위해 자루 부분이 금속으로 보강되는 것도 많았다.

쇠망치형의 해머는 점차 대형화되어 갔기 때문에, 사이즈가 고르지 못했지만, 곧게 뻗 은 『곤봉형』의 해머는 한 손 사이즈의 물건이 일반적이었다. 이것은 기사가 예비 무기로 서 휴대하거나, 마상의 접근전용으로 사용되는 일이 많았기 때문이다. 곤봉형 해머의 대 표격은 메이스로, 머리 부분은 돌기가 달린 판이 방사형으로 이어선 것이나, 스파이크가 달린 철구를 끼워 넣은 것 등 다양한 형태의 것이 존재했다.

또한 사슬 끝에 철구가 달려있는 포환형의 해머도 잊어서는 안 된다. 육상경기의 해머 던지기에 사용하는 『자루가 달린 포환』이나, 건물을 해체할 때 사용하는 『대철구』와 매 우 흡사한 이 무기는 긴 사슬을 이용해서 상대방의 사정거리 바깥에서부터 공격을 할 수가 있다. 일본의 『쇄분동』으로 대표할 수 있는 숙련자 취향의 수수한 무기지만, 사슬을 휘두 르는 모습이 강한 인상을 심어주기 때문인지, 픽션세계에서는 인기가 높다.

해머의 모양과 분류

쇠망치 형(해머 타입)

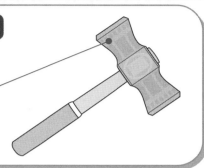

망치 머리(해머 헤드)
타격력을 만들어내는 핵심이 되는 부분.
한쪽이 픽(pick)으로 된 것도 있다.

곤봉형(클럽 타입)]

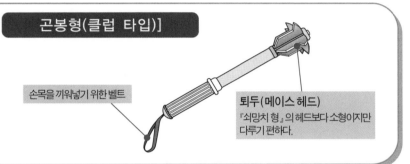

손목을 끼워넣기 위한 벨트

퇴두(메이스 헤드)
『쇠망치 형』의 헤드보다 소형이지만
다루기 편하다.

포환형(체인 타입)

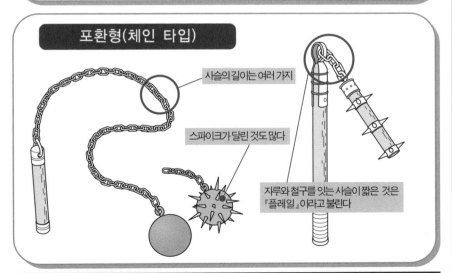

사슬의 길이는 여러 가지

스파이크가 달린 것도 많다

자루와 철구를 잇는 사슬이 짧은 것은
『플레일』이라고 불린다

관련항목

◆ 근접무기를 사용한 공격방법 → No.004
◆ 근접무기를 사용한 방어방법 → No.005
◆ 스파이크달린 해머의 유효성 → No.013

◆ 철퇴 ～ 메이스(mace) → No.037
◆ 전투망치 ～ 워 해머(war hammer) → No.043

스파이크 달린 해머의 유효성

스파이크 해머, 모닝 스타

타격무기에는 "무기를 휘둘렀을 때의 원심력을 타격력으로 전환하기" 위해 끝부분이 크게 만들어진 것도 적지 않은데, 이에 덧붙여 스파이크를 빼곡히 박아 넣은 것도 많이 있다. 이 스파이크에는 뭔가 깊은 의미가 있는 것일까?

스파이크는 단순한 허세가 아니다

확실히 해머계열의 무기에는 스파이크형 돌기를 가진 것이 많다. 『도신에 스파이크가 빼곡히 나있는 검』이나 『도끼머리에 스파이크가 돌출되어 있는 도끼』를 보는 일은 별로 없지만, 곤봉이나 메이스나 플레일 등에는 다른 무기에 비해 스파이크가 달려있을 확률이 높다. 스파이크 비율이 높다는 것은, 해머계열 무기에는 검이나 도끼보다 "스파이크를 달아둘 필연성"이 있다는 뜻이 된다.

스파이크의 이점으로 누구나가 납득할 수 있는 것이 『위협효과』일 것이다. 스킨 헤드나, 모히칸 머리의 "형님"들이 스파이크 달린 곤봉을 들고 노려보면, 싸움실력이 없는 사람이 전의를 상실한다 해도 탓할 수는 없을 것이다. 하지만 단지 이유가 그 뿐이라면 검이나 도끼에도 좀더 스파이크가 달려도 좋을 것이다.

스파이크라고 한다면 끝부분이 뾰족하지 않으면 안 되는데, 뾰족한 경우에는 『데미지가 한 점에 집중되는』효과를 얻을 수 있다. 뾰족한 무기의 대명사인 창이나 에스톡은 실용적인 무기지만, 노린 곳을 정확히 찌르기 위해서는 훈련이 필요하고, 당연히 『날 끝』도 하나뿐이다. 그러나 표면적이 넓은 해머 계열의 무기라면 데미지를 높이는 『날 끝 = 스파이크』를 몇 개씩 장착할 수 있다. 그리고 해머 자체의 무게나 휘둘렀을 때의 원심력이 스파이크의 끝부분에 집중되기 때문에, 몇 개나 있는 스파이크가 각각 데미지를 발생시키는 것이다. 사용법이 『휘두르기만 하면 끝』인 것도 있어서, 체력만 있다면 비교적 기량이 부족한 사람이라도 다룰 수 있다는 점이, 스파이크 해머의 인기에 박차를 가하고 있다고 할 수 있다.

게다가 이러한 무기의 대부분은 상대방이 갑옷을 입고 있어도 무시하고 때릴 수 있다는 장점이 있다. 물론 창이나 에스톡도 "갑옷 째로 꿰뚫는" 것은 가능하지만, 칼끝이 부러져 버린다면 끝장이다. 하지만 스파이크 해머의 스파이크는 떨어져 나가더라도 『일반적인 해머』로 되돌아갈 뿐, 충분히 갑옷을 찌그러트리고 내장이나 뼈에 데미지를 줄 수가 있는 것이다.

왜 스파이크를 다는 것일까?

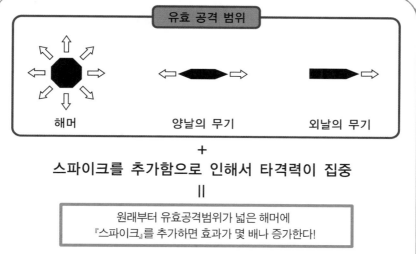

유효 공격 범위

해머

양날의 무기

외날의 무기

+

스파이크를 추가함으로 인해서 타격력이 집중

||

원래부터 유효공격범위가 넓은 해머에
『스파이크』를 추가하면 효과가 몇 배나 증가한다!

스파이크 하나하나가 『창의 날 끝』과 같은
의미를 가진다.

사용법은 그저 휘두르기만 하면 끝!

관련항목
- 검이라는 무기의 특징이란? → No.007
- 도끼는 야만족의 무기? → No.010
- 창은 기병의 무기? 보병의 무기? → No.015
- 연접 곤봉 ~ 플레일(flail) → No.030
- 곤봉 ~ 클럽(club) → No.036
- 철퇴 ~ 메이스(mace) → No.037
- 찌르는 검 ~ 에스톡(estoc) → No.057

숨겨서 지니고 다닐 수 있는 무기

작은 무기는 품 속이나 부츠 속에 숨기거나, 짐 속에 숨길 수가 있다. 이러한 무기는 『전투시의 보조』 나 『불의의 사태에 대비하기 위한 보험』 뿐만 아니라, 일격필살의 『암살도구』 로도 긴요하게 쓰인다.

무기를 숨기는 것은 비겁할까?

전투시에 무기를 숨기는 필연성이란, 말할 것도 없이 『기습공격이나 견제의 효과』를 노리기 때문이다. 근접전투에서는 자신의 무기와 상대방의 무기를 비교하여, 어떠한 간격을 유지하며 싸우는 것이 가장 유리한 지를 재면서 싸우는 것이 기본이 되기 때문이다.

예를 들어 이쪽이 상대방보다 큰 무기를 가지고 있을 경우, 상대방은 "품속으로 파고들자"라고 생각하며 거리를 좁혀 오는 것이 일반적인 반응이다. 그때 상대방이 모르도록 침과 같은 무기를 숨겨서 들고 있다면, 대형무기의 품속으로 파고들어 방심한 상대방을 한 방에 쓰러뜨릴 수 있다. 숨기고 있던 무기가 무게 중심의 균형을 조절해서 던지기 쉽도록 만들어진 무기라면, 『지근거리에서의 기습용』과 『원거리에서의 견제용』의 두 종류의 패턴에 대응하여 사용하는 것도 가능하다. 상대방의 경우에는 "어느 간격을 유지하며 대처해야 할지" 가 직전까지도 알 수 없기 때문에, 싸우기 힘든 것은 이루 말할 것도 없다.

비 전투시의 경우에는, 이러한 기습의 효과보다 『무기를 휴대할 수 있다』는 사실 자체가 중요하다. 문명권의 도시나 건물 중에는 『무기를 가지고 들어갈 수 없는 장소』가 수 없이 존재하기 때문이다. 이러한 비무장지대에서는 『무기란 허리춤에 걸고 다니는 것 만으로도 시위효과가 있어, 그렇기 때문에 쓸데없는 싸움을 억제할 수 있다』라는 사상에 대해, 『기본적으로 모두가 무기를 지니지 않는다면 싸움이 생길 리가 없다』라고 생각하는 것이 주류인 것이다. 그러한 장소에 무기를 가지고 들어가는 것은 위험부담이 크고, 들키게 되면 그에 상응하는 처벌을 받게 되지만, 모두가 무기가 없는 상황에서 혼자만 무장을 하고 있다는 것은 정신적·물리적으로 크게 유리하다.

암기暗器의 『간격을 교란시키는』&『있을 리가 없는 곳에서 무기가 나오는』 장점은 상대방에게 들키지 않고 기습을 하는 것을 신조로 삼는 암살자 등도 선호한다. 그러나 무기로서 다루기 편한 정도나, 위력은 일반적인 무기에 다소 밀리는 부분이 있으므로, 첫 일격으로 쓰러뜨리지 못하면 고전을 면치 못할 것이다.

무기를 숨기는 이유

전투시에 기대할 수 있는 이점

지근거리에서의 기습

· 상대방은 『가지고 있지 않다』라고 생각했던 무기가 갑작스레 나타나기 때문에 피하기 어렵다

원거리에서의 견제

· 상대방은 『공격받을 리가 없다』라고 생각했던 간격에서 공격을 받기 때문에 회피하기 어렵다.

상대방에게 있어 예상외의 사태 → 그러나 자신은 이미 예상한 범주

전투를 유리하게 끌고 갈 수 있다

비 전투시에 기대할 수 있는 이점

『가지고 있을 수 없는』 장소에서 무기를 지니고 있다는 안도감 → 무슨 일이 일어나더라도 냉정하게 대처할 수 있다

암기를 이용하는 암살자는 상기의 이점을 최대한으로 이용하여 그 목적을 달성하려고 한다. 그러나 『최초의 일격』으로 쓰러뜨리지 못하면 그 뒤로 매우 고전하게 되므로, 칼날에 독을 발라두는 등의 방법을 통해 깔끔하게 승리해야 한다!

관련항목
◆ 궁극의 찌르는 무기 ~ 침(바늘) → No.069

창은 기병의 무기? 보병의 무기?

스피어(spear), 랜스(lance), 랜서(lancer), 재블린(javelin)

창은 찌르기 계열의 무기이다. 옛날에는 수렵용 도구로서 사용되어, 검이나 도끼보다 멀리서부터 사냥감을 공격할 수 있었다. 투사무기로 던져서 사용하는 것도 가능하여, 높은 공격력과 훈련의 간편함이 함께 갖추어져 있어, 각국의 군대에서 애용했다.

사정거리 밖에서 선제공격

창은 긴 봉(자루)의 끝에 금속의 칼날을 붙였을 뿐인 단순한 무기이다. 끄트머리 부분의 날은 『창끝』이라고 불리며, 찌르기만을 목적으로 하는 송곳 못 형태의 것과, 찌르기와 베기 모두를 염두에 둔 도신 형태의 것으로 크게 구분된다. 전자는 기사용 돌격창인 랜스나 보병용 투창인 재블린이, 후자는 일본의 기마무사가 사용하던 스야리素槍나 가마야리鎌槍 등이 대표적이다. 또한 도신형 창끝을 가진 창은 폴 암의 원형이 되어, 다양한 형태로 발전해 나간다.

창은 기병과 보병 어느 쪽이 사용하더라도 효과적인 무기이다.

기병의 존재의의는 전투에 『말의 기동력과 돌진력』을 이용할 수 있는 것인데, 동시에 중요한 말을 적의 공격으로부터 지켜야만 한다는 제약도 짊어지고 있다. 기병에게 있어 "말에 탄 채로 멀리 있는 적을 공격할 수 있는" 무기인 창은 이상적인 장비라 할 수 있었다. 등자가 개발되기 이전에는 기병의 몸과 말이 일체화되지 않았기 때문에, 『돌격』이라고 해도 말의 돌격속도가 창에 전달되지 않았으나, 등자로 인해 기병과 말의 몸통의 일체화가 이루어지자, 『말에 탄 이와 말의 체중 + 돌진력』이 그대로 창의 공격력이 되어, 가공할 만한 파괴력을 발휘하게 되었다.

또한 보병이 장비하는 창은 『기병과 창의 조합』에 대한 효과적인 방어무기로도 사용되었다. 돌진해오는 기병에 대해서 횡 1열로 나란히 선 보병이 기병의 창보다 긴 창을 비스듬하게 세워 태세를 갖추고, 창의 꼬리부분을 땅에 대고 발로 고정시킨다. 이렇게 하면 기병은 자신의 돌진력으로 『창의 벽』에 처박혀 멋대로 자멸해주기 때문에, 보병은 창을 내지를 필요조차 없다. 문자 그대로 "기병에 대한 벽"으로 기능했던 것이다. 이러한 용도의 창은 기병창보다 길지 않다면 의미가 없었기 때문에, 4m를 넘는 것도 존재했다. 또한 기병이 창 끝을 쳐내지 못하도록 『자루를 머리위로 올리고 창 끝을 밑으로 내려서 자세를 취하는』 방식을 일반적인 방식과 조합하여 운용했다.

창의 각부 명칭

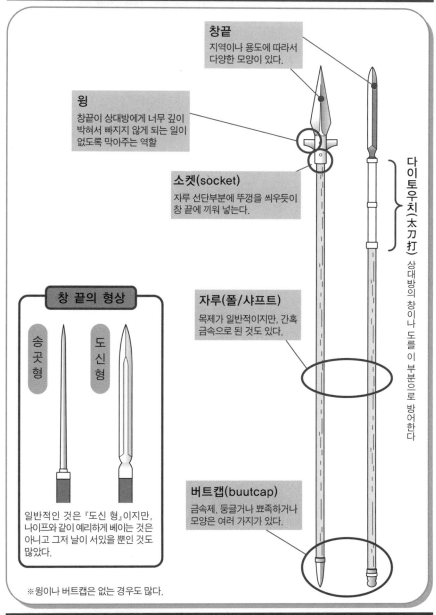

창끝
지역이나 용도에 따라서
다양한 모양이 있다.

윙
창끝이 상대방에게 너무 깊이
박혀서 빠지지 않게 되는 일이
없도록 막아주는 역할

소켓(socket)
자루 선단부분에 뚜껑을 씌우듯이
창 끝에 끼워 넣는다.

자루(폴/샤프트)
목제가 일반적이지만, 간혹
금속으로 된 것도 있다.

버트캡(buutcap)
금속제. 둥글거나 뾰족하거나
모양은 여러 가지가 있다.

다이토우치(太刀打) 상대방의 창이나 도를 이 부분으로 방어한다

창 끝의 형상

송곳형

도신형

일반적인 것은 『도신 형』이지만,
나이프와 같이 예리하게 베이는 것은
아니고 그저 날이 서있을 뿐인 것도
많았다.

※윙이나 버트캡은 없는 경우도 많다.

관련항목
- ◆ 폴 암(pole arm)이라는 무기 → No.017
- ◆ 서양 기사의 돌격창 ~ 랜스(lance) → No.044
- ◆ 일본식 창의 기본형 ~ 스야리(素槍) → No.045

창과 검이 싸우면 누가 유리할까?

그것은 물론, 말할 것도 없이 사정거리가 더 넓은 창 쪽이 압도적으로 유리하다. 물론 전투가 언제나 『지근거리』에서 시작된다면 간격따위 상관없지만, 그러한 경우는 불시를 노려 기습하는 경우에 한해서 해당하는 것이므로 무시해도 좋을 것이다.

검이 선제공격을 하는 것은 불가능하다?

창과 검의 싸움은, 예를 들자면 "어른이 어린아이와 주먹다짐을 하는" 것과 같은 것이다. 서로간의 리치가 절망적일 정도로 차이가 나서, 아무리 노력하더라도 먼저 닿는 것은 어른의 팔이다. 싸움이란 통상 『떨어진 곳에 있는 두 사람이 서로를 확인하는』 것에서부터 시작하기 때문에, 리치가 긴 창은 "검이 자신의 간격까지 거리를 좁히고 있는" 중간에 일방적으로 공격할 수가 있는 것이다.

창은 『간격이 좁혀져 버리면 불리해진다』고도 말을 하지만, 간격이란 상대적인 것이다. 검사가 거리를 좁히려고 하면, 그만큼 창술사는 후퇴하여 간격을 유지하려고 할 것이다. 등에 눈이 달려있지도 않으니, 뒤로 물러나는 것보다 앞으로 나아가는 게 더 속도가 빠르겠지만, 창의 입장에서는 거리만 취할 수 있으면 되기 때문에 "정직하게 뒤로만 물러날" 필요는 없다. 상대방이 치고 들어오는 타이밍에 맞춰 오른쪽이던 왼쪽이던 편한 쪽으로 피하면 되는 것이다. 검사가 거리를 좁히기 위해 "앞으로 나아가는" 것 밖에는 할 수 없는 것에 비해, 창술사는 상황에 맞춰 선택의 여지가 남겨져 있다.

찌르거나 휘두르는 등, 창이나 검이나 비슷한 패턴으로 상대방을 공격할 수 있으나, 어느 쪽의 공격도 리치의 길이에서 창 쪽이 더 유리하다. 투핸드 소드와 같이 길고 큰 검이라면 사정거리도 넓지만, 그러한 검은 무거워서 다루기가 어렵기 때문에, 창에게 싸움의 주도권을 빼앗기는 경우가 많다.

검 쪽에 희망이 있다고 한다면 서로가 무기파괴나 무기를 떨구게 하려고 할 때에는 그래도 『창이 검을 노리는 것』보다 『검이 창을 노리는 것』이 더 맞추기가 쉽다는 점 정도일까. 그것도 브로드 소드나 롱 소드와 같은 "스윙으로 공격하는 타입의 검"에 한정된 이야기로, 에스톡과 같은 찌르기 계열의 검으로 창을 부수거나 쳐서 떨어뜨리는 일을 생각하는 것은 포기하는 것이 좋을 것이다.

리치의 길이 vs 다루기 편함

창의 장점

· 상대방이 공격해 오기 전에 선제공격이
  가능하다
· 자루가 길기 때문에, 실제로 공격을
  하지 않더라도 상대방을 견제하는
  효과가 크다

창술사의 기본전술

· 간격이 좁혀지지 않도록 거리를
  취한다.
· 간격이 좁혀졌을 경우에는 자루를
  쥐고 봉술을 하듯 휘둘러 상대방을
  견제하고 다시 거리를 취한다.

검의 장점

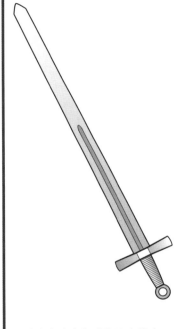

· 전장의 변화에 대응하기 쉽다

검사의 기본전술

· 창 끝을 잘라내거나 자루를 절단하는
  등의 『무기파괴』를 시도한다(단,
  가능한 검의 종류가 한정된다)
· 실내나 숲 속 등, 창을 마음껏 휘두
  르기 어려운 장소로 유인한다

폴 암 pole arm 이라는 무기

폴 웨폰(pole weapon)

폴 암은 창을 기본으로 하여, 검이나 도, 도끼, 해머 등 다양한 기능을 융합시킨 무기이다. 기본적으로는 양손으로 다루고, 조합한 무기에 따라서 찌르기, 참격, 타격 등의 성질도 변화하지만, 위력은 근접무기 중에서도 최고 수준이다.

전장의 주역이 된 복합무기

폴 암은 보병용의 창은 기본으로 발전한 무기이다. 스타일상으로는 기다란 봉(자루)의 끝에 『창의 날끝』『도끼날』『갈고리』 등을 장착한 대형무기의 총칭으로, 장병기, 장병 등으로도 불린다.

보병이 사용하는 창은 전술상 "기병에 대한 벽"으로 사용되었으나, 이것은 보병창의 길이가 기병의 창보다 길고, 리치 면에서 유리했기 때문이다. 그러나 기병이 바보처럼 정직한 일직선으로 돌격해 오지 않게 되거나, 똑같은 모양의 보병창 부대끼리 부딪히는 일이 많아지자, 보병창의 끝 부분에 도끼 머리를 단 것을 가져와서 상대방을 때리게 되었다. 이 『창 + 끊어내기 위한 칼날』이라는 형태가 폴 암의 기본형이 되어, 후에 다양한 형태로 발전하게 된다.

창을 기원으로 하는 이상 폴 암의 전술이 "긴 자루의 리치를 효과적으로 사용하여 상대방에게 선제공격을 가하는" 것이 되는 것은 필연적인 일이지만, 창에 비해 다른 부품이 늘어난 이상 다루기가 어려워진 것은 어쩔 수가 없다. 특히 품속에 적이 들어왔을 때에는 창보다도 대응방법이 한정되기 때문에, 미련없이 숏 소드 등의 소형무기로 바꿔 드는 것이 더 현명하다. 또한 폴 암을 다룰 때에는 양손을 사용하기 때문에 방패를 드는 것이 어렵다.

폴 암에 의한 후려치기는 주위의 적을 단번에 쓰러뜨릴 수 있는 강력한 공격법이지만, 아군이 가까이에 있으면 말려들게 될 위험성이 있다. 창 보다 "휘두르는" 일이 잦은 무기이므로, 기능을 충분히 발휘하려면 넓은 공간이 필요하기에, 숲 속이나 실내 등 장애물이 많은 곳이나, 동굴 등의 폐쇄된 공간에서도 효과적으로 사용할 수 없다. 폴 암은 중세시대부터 르네상스기에 이르기까지 보병의 주요한 무기로 발달하여, 그 중에서도 "가장 완성된 형태의 폴 암"이라고 불렸던 할버드는 총이 나타난 이후에도 의전용으로 사용되었다.

폴 암의 각부 명칭

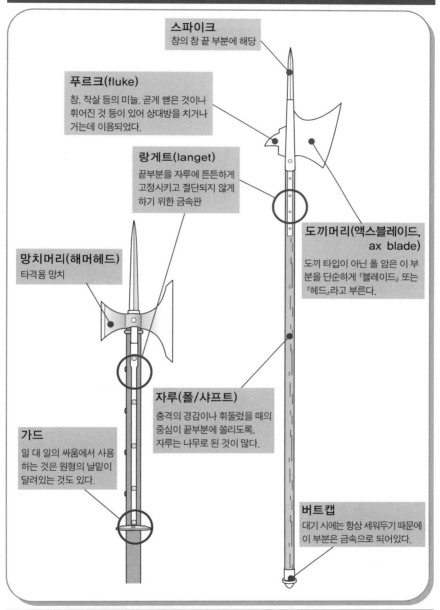

스파이크
창의 창 끝 부분에 해당

푸르크(fluke)
창, 작살 등의 미늘. 곧게 뻗은 것이나
휘어진 것 등이 있어 상대방을 치거나
거는데 이용되었다.

랑게트(langet)
끝부분을 자루에 튼튼하게
고정시키고 절단되지 않게
하기 위한 금속판

**도끼머리(액스블레이드,
ax blade)**
도끼 타입이 아닌 폴 암은 이 부
분을 단순하게 『블레이드』 또는
『헤드』라고 부른다.

망치머리(해머헤드)
타격용 망치

자루(폴/샤프트)
충격의 경감이나 휘둘렀을 때의
중심이 끝부분에 쏠리도록,
자루는 나무로 된 것이 많다.

가드
일 대 일의 싸움에서 사용
하는 것은 원형의 날밑이
달려있는 것도 있다.

버트캡
대기 시에는 항상 세워두기 때문에
이 부분은 금속으로 되어있다.

관련항목

◆ 근접무기를 사용한 공격방법 → No.004
◆ 창은 기병의 무기? 보병의 무기? → No.015
◆ 짧은 검 ~ 숏 소드(short sword) → No.032
◆ 미늘창 ~ 할버드(halberd) → No.047

창과 폴 암pole arm의 경계

『찌르기나 절단에 적합한 끝부분을 가진 긴 자루의 무기』라고 하는 정의에 들어맞기로 친다면, 창이나 폴 암이나 같은 동족이다. 역사적으로도 폴 암은 창에서 발전된 무기이기는 한데, 과연 두 가지를 같은 부류로 묶어버려도 되는 것일까?

폴 암의 분류기준

창과 폴 암에 명확하게 선을 긋는 것은 괴로운 일이다. 단순하게 『찌르기라는 단일한 기능을 가진것』이 창이고 『찌르기·베기·걸기 등 복수의 기능을 가진 것』을 폴 암이라고 구분하고 싶기는 하지만, 일본의 가마야리鎌槍:겸창는 "창"이라고 불리면서도 베거나 걸거나 하는 다기능형 창 끝을 갖추고 있고, 대다수의 전문서적에서 폴 암으로 분류하고 있는 풋 맨즈 플레일footmans flail은 ("찌르기"가 아닌 "때리기"이지만) 단일 기능밖에 갖추고 있지 않다. 이러한 『기능』에 의한 구분법으로는 창과 폴 암의 경계를 뚜렷하게 나누기 어렵고, 현재에 이르기 까지도 많은 전문서나 연구서에서 다양한 분류가 이루어지고 있다.

또 하나의 구분법으로는 『모양새에서 판단할 수 있는 용법』으로 분류하는 것이 있다. 이 방법으로는 『끝부분에 찌르기가 가능한 창 끝을 가지고, 찌르기를 행할 때 가장 공격력이 발휘되도록 계산된 무기』가 창이고 『수평으로 휘두르거나, 위에서 내려찍거나, 그 이외의 사용법을 사용하더라도 찌르기와 같거나 그 이상의 효과를 기대할 수 있도록 설계된 무기』가 폴 암이라는 이야기가 된다.

가마야리와 나기나타는 양쪽 모두 『긴 자루의 끝에 날이 달리고, 찌르는 것도 베는 것도 가능한 무기』이지만, 이 구분법에 따라 생각한다면, 『베는 것도 가능하지만, 가장 큰 데미지를 기대할 수 있는 것은 찌르기인』가마야리는 창으로 분류되고, 『찌르기도 가능하지만, 날이 휘어있어 베기를 행할 때 비로소 위력을 발휘하는』나기나타는 폴 암으로 분류되게 된다.

기본적으로 그 내력에서부터 애매한 창과 폴 암의 경계. 이 방법을 사용했다고 해서 모두가 다 납득할 수 있는 분류가 가능한 것은 아니지만, 전장에서 상대해야 할 때, 대처법을 생각해야 하는 입장에서 본다면, 『기능』보다는 『용법』을 중시한 분류가 보다 실전적일 것이라 생각된다.

창과 폴 암을 어떻게 분류할 것인가

기능에 따른 분류

창 ━ 『찌르기』라는 단일 기능

폴 암 ━ 『찌르기』『베기』『걸기』와 같은 복수의 기능

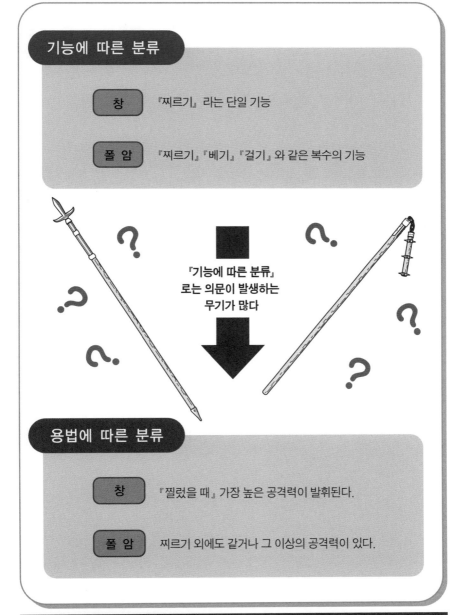

『기능에 따른 분류』로는 의문이 발생하는 무기가 많다

용법에 따른 분류

창 ━ 『찔렀을 때』가장 높은 공격력이 발휘된다.

폴 암 ━ 찌르기 외에도 같거나 그 이상의 공격력이 있다.

관련항목

◆ 전국무장의 주요무기 ~ 가마야리 → No.046
◆ 자루가 긴 연접곤봉 ~ 풋 맨즈 플레일(footmans flail) → No.048
◆ 일본의 월도(月刀) ~ 나기나타 → No.075

원거리 공격용 무기 『미사일 웨폰』

『미사일 무기』라고 하면 살벌한 단어로 들리기는 하지만, 흔히 말하는 화살이나 돌 등의 투척물을 나타내는 말이다. 총과 같은 근대병기가 일반화되기 까지는 전장의 주역이었고, 접근전을 시도해오는 검사나 창병이 가까이 오지 못하게 하였다.

창보다 멀리서 일방적으로 공격

미사일 웨폰이란 이른바 『투사무기飛び道具』를 가리키는 말이다. 일본의 시대극 등에서는 자주 『飛び道具とは卑怯なり….(멀리서 쏘다니 비겁한지고….)』와 같은 대사를 들을 수 있는데, 확실히 "상대방의 무기가 닿지 않는 거리에서부터 일방적으로 공격하는" 것을 지상 과제로 삼는 미사일 웨폰은 비겁한 무기라는 소리를 들어도 어쩔 수 없다. 그러나 무사끼리의 결투나, 기사의 일기토와 같이 『긍지와 영혼의 존엄을 건 싸움』이라면 모를까, 사느냐 죽느냐의 전장에서는 비겁하거나 말거나 알 바 아니다. 직접 칼날을 맞대며 싸우기 전에, 상대방의 전력을 깎아낼 수 있는 미사일 웨폰의 유효성은 총의 출현과 일반화까지 전장의 주역을 맡고 있던 사실로부터도 증명되고 있다.

일반적인 미사일 웨폰은 『활과 화살』이다. 활과 화살은 서양의 롱 보우나 일본의 장궁과 같이 사람의 힘으로 시위를 당기는 형태의 것과, 시위를 당긴 상태의 활을, 권총이나 소총형태의 거치대에 고정하여, 총과 같이 겨냥해서 쏘는 크로스 보우 형태로 크게 나뉜다. 롱 보우나 장궁은 짧은 시간 내에 화살을 몇 개나 쏠 수 있기 때문에, 주로 야전에서 사용되어 적의 머리위로 화살의 비를 내리게 했다(일본의 기마무사는 마상에서 장궁을 다룰 수 있었기 때문에, 원거리 공격을 기동적으로 행하는 것이 가능했다). 크로스 보우는 근거리에서의 위력이나 명중률이 뛰어났지만 활 시위가 너무 강력하여 연속발사에는 적합하지 않았던 탓에, 성채 등의 방어전에 사용되었다.

활과 화살이 주류가 되기 이전에는 재블린 등으로 대표할 수 있는 투척용 창이 사용되었으나, 크기상의 문제로 휴대할 수 있는 창의 개수가 제한되었고, 사정거리도 한계가 있었다. 그러나 명중시의 데미지가 크고, 방패에 꽂힌 창이 상대방의 움직임을 제한해 주는 등, 다른 방면으로 효과적인 무기라 할 수 있다. 또한 돌을 원심력으로 가속시키는 슬링sling, 수리검이나 스로잉 나이프throwing knife, 소형 화살인 다트 등도 미사일 웨폰으로 분류된다.

미사일 웨폰의 변천사

돌을 던진다 — 아마도 이것이 가장 오래된 모습이다

곤봉·도끼·창을 던진다 — 비거리도 위력도 그다지 실용적이지 않다

투척용 창의 출현 — 멀리 날리기 위한 고안이 이루어 졌다

『활과 화살』의 전성기
보우(bow)나 크로스 보우 등. 일부에서는 사람의 힘이 아닌 기계를 이용한 것도 나타났다

투척전용의 무기
기존의 무기를 소형·경량화하여, 중심 균형을 잡는 등 『던지기 쉽고, 맞히기 쉽도록』 개량한 것

총이 일반화 되었다 — 그리고 『화약의 힘이야 말로 실용적』 이라고 입증되었다

관련항목
- 투석끈 ~ 슬링(sling) → No.049
- 석궁 ~ 크로스 보우(crossbow) → No.050
- 투척창 ~ 재블린(javelin) → No.073
- 일발필중 ~ 스로잉 나이프(throwing knife) → No.079
- 장궁 ~ 롱 보우(long bow) → No.082

근접무기의 입수방법

싸우기 위해서는 무기를 손에 넣지 않으면 안되지만, 그 입수방법은 극히 단순하다. 즉, 『이미 있는 곳에서 받는다』거나 또는 『아무것도 없는 상태에서 만들어 낸다』중 한가지 밖에 없기 때문이다.

기성품인가, 특주품인가?

"이미 있는 곳에서 받는" 패턴에서는 가지고 있는 사람에게 양도받는 것을 필두로, 금전 등과 교환하거나, 폭력·권력 등을 사용하여 강제로 빼앗는 방법이 일반적이다. 이 방법으로 손에 넣은 무기 즉, 『가게에 진열되어 있는 대량 생산품』이거나 『남의 것을 물려받은 것』이 되지만, 기성품이라고 해서 무시하지 말자. 사용하기 편하다는 점에서 본다면, 그만큼 "총체적인 균형이 잡혀있다"고도 할 수 있으므로, 평균적인 솜씨의 사용자라면 도리어 무리 없이 사용할 수 있을 수도 있는 것이다. 또한 과거의 명공이 만든 『엄청난 명검』이 굴러들어올 행운이나 역사에 관계된 『전설의 명품』과 만날 가능성도 아예 없지는 않으므로, 방심은 금물이다.

"무기를 처음부터 만들어내는" 패턴의 경우, 재료를 손에 넣어 직접 만들던가, 대장간 등에 부탁해서 만들게 되는데, 이 방법이라면 자신에게 맞는 『전용무기』를 손에 넣을 수 있지만, 무엇보다 시간이 오래 걸리는 것이 난점이다. 임시변통으로 사용할 대용무기 수준이라면 모를까, 제대로 된 것을 만들려고 한다면, 빨라도 며칠에서 몇 개월, 잘못하면 몇 년이나 시간을 들이지 않으면 부서질 때까지 오래도록 계속 사용할 만한 좋은 품질은 기대할 수 없다. 또한 "기성품을 개조하는" 선택지도 있을 수 있지만, 이 시대의 무기는 구조상 『총』과 같이 분해하거나 커스텀 파츠를 장착하도록 만들어지지는 않았다. 길이를 줄이거나, 손잡이에 미끄럼 방지를 다는 수준이라면 모를까, 대대적인 개조는 결국 『처음부터 만들어내는』것과 다를 바 없는 수고가 필요하다.

받거나 만들거나, 경우에 따라서는 손에 넣고 싶어하는 이의 지위나 사회적 위치가 문제가 된다. 특히 검은 어떠한 사회체제에서도 『지위의 상징』이 되는 경우가 많아서, 서양에서는 자유인 이외의 사람이 검을 지니는 것은 금지되어 있었고, 일본의 에도시대에도 평민이 두 척 이상 되는 길이의 도를 지니는 것은 용납되지 않았다.

무기를 손에 넣기 위해서는

이미 있는 것을 손에 넣는 방법

타인에게 양도 받는다　　= 부탁을 들어주거나, 친해지거나

금전으로 구입(가게에서 산다)　= 돈이나 노동 등의 대가를 지불한다

빼앗는다　　= 권력이나 폭력으로 손에 넣는다

· 『남에게 물려받는 것』이나 『기성품』밖에 손에 넣을 수 없다.
· 어느정도의 품질은 보장된다.
· 과거의 명장이 만든 명검을 손에 넣을 수 있을 수도 있다.

아무것도 없는 상태에서 만들어내는 방법

스스로 만든다　　= 완성품의 품질이 불안하다

대장간에 의뢰한다　　= 많은 시간과 경비가 소요된다

기성품을 개조

· 가능한 것은 간단한 개조 뿐
· 대대적인 개조는 처음부터 만드는 것과 별반 다를 바 없다

자기방어의 권리는 평등하지 않다?

어느 방법이더라도 『사회적 지위』가 문제가 되는 경우가 있다. 깡패들이 활보하는 무법지대라면 모를까, 문명권에서는 일정 수준 이상의 지위나 입지가 없다면 무기를 구입할 수 없는 규칙이 있기도 하기 때문이다.

관련항목
◆ 검이라는 무기의 특징이란? → No.007
◆ 도라는 것은 어떤 무기인가? → No.008
◆ 무기가 없다! 이럴 때 어떡하지? → No.085

무기의 손질은 게을리 하지 말 것

무기는 도구인 이상 손질을 하지 않으면 기능을 유지할 수 없다. 이 경우의 『기능』이란 물론 살상력을 뜻하는 것으로, 손질을 게을리 한 무기로는 상대방을 일격에 쓰러뜨릴 수 없기 때문에 쓸데없는 반격을 허용하게 되어 버린다.

무기의 날을 간다

숫돌을 사용해서 날을 갈고, 무기의 날카로움을 유지하는 것은 중요하다. 숫돌은 금속 등을 갈거나, 깎기 위한 것으로, 무기를 만들거나 정비하는 공방이나 대장장이가 있는 곳에서는 반드시 찾아 볼 수 있다. 얇은 벽돌처럼 생긴, 블록 형태의 것이 일반적이나, 사용자가 들고 다니며 사용할 수 있도록 작은 크기의 숫돌도 손에 넣을 수 있다.

일본인의 감각으로 말하는 날붙이를 가는 법이란, "숫돌을 지면이나 받침대 위에 올려놓고, 물로 적신 후, 그 위에서 날을 움직이는" 방법이다. 확실히 일본도는 이런 방법으로 날을 갈고, 나이프나 단도 등 『예리함』이 중요한 작은 날붙이를 갈 경우에도 사용된다. 그러나 평탄한 장소와 물을 필요로 하는 이 방식은 서양에서는 일반적이지 않고, 한결같이 "숫돌을 손에 들고, 물은 묻히지 않은 채 날 부분을 어루만지듯이 갈아주는" 방식이 일반적이었다.

이것은 서양의 도검이나 도끼가 일본도와 같이 『예리함』을 추구한 무기가 아니었다는 점과, 날에 들러 붙은 녹이나, 기름만 제거할 수 있으면 기능을 유지할 수 있었기 때문이다. 이러한 무기는 수염을 깎을 수 있을 정도로 예리하게 갈면 되려 강도가 떨어지고 만다. 날을 다 간 다음에는 기름을 칠해서 칼집에 넣는데, 기름을 너무 많이 칠하면 상대방의 갑옷 위에서 미끄러져 데미지를 줄 수 없으므로, 칠하는 기름의 양에 주의한다. 칼집이 없는 무기는 기름칠을 하지 않는 경우도 있고, 폴 암과 같은 무기는 그다지 세세한 손질을 필요로 하지 않는다.

롱 보우 등의 투사무기는 날을 갈거나 할 필요는 없지만, 활 시위의 팽팽함을 점검하거나, 건조해서 갈라지거나 하는 일이 없도록 신경 써주도록 해야 한다. 투사무기는 손질을 얼마나 잘 했느냐가 명중률로 직결되고, 목표물에 명중시키지 못해서야 의미가 없으므로. 특히 크로스 보우와 같이 『발사장치』를 가진 것은 작동불량을 일으키지 않도록 특히 신경 쓸 필요가 있다.

날을 가는 방법

나이프나 도의 경우

이러한 방식은 일본도나, 예리함이 요구되는 소형 날붙이에 사용된다.

도끼나 검의 경우

숫돌을 손에 들고, 직접 날 위를 문질러서 갈아 준다. 물이나 기름은 반드시 필요한 것은 아니다.

이 핸들을 돌려서 숫돌을 회전 시킨다

회전식 숫돌은 연달아서 여러 개의 날을 가는데에 적합하다.

관련항목

- ◆ 도라는 것은 어떤 무기인가? → No.008
- ◆ 폴 암(pole arm)이라는 무기 → No.017
- ◆ 원거리 공격용 무기 『미사일 웨폰』 → No.019
- ◆ 석궁 ~ 크로스 보우(cross bow) → No.050
- ◆ 장궁 ~ 롱 보우(long bow) → No.082

총은 검보다 강하다?

『총은 검보다 강하다』라는 말이 있다. 총은 검의 사정권 밖에서 일방적으로 공격할 수 있기 때문에, 검은 아무것도 못하고 당하고 만다는 논리이다.

확실히 무기로서의 양자를 비교할 경우, 안타깝게도 "검" 이 다소 불리하다. 우선 사정거리의 차이가 있다. 멀리서부터 공격할 수 있는 총에 비해, 검은 접근하지 않으면 싸울 수 없다. 또한 접근한 검이 압도적 우위에 설 수 있는가 하면 그렇지도 않다. 왜냐하면 총은 총구가 상대방을 향하고 있기만 하면 피해를 줄 수가 있기 때문이다. 게다가 검은 발을 내딛고, 쳐 넣고, 중심 이동을 하는 등, 온 몸을 이용해서 휘두르지 않으면 효과적인 데미지를 기대할 수 없다. 팔이 잘리거나, 다리가 부러진 상태에서는 눈에 띄게 그 위력이 감퇴되어 버리지만, 총의 경우에는 극단적으로 말해서 총을 쥔 팔만 움직이면 상대방을 무찌를 수 있다.

이전에 『고정시킨 일본도의 날에 쏜 권총의 탄환이 둘로 갈라졌다. 이것으로 일본도의 대단함이 입증되었다』와 같은 실험을 하던 TV방송이 있었는데, 일본도의 도신으로 사용되는 『강철』이 권총의 탄환에 사용되는 『납』보다 단단한 것은 당연한 이야기이고, 기본적으로 자세를 잡은 일본도의 정면에서부터 일부러 "날에 대해 직각이 되도록" 탄환을 쏴 주는 적은 존재하지 않는다. 『검은 소리를 내지 않는다』『총보다도 적은 움직임으로 공격할 수 있다』와 같은 이점에 대해서도, 훈련을 쌓은 인간이 그것을 활용할 수 있을 만한 상황이 되지 않는다면 의미가 없다. 검(도) 쪽이 그러한 프로페셔널한 초절정의 기술을 구사하는 것을 전제로 해서 검증을 한다면, 총 쪽도 건카타*를 사용하는 사람과 같은 달인을 섭외하지 않는다면 공평하지 않다.

다만, 양자를 "살아남기 위한 도구" 로서 비교했을 경우에는 검이 총에 미치지 못한다고는 확실하게 단언할 수 없다. 총은 분명 강력한 살상 무기이지만, 서바이벌 툴로서 생각했을 경우, 자기 완결성이 낮다는 결점이 있다.

검은 녹슬지 않게 하기 위한 『기름』과 『숫돌』만 있으면 문제가 없지만, 총은 탄환의 조달, 예비부품의 보급 등 기능을 유지하기 위해 필요한 사항들이 많다. 검을 가는 것은 100%의 기능 회복을 기대할 수는 없어도 개인 수준에서 가능하고, 부러져 버렸다 하더라도 재이용할 여지가 있다. 그러나 총의 탄약이나 부품을 직접 조달하는 것은 꽤나 수고스러운 작업이 될 것이다. 총이란 사용자 이외의 부분에서 충분한 백업이 있기 때문에 그 기능을 발휘할 수 있는 도구인 것이다.

총을 사용하여 싸운다는 것은 후원자에게 돈을 빌려서 사업을 벌이는 것과 같다고 할 수 있을 것이다. 커다란 장사를 벌일 수 있는 반면에, 후원자로부터의 자금 조달이 안되면 갑작스레 주저 앉아 버리기 때문이다. 이에 비해 검의 경우, 가능한 장사의 규모는 작지만, 자기 자본 비율은 100%라 할 수 있을 것이다. 사업계획(수행이나 훈련의 방법)에 따라서는 총의 사용자와 대등하게 겨루는 것도 불가능하지는 않다. 군대나 조직에 적합한 "살상을 위한 무기" 로 생각할 경우, 분명 『총은 검보다도 강할』 것이다. 그러나 충분한 기량을 갖춘 강자가 "자신의 목숨을 맡길 상대" 로 간주한다면, 검은 결코 총에 뒤떨어지는 물건은 아닌 것이다.

*건 카타(Gun Kata) : 영화 「이퀼리브리엄」 에 등장하는 가상의 무술. 'Kata' 는 한자인 形의 일본식 독음임.

제 2 장
힘의 무기

『힘의 무기』와 파워 파이터

무기를 손에 들고 싸우는 사람들 가운데 대부분은 몸집이 크고 근육이 불끈불끈한 체격을 지니고, 몇 킬로그램씩이나 나가는 무기를 휘두르며 전장을 누볐다. 무거운 무기를 가볍게 휘두르는 『파워 파이터』들이 좋아하고, 의지했던 무기는 어떤 것이었을까?

타격력이나 중량으로 상대방을 압도하는 무기

무기란 자신을 관철하기 위한 폭력수단이다. 대화로는 뜻대로 되지 않는 상대방을 힘으로 굴복시키기 위한 방법이며, 이쪽이 더 강하다는 사실을 알기 쉽게 나타내기 위한 도구이다. 이를 위해서는 가차없이 "상대방을 때려눕히는" 것이 가장 좋다. 당한 본인은 물론이거니와, 주위의 사람들에 대해서도 확연하게 "힘의 차이"를 인식시킬 수 있을 것이다.

『힘의 무기』는 이러한 "무기의 본질"과 가까운 곳에 속한 것으로, 대부분이 단단하고 무겁고, 또 크다. 사용자는 필연적으로 "뛰어난 근력과 체격을 갖춘 자"에 한정되게 되는데, 한번 휘두르면 사용자의 근력과 무기의 중량이 상승효과를 낳아 가공할 위력을 발휘한다.

그 중에서도 배틀액스나 메이스 등의 "중량이 끝부분에 편중된 무기"는 『파워 파이터』만이 능숙하게 다룰 수 있는 이상적인 무기이다. 힘이 약한 사람이 써봤자 휘둘려 버리는 이들 무기를 파워 파이터는 가볍게 휘두를 수가 있다. 끝부분에 부리가 달린 형태의 워 해머라면 타격력을 한 점에 집중시켜 단단한 갑옷을 관통할 수가 있으므로, 범에게 날개를 달아 준 격이라고도 할 수 있으리라.

할버드로 대표되는 대형무기나 투핸드 소드와 같은 양손잡이가 전제인 무기도 근력이나 체격의 우위를 충분히 발휘할 수 있다는 점에서 파워 파이터에게 적합하다. 또한 무거운 무기를 한 손으로 계속 사용해야만 하는 이도류와도 상성이 좋다.

파워 파이터의 전법은 『최대의 데미지를 계속해서 주는』 것이다. 갑옷 위에서부터라도 끊임없이 두들겨 상대방을 때려눕히고, 내려치기나 후려치기를 필살의 일격 수준의 기세로 계속 휘두른다. 이에는 근력뿐 아니라 상상을 초월하는 체력이 필요하다. 게다가 크고 무겁게 휘두르는 무기는 빈틈도 커지기 마련이므로 다소의 반격은 무시할 수 있을 정도의 육체적인 내구력도 요구된다.

파워 파이터에게 맞는 무기

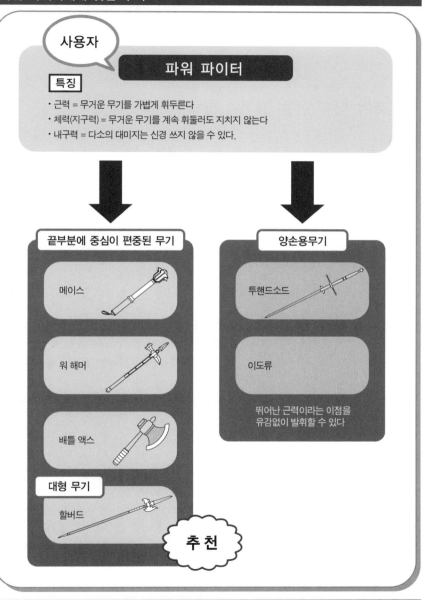

사용자

파워 파이터

특징

· 근력 = 무거운 무기를 가볍게 휘두른다
· 체력(지구력) = 무거운 무기를 계속 휘둘러도 지치지 않는다
· 내구력 = 다소의 대미지는 신경 쓰지 않을 수 있다.

끝부분에 중심이 편중된 무기

메이스

워 해머

배틀 액스

대형 무기

할버드

추천

양손용무기

투핸드소드

이도류

뛰어난 근력이라는 이점을
유감없이 발휘할 수 있다

관련항목

◆ 근접무기를 사용한 공격방법 → No.004
◆ 전투용 도끼 ~ 배틀 액스(battle ax) → No.035
◆ 철퇴 ~ 메이스(mace) → No.037
◆ 양손검 ~ 투 핸드 소드(two-hand sword) → No.042

◆ 전투용 망치 ~ 워 해머(war hammer) → No.043
◆ 미늘창 ~ 할버드(halberd) → No.047
◆ 이도류 → No.068

검의 도신 모양과 소재의 관계

무기의 소재가 되는 철의 강도는 중요한 요소이다. 특히 거의 모든 부분을 철로 만들 필요가 있는 『검』은 소재의 강도가 도신의 형태에 크게 영향을 끼쳐, 같은 검이라 해도 강철의 등장이전과 이후로 크게 이미지의 변화를 일으켰다.

폭이 넓은 검은 강도가 떨어진다?

검의 외견, 특히 도신의 폭은 그 사용법에 크게 관계가 있다. 대략적으로 나누자면, 도신이 두꺼운 폭이 넓은 검은 내려치거나 후려치기에 적합하고, 가는 폭을 지닌 검은 찔러서 공격하는데 적합하다. 그러나 가늘고 단단한 도신을 만들기 위해서는 강철이라는 소재가 등장하기를 기다려야만 했고, 그 이전의 것은 모두 도신의 폭이 넓은 굵고 튼실한 검뿐이었다.

강철이 등장하기 이전, 검(철)의 강도는 『담금질』에 의해 결정되었다. 담금질이란 뜨겁게 달군 철을 물이나 기름 등으로 급격하게 냉각하여, 표면에 탄소를 침탄시키는 것을 통해 강도를 향상시키는 방법이다. 그러나 이 방법으로는 철의 표면밖에 강화할 수가 없어, 안의 심 부분은 부드러운 채로 둘 수 밖에 없었다.

담금질에 의해 단련된 검은 딱딱한 것을 때리거나 상대방의 검과 서로 맞부딪히며 싸우다 보면 부러지거나 휘어지고 만다. 그래서 도신-특히 밑둥 부분의 폭을 넓고 굵게 하여 강도를 끌어올릴 필요가 있었다.

도신을 두껍게 하면 강도는 올라가지만 무게도 증가한다. 그래서 검의 표면에 『홈통』을 만들어 무게의 균형을 잡았다. 전문적으로는 『혈조$^{fuller:풀러}$』라고도 불리는 이 홈통은, 일부의 일본도에도 파여 있어서 "찌르기 공격시 끼인 살집 틈새에서 피나 공기를 빼서, 빠지지 않게 되는 것을 피하기" 위해 도신의 끝부분까지 뻗어있다. 서양의 검에 있는 혈조는 도신의 절반 정도의 길이 밖에 없는 것이 대부분인데, 단순히 경량화가 목적이라고 생각해도 될 것이다.

점차 강철의 제법이 일반화 되자, 검의 밑둥을 굵게 만들어나 혈조를 팔 필요도 없어져서, 도신도 가늘고 얇게 변화되어 갔다. 가벼운 도신을 가질 수 있게 된 검은 그때까지 주류였던 내려치기나 후려치기 주체의 싸움이 아닌, 찌르기를 효과적으로 사용하는 전술로 그 사용법이 전환되어 갔다.

소재의 변화와 무기형태의 변화

초기의 롱 소드	16세기 이후의 롱 소드

강철의 등장과 일반화

도신이 굵다.
혈조(fuller:풀러)가 있다.

도신이 가늘다.
끝이 뾰족하다.

왜 도신이 굵은 것인가

· 소재가 조악하여, 강도를 유지하기
  위해서는 어쩔 수 없다
· 그대로 두면 너무 무겁기 때문에
  홈통을 파서 무게균형을 조절
· 무거운 중량(=큰 위력)을 위해서
  일부러 도신을 굵게 만드는 경우도
  있다

왜 도신이 가는 것인가

· 소재의 진화로 도신을 가늘게 만들더
  라도 강도를 유지할 수 있게 되었다
· 찌르기를 행할 때 다루기 쉽기 때문에
· 슬림&경량화에 의해 가지고 다니기
  편하게 하기 위해
· 가는 편이 더 맵시있고 멋지다

관련항목
◆ 근접무기를 사용한 공격방법 → No.004

철을 단련한다는 것

죽창이나 곤봉과 같은 것을 제외하고, 대부분의 무기에는 도신이나 창 끝과 같은 중요한 부분에 금속 - 대부분은 철을 사용하고 있다. 그러나 같은 철을 사용해서 만들어진 무기라 해도, 그 『단련법』에 따라 강도나 예리함에 현격한 차이가 나타났다.

철의 강도는 탄소의 함유량에 좌우된다

철을 단련한다는 말을 듣고 떠올리는 이미지의 대부분은 "대장장이가 새빨갛게 달궈진 철을 집게로 잡고, 쇠망치로 두드리는" 것일 터이다. 달궈진 철을 두드리는 것을 통해 "철이 단련되는" 것은 어느 정도 이해가 가지만, 왜 철을 두드리면 강해지는 것일까?

철의 강도라고 하는 것은, 그 속에 포함된 탄소의 양에 따라서 변화한다. 내부에 탄소를 많이 포함하고 있는 철은 『주철』이라고 불리며 매우 단단하지만 살짝 떨어트리기만 해도 깨질 정도로 부서지기 쉽다. 역으로 탄소량이 적은 철은 『연철』이라고 불리며, 부드럽고 점성이 있다. 무기에 사용할 철이라면 『단단하면서도 점성이 있는 철』이 가장 이상적이다. 그래서 가열한 철에 일부러 탄소를 첨가하여 주철에 가까운 상태로 만든 후에, 망치의 충격으로 내부의 탄소를 쳐내는 방법이 고안되었다. 이것은 "철에서 탄소를 제거한다" 라는 뜻에서 『탈탄脫炭』이라고 불리며, 이것에 의해 이상적인 탄소량(주철과 연철의 중간 정도의 탄소량)으로 만든 철이 『강철』이다.

철을 완전히 이해하고 있는 대장장이가 단련한 무기라면 사용법에 맞는 탄소량 = 강도의 철이 사용될 것이다. 특정 인물을 위해 만들어진 무기도, 그 사용법이나 버릇을 고려한 단련법을 취할 것이다. 일본의 옛 도검 장인은 철을 정련하는 단계에서부터 감과 경험에 의해 탄소량을 조절할 수 있었다고 전해지며, 수많은 명검을 세상에 배출했다.

양질의 강철을 만들어 내려고 하면 수많은 절차를 밟아야만 한다. 그러나 전쟁 등에 의해서 단기간에 대량의 무기가 필요하게 되면, 그 수량을 맞추기 위해 절차가 생략되거나 최소한의 가공으로 제조할 수 밖에 없다. 그리고 한번 그러한 흐름이 형성되어 버리면, 좀처럼 원래대로 돌아가기가 어렵다. 때문에 도검장인이나 대장장이에 의해 만들어지는 일품의 검과 일반 유통채널로 돌아다니는 무기의 사이에는 점점 더 강도나 예리함 면에서 커다란 차이가 발생하게 되었다.

탈탄에 의한 강도의 차이

주 철(선철, 무쇠)

탄소량이 많다 (2%이상)

단단하고
부서지기 쉽다

쇠 주전자나 맨홀의 뚜껑

두드려서 탈탄

강 철

적당한 탄소량(0.02~2%)

단단하고
끈기가 있다

가위나 부엌칼

더욱 두드리면

탄소량이 적으면
담금질해도 단단해지지 않는다

연 철(단철)

탄소량이 적다(0.02%미만)

부드럽고
끈기가 있다

또는 『일본도의 심』 등

핵심은 탄소의 함유량

탄소량의 함유수치에 관해서는, 시대나 지역·규격에 따라 다소 차이가 있다.
또 현재에는 강철과 연철을 함께 묶어 『강철』이라고 치고, 탄소량에 따라서 『연강』 『경강』 등으로
세분화시키고 있다.

브로드소드 broadsword

스키아보나(Schiavona)

17세기 이후의 유럽에서 볼 수 있는 참격용 검. 크기는 중간 정도로, 도신의 디자인은 양날의 직도이다. 손잡이의 길이는 한 손형이 기본이고, 머스킷(musket) 총 등을 장비한 기병이 마상 전투를 할 때 사용했다.

『폭이 넓은 날』을 가진 검

총이 군대의 병기로서 일반화된 것에 의해, 움직임이 둔해지는 『갑주』는 과거의 유물이 되었다. 이에 발맞추어 근접 전투용 무기도 상대방의 갑옷을 때려부술 필요가 없게 되어, 레이피어와 같은 가벼운 무기를 선호하게 된다. 『날카로운 칼끝으로 찌르기 공격』이라는 전법이 한창 유행하던 시대, 이색적인 참격용 도검으로 브로드 소드가 등장했다. 브로드란 "날이 넓은" 또는 "폭넓은" 이란 뜻이긴 하지만, 비교대상은 어디까지나 당시의 주류를 이루던 레이피어 등의 검이지, 물리적인 도신의 폭은 롱 소드나 바스타드 소드와 다르지 않다.

브로드 소드를 사용하는 기병전투에서는 검을 어깨춤에 짊어지듯 들고, 스쳐 지나가면서 참격을 가해 바로 옆에 있는 상대방을 친다. 이러한 공격은 기병과 보병이 섞인 난전상황에서도 효과적이고, 브로드 소드를 지닌 이상 역시 찌르기보다는 참격을 주 전법으로 사용해야 할 것이다.

물론 생사가 걸린 상황에서 "참격에만 집착하여 찌르기를 사용하지 않는" 것은 어리석은 일이며, 필요하다면 어떤 전법이라도 취해야 할 것이다. 이 외에 두께가 두꺼운 도신을 가진 기병용 도검에는 사벨이 있는데, 이것은 찌르기에 유리한 형태의 칼끝을 가지고 있다. 이 무기는 마상전투 시에도 찌르기를 중심으로 한 전법을 구사할 정도이므로, 찌르기를 섞어가며 싸우고 싶다면 애초부터 사벨을 선택하는 것이 좋다.

브로드 소드는 『때리듯이 사용하는 검』이지만, 손잡이의 대부분은 한 손 용이다. 이것은 마상에서 사용할 것을 고려한 운용상의 제약인데, 한 손으로 줄 수 있는 힘에는 한계가 있다. 따라서 온 힘을 다해서 검을 휘두르지 말고 다양한 수단과 정확도를 겸비한 전법을 사용해야 한다. 그러면서 상대방이 레이피어와 같은 연약한 검을 사용할 경우엔 온 힘을 다해서 쳐내주면 되는 것이다.

기병용 한 손 검

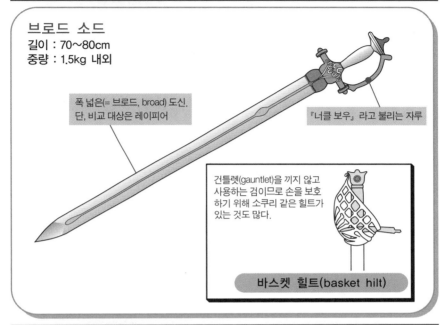

브로드 소드
길이 : 70~80cm
중량 : 1.5kg 내외

폭 넓은(= 브로드, broad) 도신.
단, 비교 대상은 레이피어

『너클 보우』라고 불리는 자루

건틀렛(gauntlet)을 끼지 않고
사용하는 검이므로 손을 보호
하기 위해 소쿠리 같은 힐트가
있는 것도 많다.

바스켓 힐트(basket hilt)

사벨과의 운용법의 차이

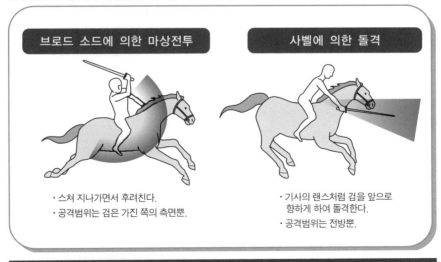

브로드 소드에 의한 마상전투

・스쳐 지나가면서 후려친다.
・공격범위는 검은 가진 쪽의 측면뿐.

사벨에 의한 돌격

・기사의 랜스처럼 검을 앞으로
향하게 하여 돌격한다.
・공격범위는 전방뿐.

관련항목

한 손으로도, 양손으로도…~바스타드 소드

핸드 앤 어 하프 소드(hand and a half sword)

13~17세기경의 유럽에서 사용되었던 참격용 검으로, 도신의 디자인은 양날의 직도. 검의 크기는 중형이나, 손잡이가 길게 만들어져 있으므로, 한 손으로도 양손으로도 다룰 수 있다.

평소에는 한 손으로, 지금이다! 싶을 때는 양손으로

중세도 후기가 되면 갑옷의 방어력도 높아지고, 한 손으로 사용하는 롱 소드와 같은 검으로는 충분한 데미지를 입히기가 어려워 졌다. 오른팔 하나로 줄 수 있는 데미지는 제한되기 마련이고, 한 손으로 휘두를 수 있는 검의 중량도 한계가 있었기 때문이다.

한 손으로 들 수 없는 검이라면 양손으로 쓸 수 있게 만들면 된다. 13세기경에는 그러한 논리로, 한 손 검의 손잡이 부분을 길게 만든 바스타드 소드의 원형이라고도 할 수 있는 것이 등장했다. 이 시절에는 단순하게 『hand and a half sword』라고 불렸으나, 16세기경에는 바스타드 소드라는 명칭이 일반적이 되었다.

왜 『바스타드bastard = 잡종·혼혈』이라는 이름이 붙었는지에 대해서는 여러 가지 설이 있다. 어떤 이는 『한손검도 양손검도 아닌 잡종 같은 검』이기 때문이라고 말하며, 또 어떤 이는 『참격계의 게르만형 검과 찌르기 계의 라틴형 검의 혼혈』이기 때문이라고도 한다.

바스타드 소드의 존재의의는, 『허리춤에 걸고 휴대할 수 있다』는 점에서 특히 최고라 할 수 있다. 기본적으로 『양손검의 위력』을 중시한다면 투 핸드 소드 등의 양손검을 사용하면 되는 것이다. 그러나 당시의 기사들에게 있어서는 "검이라고 하는 것은 허리에 걸지 않으면 안되는 것"이었다. 체면과 자존심으로 살고 있는 기사들에게는 매우 중요한 문제이다.

허리에 걸고 다닐 수 있고, 양손으로 잡는 것을 통해 데미지의 증가도 기대할 수 있고, 게다가 무기로서의 균형도 잡힌 것…, 그것이 바스타드 소드에게 요구되었던 기능인 것이다. 그 때문인지, 바스타드 소드의 도신 형태나 손잡이의 길이, 중량 등은 시대나 지역에 따라서 다양한 것이 있었고, 얼마나 많은 시행착오가 있었는지를 알 수 있다.

손잡이를 길게 한 한손검

바스타드 소드
길이 : 1.2 ~ 1.4m
무게 : 2.5 ~ 3kg

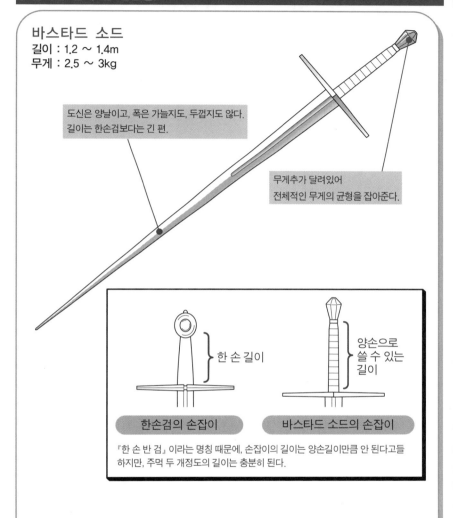

도신은 양날이고, 폭은 가늘지도, 두껍지도 않다.
길이는 한손검보다는 긴 편.

무게추가 달려있어
전체적인 무게의 균형을 잡아준다.

한 손 길이

양손으로
쓸 수 있는
길이

한손검의 손잡이

바스타드 소드의 손잡이

『한 손 반 검』이라는 명칭 때문에, 손잡이의 길이는 양손길이만큼 안 된다고들
하지만, 주먹 두 개정도의 길이는 충분히 된다.

전술적인 이점

역시 『한 손으로도 양손으로도 쓸 수 있다』는 것은 큰 장점이다. 평소에는 방패를 들고 싸우지만, 여차할
때는 방패를 버리고, 양손으로 온 힘을 다한 일격을 가할 수 있다. 양손검과 같이 무지막지한 크기도
아니므로, 기동력을 희생하지 않아도 되는 점도 좋다.

관련항목
- 양손검 ~ 투 핸드 소드(two-hand sword) → No.042
- 장검 ~ 롱 소드(long sword) → No.056

중국의 외날검 ～ 청룡도

오구(吳鉤), 펄션(falchion)

당대(7~8세기)에 중국에서 유행하였던 절단용 검. 크기는 중형으로, 도신의 디자인은 외날의 환도. 손잡이는 한 손용으로, 무게가 있기 때문에 절단용 날을 가진 검이면서 참격에도 뛰어난 성능을 보인다.

접근전 용의 중량급 도검

청룡도가 유행했던 것은 당나라 시대로, 과거 춘추시대에 오나라에서 만들어진 곡도라는 뜻으로 오구라고도 불렸다. 오의 곡도는 접근전에 뛰어난 디자인으로, 산악지대나 호수, 늪, 하천 등의 싸움에서 주로 사용되었으나, 당나라 시대에 와서 부활한 오구 = 청룡도는 그만큼 활약할 곳이 마련되었던 것은 아니었다. 이 시대에는, 이미 전장은 활이나 창, 봉 등의 원거리용 무기가 중심이 되어있어 집단전투가 주가 되는 군대에서는 그리 중요시 되지 않았던 것이다.

이러한 사정은 일본도와 활의 관계와도 흡사하나, 막부가 칼의 소지를 일부 특권계급에만 허용하였던 것에 비해, 중국에서는 청룡도의 민간소지를 금지하지 않았다. 그 때문인지 "시정잡배의 무기"라는 인상이 강하여, 게임이나 만화에서도 중국의 무장이 중심이 되는 작품을 제외하면, 악역이나 똘마니의 무기로 불우한 대접을 받고 있다.

청룡도나 일본도와 같이 휘어진 도를 『환도』라고 하는데, 이러한 휘어짐은 베어낼 때 칼을 잡아당기는 것으로, "날이 상대방의 몸 위를 미끄러지게 하기"위함이다. 이렇게 베어내는 것을 통해 직도보다 넓은 면적에 상처를 입힐 수 있으나, 도신이 몸 위에서 미끄러지는 형태이므로, 금속과 같이 "날이 들지 않는"장갑에 대해서는 무력하다. 또한 일본도만큼 세련되지는 않았지만, 도신에 복수의 금속을 사용하여 강도를 높이는 고안도 되어있었다. 날 부분에는 강철을 사용하고, 칼등에는 잘 부러지지 않게 하기 위해, 부드러운 철을 사용했던 것이다.

청룡도의 도신은 끝부분에 무게가 편중된 디자인이므로, 도끼나 해머와 같이 휘두르면 원심력에 의한 데미지 증가를 기대할 수 있다. 이러한 디자인은 제련기술의 문제에 따른 도신 강도의 관계상, 어떻게 하더라도 두께가 두껍고 폭이 넓은 도신이 될 수 밖에 없었다는 이유가 있는데, 청룡도를 사용할 때에는 그것을 이점이라고 생각해서 쓰다듬듯이 베어내는 것과 끊어내듯이 베어내는 것을 구별하며 싸우는 것이 좋다.

참격에도 효과적인 환도

청룡도
길이 : 1m 내외
무게 : 0.8 ~ 1kg

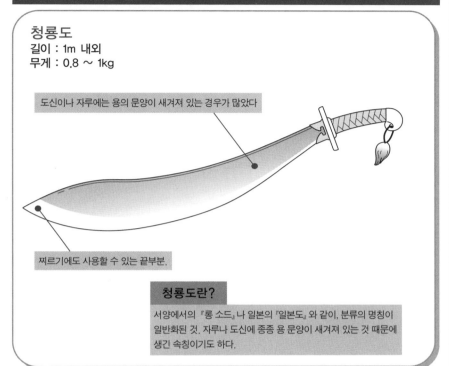

도신이나 자루에는 용의 문양이 새겨져 있는 경우가 많았다

찌르기에도 사용할 수 있는 끝부분.

청룡도란?
서양에서의 『롱 소드』나 일본의 『일본도』와 같이, 분류의 명칭이
일반화된 것. 자루나 도신에 종종 용 문양이 새겨져 있는 것 때문에
생긴 속칭이기도 하다.

청룡도 = 펄션(falchion)?

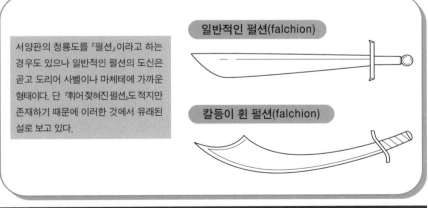

서양판의 청룡도를 『펄션』이라고 하는
경우도 있으나 일반적인 펄션의 도신은
곧고 도리어 사벨이나 마체테에 가까운
형태이다. 단 『휘어젖혀진 펄션』도 적지만
존재하기 때문에 이러한 것에서 유래된
설로 보고 있다.

일반적인 펄션(falchion)

칼등이 휜 펄션(falchion)

관련항목
◆ 도끼는 야만족의 무기? → No.010　　　　◆ 다양한 종류의 해머 → No.012

겐페이元平 시기의 일본도 ～ 다치太刀:태도

게누키가타다치(毛拔形太刀), 오다치(大太刀)

헤이안 시대중기부터 일본에서 사용되었던 칼. 휘어진 도신의 한 쪽 면에 잘 잘리는 절단용 날이 붙어있다. 손잡이의 길이는 양손으로도 사용할 수 있도록 길게 되어있지만, 말을 부리면서 한 손으로 다루는 것과 같이 곡예에 가까운 일도 가능하다.

귀족의 의식용에서부터 전장으로

일본의 도 = 휘어진 도신(환도) 라고 하는 공통 인식이 있기는 하나, 그것도 대륙에서부터 전래된 『검』이 동방의 지방부족과의 싸움이나, 일본의 기후풍토 등에도 영향을 받아 다치라고 하는 형태로 승화된 이후의 일이다. 신화에 등장하는 도츠카노츠루기十据剣도 아마노무라쿠모天叢雲剣도 휘어져 있지 않다.

칼을 사용하여 무엇을 절단하려고 마음먹었을 경우, 곧게 뻗은 것보다는 적당히 휘어져 있는 편이 도신에 가해지는 충격이 적다. 고온 다습한 일본에서는 서양과 같은 금속제 갑주가 발달하지 않았기에, 『베는』 것에 특화된 칼이 요구되었던 것도 있어, 양질의 사철과 높은 수준의 제련기술을 얻은 후 우수한 품질의 환도가 제작되게 되었다.

다치는 본디 귀족이 조정의 의식을 위해서 사용하던 것이었기 때문에, 의관속대에도 패용할 수 있도록 『사게오下緒혹은 다치오太刀緒』라고 하는 허리끈을 이용하여 허리에 메고 다녔다. 점차 조정의 경호인에서 대두된 무사가 전투용으로서 장식을 없앤 다치를 사용하게 되었으나, 칼집은 끈으로 메는 방법을 유지했던 탓에, 뽑을 때는 반대측 손으로 칼집의 물림쇠를 잡아줄 필요가 있었다.

다치는 『마상에서 다루기 쉽도록 도신이 휘어있다』고들 하지만, 활이나 창과 같은 뛰어난 원거리용 무기가 있음에도, 창보다 리치가 짧은 다치를 굳이 사용했었다고 생각하기는 어렵다. "마상에서 사용하기 위해 휘어있다" 라고 하기보다는 "휘어있으므로 마상에서도 쓸 수 있었다"라고 하는 것이 타당할 것이다. 또한 도보를 통한 전투에서는 역시 크고, 무거운 칼이 위력 면에서 더 유리하다. 이러한 흐름 속에서 대형화한 오다치 혹은 노다치野太刀라고 불리는 다치는 걸어다니는 무사들에게 사랑을 받아, 이윽고 자루를 길게 만든 나가마키長巻가 나타난다. 이것과는 별개로 도에 사이드 웨폰으로서의 역할을 기대하는 흐름도 있어, 이 쪽에서는 태도의 도신을 짧게 만든 사스가刺刀라고 하는 도를 거쳐 가타나打刀로 발전해 나간다.

중세일본의 도

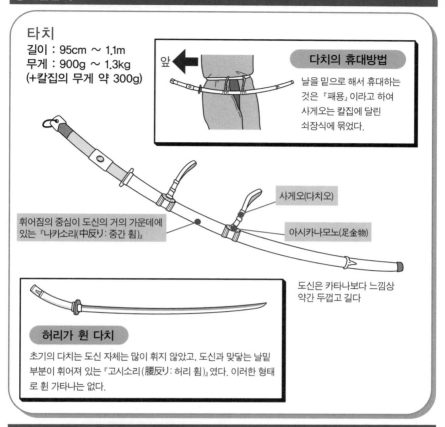

타치
길이 : 95cm ～ 1.1m
무게 : 900g ～ 1.3kg
(+칼집의 무게 약 300g)

앞 ←

다치의 휴대방법

날을 밑으로 해서 휴대하는
것은 『패용』이라고 하여
사게오는 칼집에 달린
쇠장식에 묶었다.

휘어짐의 중심이 도신의 거의 가운데에
있는 『나카소리(中反り : 중간 휨)』

사게오(다치오)

아시카나모노(足金物)

도신은 카타나보다 느낌상
약간 두껍고 길다

허리가 휜 다치

초기의 다치는 도신 자체는 많이 휘지 않았고, 도신과 맞닿는 날밑
부분이 휘어져 있는 『고시소리(腰反り : 허리 휨)』였다. 이러한 형태
로 휜 가타나는 없다.

태도의 분류

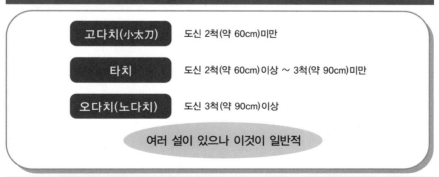

고다치(小太刀)	도신 2척(약 60cm)미만
타치	도신 2척(약 60cm)이상 ～ 3척(약 90cm)미만
오다치(노다치)	도신 3척(약 90cm)이상

여러 설이 있으나 이것이 일반적

관련항목

◆ 칼자루가 긴 태도(다치) ～ 장권(나가마키) → No.029
◆ 일본 사무라이의 칼(Japanese samurai sword) ～ 타도 → No.059

칼자루가 긴 다치太刀 ~ 나가마키長卷

나카마키(中卷)

무로마치(室町 :1336~1573) 시대에 유행했던 긴자루 칼로 오다치(노다치)라고 불리는 칼의 손잡이 부분을 연장시킨 것. 겉으로 보기에는 나기나타와 흡사하지만, 손잡이 부분이 도와 같은 형태의 모양으로 만들어져 있거나, 도(다치, 가타나)에 쓰이는 츠바(鍔 : 날밑)이 달려있는 것으로 구별할 수 있다.

 ## 창과 아주 닮은 대형도

　　나가마키는 겉보기가 나기나타薙刀와 아주 비슷한 무기지만, 나기나타가 『창의 끝부분에 도刀처럼 생긴 도신을 장착한 무기』인 데에 반해, 나가마키는 대형 도(오다치)의 손잡이 부분을 길게 만든 무기이다. 어디까지나 도를 기초로 만든 무기이므로, 자루는 도와 같이 『가죽이나 끈을 사용한 마름모꼴 모양』으로 감아두었고, 나기나타보다도 짧다. 또한 도신과의 경계선에 도에 사용되는 날밑이 달려있는 것도 나기나타와 구별되는 점이다.

　　도신은 오다치太太刀와 같으므로 나기나타보다 길다. 처음에는 『오다치의 현지개량판』같은 무기였으나, 점차 독립된 무기로서 인정받게 되자, 도신도 오다치 용을 사용하지 않고, 나가마키 전용의 것을 사용하게 되었다. 이 형태의 도신은 더 폭이 넓고 무겁게 되었으며, 갑옷을 입은 무사에 대해서도 꽤나 큰 데미지를 입힐 수 있었다.

　　나가마키가 가진 긴 자루는 "상대방보다 먼 곳에서 공격하기" 위한 것이 아니라, 증가한 도신의 중량을 지탱하기 위한 것이다. 즉, 무기로서의 위치는 서양의 투 핸드 소드나 그레이트 소드에 가까운 것이라 할 수 있으므로, 전투시에는 거침없이 양손으로 온 힘을 다해 휘둘러 내려찍어 주도록 하자. 또한 긴 자루의 양 끝을 쥐면 마치 짧은 창처럼 사용할 수 있으므로 찌르기를 할 때에는 평범한 다치나 가타나보다도 겨냥하기가 쉽다.

　　긴 손잡이를 가진 무기의 숙명으로, 나가마키도 한 손으로 다루는 것은 어렵다. 창은 한 손으로도 찌르기를 할 수 있고, 자루가 긴 해머는 손잡이 끝부분을 들고 휘두르면 망치머리의 무게로 인한 원심력으로 그럭저럭 데미지를 기대할 수 있다. 나가마키는 중량적인 문제도 있으나, 도의 일종인 관계로 창이나 자루가 긴 해머만큼 사용법에 다양한 응용을 할 수가 없다. 또한 그 크기로 인해 허리춤에 꽂거나 달고 다닐 수가 없어, 손에 들고 다닐 수 밖에 없다는 것도 불편하다.

오다치를 한층 더 업그레이드한 무기

나가마키
길이 : 1.8 ~ 2.1m
무게 : 6 ~ 8kg

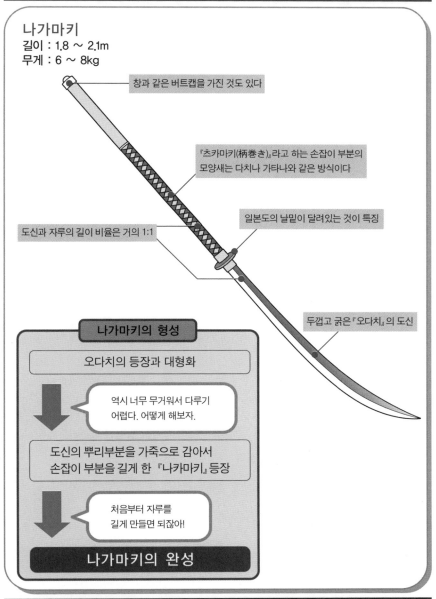

창과 같은 버트캡을 가진 것도 있다

『츠카마키(柄巻き)』라고 하는 손잡이 부분의
모양새는 다치나 가타나와 같은 방식이다

일본도의 날밑이 달려있는 것이 특징

도신과 자루의 길이 비율은 거의 1:1

두껍고 굵은『오다치』의 도신

나가마키의 형성

오다치의 등장과 대형화

역시 너무 무거워서 다루기
어렵다. 어떻게 해보자.

도신의 뿌리부분을 가죽으로 감아서
손잡이 부분을 길게 한『나카마키』등장

처음부터 자루를
길게 만들면 되잖아!

나가마키의 완성

관련항목
- ◆ 칼자루가 긴 다치(太刀) ~ 나가마키(長巻) → No.029
- ◆ 겐페이 시기의 일본도 ~ 다치(太刀) → No.028
- ◆ 양손검 ~ 투 핸드 소드(two-hand sword) → No.042
- ◆ 일본 사무라이의 칼 ~ 가타나(打刀) → No.059
- ◆ 일본의 월도(月刀) ~ 나기나타 → No.075
- ◆ 대검 ~ 그레이트 소드(great sword) → No.087

연접곤봉 ~ 플레일flail

라이트 플레일(light flail), 호스맨즈 플레일(horseman's flail), 볼 앤 체인(ball and chain)

12~16세기경의 유럽에서 사용되었던 타격무기로, 짧은 자루와 소형 곤봉을 사슬로 연결한 것이다. 휘둘렀을 때의 원심력을 이용하기 때문에, 같은 크기·중량의 타격무기에 비해서 큰 데미지를 줄 수 있다.

가동식의 곤봉

플레일은 해머의 일종이나, 상대방을 타격하는 『머리 부분』과 손에 쥐는 『손잡이 부분』이 분리되어있어, 쌍절곤처럼 사슬이나 끈으로 이어져 있는 특이한 구조의 무기이다. 휘둘렀을 때 끝의 머리 부분이 원심력에 의해 가속하여 타격력을 늘리는 것이다.

플레일은 끝의 헤드 부분이 사슬에 의해 흔들흔들 움직이기 때문에, 공격을 받는 상대방 입장에서는 타점부분의 궤도를 읽기가 어렵다. 이것을 마상대결에서 활용한다면, 상대방이 헬멧을 쓰고 있더라도, 두부에 명중시켜 낙마시킬 수 있다. 무리하게 힘을 주지 않더라도, 움직이는 머리의 원심력에 의해 어느 정도의 데미지를 기대할 수 있으므로, 도리어 상대방이 궤도를 예상하기 어렵도록 끝부분을 휘둘러서 공격을 예측하지 못하도록 하는 데에 신경 쓰도록 하자. 단, 플레일은 사용하는 쪽에서도 받아넘기거나, 쳐내기를 사용하기가 까다로운 무기이므로, 상대방의 무기를 쳐내거나 방어할 생각은 하지 않는 것이 좋다.

헤드가 봉 형이 아닌, 구球 형으로 되어 있는 플레일을 『볼 앤 체인』이라고 부른다. 구 모양이므로 타격력이 한 점에 집중될 뿐더러, 봉 모양의 것 보다 상대방이 쳐내기가 어렵다. 이 형태로 유명한 것은 모닝 스타로, 스파이크가 달린 철구 부분을 금성에 빗댄 것이 이름의 유래라고 전해진다. 사슬이 없는 메이스 형태의 모닝 스타도 존재하나, 이것은 모닝 스타가 『스파이크 달린 철구』를 뜻하는 말이기 때문이다.

체인형태의 모닝스타는 사슬을 상대방의 팔에 감아서 공격을 봉인하거나, 다리가 감아서 전복시키는 데에 사용할 수 있고, 그 외에 몸집이 작은 사용자가 키가 큰 상대의 품 속으로 뛰어들어 턱 밑에서부터 철구로 가격하는 전법도 효과적이다.

간결하면서도 위력이 큰 무기

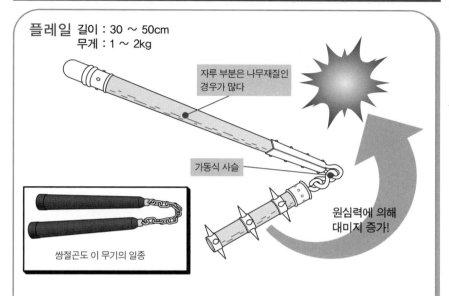

플레일 길이 : 30 ~ 50cm
　　　　무게 : 1 ~ 2kg

자루 부분은 나무재질인
경우가 많다

가동식 사슬

원심력에 의해
대미지 증가!

쌍절곤도 이 무기의 일종

볼 앤 체인　길이 : 50 ~ 80cm
(ball and chain) 무게 : 2 ~ 2.5kg

스파이크 달린 철구의 모양 때문에 『모닝 스타』라고 불린다.

사슬이 여러 개 달린 형태의
것도 적지 않다.

이러한 플레일들은 마상에서도 사용 가능한 한 손용으로, 보병이 사용하는 자루가 긴 『풋 맨즈
플레일(footman's flail)』과는 구별된다.

도검의 휴대방법

순수하게 무기로서의 성능을 비교할 경우, 도검은 창이나 원격무기를 이길 수 없다. 간격은 좁고·강도는 어중간하고·가격도 비싼 세 박자를 고루 갖추었다. 그러나 적당한 크기로 필요 충분한 위력이 있었기에, 평소에 휴대하기에 적당했다.

 ## 기본적으로는 허리에 건다

도검류는 리치나 위력의 문제로, 전장에 있어서의 주력 무기가 되지는 않았다. 검이란 항상, 창이나 폴 암, 투사무기의 예비무기일 뿐이며, 그것은 롱 소드와 같은 풀 사이즈의 검이라도 해도 다를 바 없다. 그러나 다른 무기와 병용해서 들고 다니는 일이 많았기 때문에야말로, 검의 휴대 방법에도 다양한 검토가 이루어졌고, 평소에도 편하게 지니고 다닐 수 있는 현재의 형태가 확립되었다고 할 수 있다.

검을 휴대할 때, 전제가 되는 것은 "양손이 비어있을 것"이다. 손이 비어있지 않으면 다른 일을 하는데 지장이 생기고, 그것이 평상시라면 더욱 문제가 된다. 그렇다면 필연적으로 『가방처럼 어깨에 건다』 『허리의 벨트에 끼우거나 건다』 쯤이 기본이 된다. 행동하는데 방해가 되지 않으면서, 사용할 때는 신속하게 뽑아 들어 태세를 취할 수 있어야 함이 중요하다. 초기에는 어깨에 거는 형태가 많았으나 장착 시 번거롭고, 이동할 때 안정성이 떨어져서, 점차 허리에 거는 방식이 일반화 되었다.

허리에 장착하는 경우, 자주 쓰는 팔과 반대측에 검의 손잡이가 오도록 하는데, 이것은 단순히 뽑아 들기 편하게 하기 위한 것으로, 짧은 검이라면 같은 방향에 걸기도 한다. 또한 레이피어 & 망고슈$^{main-gauche}$와 같은 서양식 이도류에서는 망고슈의 칼집을 허리 뒤에 장착하는데, 이것은 크고 작은 검을 동시에 발도할 때 도신이 교차되는 것을 막기 위해서이다. 일본도는 두 자루의 칼을 같은 쪽에 꽂고 다니는데, 이것은 굳이 말하자면 예외적인 휴대방법이라 할 수 있다.

투 핸드 소드와 같은 대형검은 허리에 걸고 다니기엔 너무 길고, 등에 짊어지더라도 칼집에서 뽑을 수가 없다. 기본적으로는 뽑은 상태로 손에 들고 다녔는데, 픽션의 세계에서는 전용 홀더를 사용해서 들고 다니는 모습을 볼 수 있다. 이 홀더는 『칼끝받이』에 얹은 도신을 고정구로 고정시켰을 뿐인 것으로, 짊어진 상태에서 재빠르게 전투태세로 변환할 수 있다.

도검을 휴대하는 위치

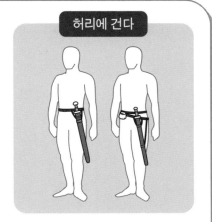

어깨에 맨다

허리에 건다

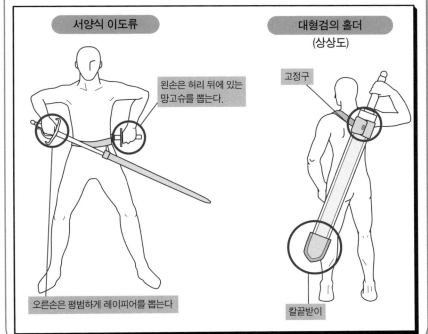

서양식 이도류

왼손은 허리 뒤에 있는
망고슈를 뽑는다.

오른손은 평범하게 레이피어를 뽑는다

대형검의 홀더
(상상도)

고정구

칼끝받이

짧은 검 ~ 숏 소드 short sword

글라디우스(gladius), 스파타(spata)

주로 유럽에서 사용된 소형검. 대거나 나이프 보다는 크지만, 롱 소드보다 짧은 것을 전반적으로 지칭한다. 도신은 양날의 직도가 기본으로, 손잡이의 길이는 한 손용이다. 대형무기를 지닐 경우에 예비무기로서 애용되었다.

접근전이나 난전에서의 방어용으로

숏 소드는 단검대거, dagger과 검의 중간격인 무기이다. 컨셉상으로는 "단검을 크게 해서 공격력을 키우자" 라는 것이 아니라, 걸어다니면서 싸우는 병사가 난전 시에도 다루기 쉽도록 "검을 소형화해서 집단 전투에 적합하게 재설계하자" 라는 사상이었다. 이 때문에 기사나 전사가 스스로의 명예와 목숨을 걸고 사용하는 무기가 아닌, 주로 창이나 폴 암을 사용하는 병사가 예비 무기로 휴대했다.

도신은 양날인 것이 일반적으로, 끝으로 가면서 가늘어지는 형태의 것과, 균일한 폭을 가진 형태가 있다. 어느 쪽 형태도 찌르기에 충분한 예리한 날 끝과, 참격용 날을 갖추고 있기 때문에, 상황에 맞게 구분하여 사용할 수 있다. 특히 적과 아군이 뒤섞인 전장이나, 좁은 통로 등에서의 전투에 적합하다.

숏 소드의 대명사라고도 할 수 있는 검에는 『글라디우스』가 있다. 이것은 로마제국에 뿌리를 둔 검으로, 도신은 밑둥부터 날 끝까지 폭이 균일하고, 둥근 장식이 달린 특징적인 손잡이를 하고 있다. 주로 보병이 장비하였으나, 창의 보조무기로 근접전투용으로도 사용되었다.

이런 형태의 짧은 검은, 당연한 이야기지만 "간격"이 좁다. 이에 따라 레이피어와 같은 "간격을 재면서" 싸우거나 "선제공격을 시도하거나" 하기에는 부적합하고, 롱 소드 등보다 가볍기 때문에 공격력도 떨어진다. 그러나 뒤집어서 보면, 숏 소드는 도신의 강도에서는 레이피어 이상이고, 짧기 때문에 롱 소드보다 다루기 편하다.

숏 소드를 사용할 때에는, 짧은 길이에서 연유한 편이성과, 표준 크기의 검과 비교해도 손색없는 도신강도를 잘 살려서, 방어위주의 싸움을 하도록 하자. 상대방이 도끼와 같은 일점 집중형의 데미지를 노리는 무기가 아닌 이상, 방패를 들고 방어에 전념하는 숏 소드 사용자를 돌파하는 것은 극히 어려운 일일 것이다.

짧은 검이나 단검이 아니다

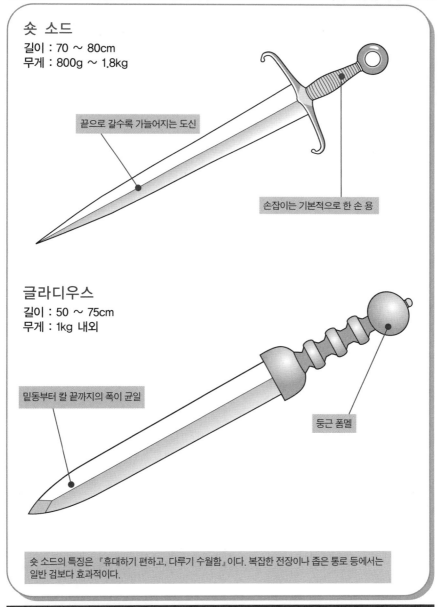

숏 소드
길이 : 70 ~ 80cm
무게 : 800g ~ 1.8kg

끝으로 갈수록 가늘어지는 도신

손잡이는 기본적으로 한 손 용

글라디우스
길이 : 50 ~ 75cm
무게 : 1kg 내외

밑동부터 칼 끝까지의 폭이 균일

둥근 폼멜

숏 소드의 특징은 『휴대하기 편하고, 다루기 수월함』이다. 복잡한 전장이나 좁은 통로 등에서는 일반 검보다 효과적이다.

관련항목
- 검이라는 무기의 특징이란? → No.007
- 창은 기병의 무기? 보병의 무기? → No.015
- 폴 암(polearm)이라는 무기 → No.017
- 가는 날의 검 ~ 레이피어(rapier) → No.054
- 장검 ~ 롱 소드(long sword) → No.056

벌목도

쿠크리(kukuri), 구르카나이프(Gurkha knife), 마체테(machete)

일상용품에서 발전한 참격용 무기. 나이프나 도끼와 마찬가지로 세계각지에서 사용되며, 외날에 무겁고 두께가 있는 날을 지닌다. 크기는 단검 정도로 손잡이도 한 손 용이 주류를 이루지만, 전투용으로 만들어진 모델에는 커다란 도신이 있는 것도 존재한다.

무게를 이용하여 때려 찍듯이

벌목도는 본디, 수풀을 헤치고 들어가 땔감을 구하거나, 장작을 패는데 사용되던 도구이다. 날은 달려있지만, 나이프 같은 예리함은 없고, 도끼처럼 『중량을 이용하여 끊어내듯』 자르는 방식으로 사용한다. 일반적인 대거 등보다 도신이 두껍기 때문에, 보기보다 훨씬 무겁다. 들어올려 내려찍는 것 만으로도 꽤 큰 데미지를 기대할 수 있어서, 대용무기에 가까우면서도 충분한 위력을 지닌 무기로서 사용 가능하다.

벌목도의 도신과 자루는 검과 같이 곧지 않고, 자벌레처럼 "〈" 모양으로 휘어져 있다. 때문에, 도신의 밑동 부분보다, 끄트머리 부분을 사용하는 편이 상대방에게 줄 수 있는 데미지가 크다.

이러한 특성을 가지면서도, 전투용으로서 높은 평가를 받고 있는 무기로는 쿠크리가 있다. 쿠크리는 네팔의 특징적인 소형도검으로, 특히 구르카 족이 사용하는 것이 『쿠크리』『구르카 나이프』로서 유명하다. 적어도 일단은 "나이프"이기 때문에, 벌목도 보다는 예리한 날을 가지고 있고, 끝으로 갈수록 무겁게 만들어진 도신도 밀림에서 풀숲을 헤치는 데 편리하다.

그 특징적인 모양으로 인해, 대인 전투에서 사용하기 위해서는 다소 익숙해질 필요가 있지만, 본인이 가한 힘 이상의 데미지를 줄 수가 있으므로, 훈련에 시간을 투자할 가치는 충분하다. 쿠크리용 칼집은 입구부분이 넓게 되어있고, 그 공간에 소형나이프나 부싯돌을 넣어둘 수 있다.

현재도 아웃도어용으로 사용되고 있는 마체테 또한 벌목도의 한 종류이다. 도신은 "〈" 모양으로 휘어져 있지 않지만, 무게를 이용해서 휘둘러 수풀을 헤치는 사용법은 동일하다. 도신이 벌목도에 비해 얇기 때문에 장작패기가 안되거나, 너무 길어 자잘한 나뭇가지를 쳐내기가 번거롭기도 하지만, 숏 소드정도 되는 도신 크기와 끝부분에 쏠린 무게중심은 충분히 무기로서 기능할 수 있다.

전투에도 사용할 수 있는 벌목도

쿠크리
길이 : 40 ～ 80cm
무게 : 600g ～ 1kg

꽤 두껍다

홈 안에 핀이
튀어나온 특징적인
장식

벌목도와 같이 내려치듯 사용하기 때문에
거꾸로 쥐는 방식은 무게를 활용할 수 없어
적합하지 못하다.

마체테
길이 : 50cm ～ 1m
무게 : 400g ～ 1kg

판처럼 평평한 도신

나타(鉈)는 단검이나 나이프와 같이
『날로 자르는』 무기가 아니라, 도끼
처럼 중량으로 끊어내는 무기이다.

관련항목
- 짧은 검 ～ 숏 소드(short sword) → No.032
- 단검 ～ 대거(dagger) → No.062

한 손으로 사용하는 도끼 ~ 토마호크tomahawk

핸드 액스(hand ax), 프란시스카(francisca), 스로잉 액스(throwing ax)

원래, 『무기로서의 도끼』와 『도구로서의 도끼』를 구별하는 것은 어렵다. 검은 싸움을 위해 태어난 도구이나, 소형 도끼는 단검이나 창과 마찬가지로 무기이기 이전에 먼저 도구로서 존재했기 때문이다.

전투에도 야외생활에도 유용하다

주로 한 손으로 사용하는 도끼는 손도끼 = 핸드 액스 라고 부른다. 곤봉이나 단검과 마찬가지로, 오래 전부터 사용되어온 무기이며, 야외 생활의 필수품으로도 쓰였다.

30~50㎝정도의 짧은 자루의 끝에 도끼머리를 장착한 단순한 구조로, 크기에 비해 위력이 있어, 검이나 창 등의 예비무기로서도 애용되었다. 크기가 작아 다루기 쉽고, 휘두르는 데에도 넓은 장소가 필요없다. 실내나 동굴 등에서도 쓸 수 있고, 땅바닥에 내동댕이 쳐졌을 때에도, 방심한 상대방의 뒤통수나 옆구리에 한방 먹일 수 있다.

핸드 액스는 단검과 마찬가지로, 여차할 때는 던져서 사용할 수도 있다. 토마호크는 투척에 특화된 손도끼로 알려져 있으나, 사실 미사일 웨폰으로 만들어진 도끼는 아니다. 이것은 토마호크의 사용자로 유명한 북미의 인디언(네이티브 아메리칸)이 서부 개척시대를 그려낸 픽션 속에서 토마호크를 던져댔기 때문에 정착해 버린 이미지고, 본디 도끼라고 하는 것은 던졌을 때 효과적인 무기는 아닌 것이다. 던질 수 있었던 것은 충분한 기량을 가진 자 뿐이었고, 그것도 던져버리고 나면 무기를 잃게 된다. 도끼는 화살도 다 떨어지고 아군의 엄호도 받을 수 없게 되었을 때 같이 어쩔 수 없는 상황에서 『최후의 수단』으로서 던지는 것이다.

투척용 손도끼로 본다면 로마 제국 말기에 민족 대이동을 하여 찾아온 프랑크 족의 프란시스카가 더 잘 고안되어 있다. 던졌을 때 상대방에게 잘 꽂히기 쉽도록 도끼머리의 모양이나 날끝의 각도가 계산되어 있으며, 도끼머리와 균형을 잡을 수 있도록 굵게 만들어져 있다.

프랑크 족은 이 밖에도 투척창인 『앙공angon』을 투사무기로서 사용했으나, 그들이 이러한 무기에 집착했던 것은 인디언과 달리 활을 다루는 것에 취약했기 때문이었다고 한다.

한 손으로 쓸 수 있는 소형 도끼

토마호크
길이 : 30 ~ 50cm
무게 : 1 ~ 1.8kg

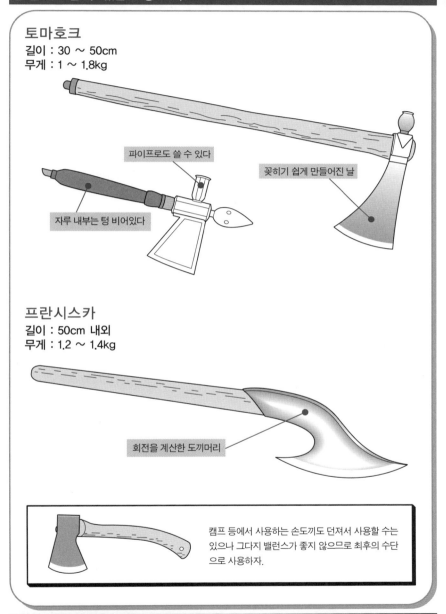

파이프로도 쓸 수 있다

꽂히기 쉽게 만들어진 날

자루 내부는 텅 비어있다

프란시스카
길이 : 50cm 내외
무게 : 1.2 ~ 1.4kg

회전을 계산한 도끼머리

캠프 등에서 사용하는 손도끼도 던져서 사용할 수는
있으나 그다지 밸런스가 좋지 않으므로 최후의 수단
으로 사용하자.

전투용 도끼 ~ 배틀 액스 battle ax

워 액스(war ax), 그레이트 액스(great ax)

『생활 도구로서의 도끼』를 순수하게 전투용으로 재설계한 것. 손도끼나 벌목도에 비해 "무겁고 크게" 된 도끼 머리는 내려칠 때 위력을 발휘하며, 상대방에게 손쉽게 치명상을 입힌다.

보다 무겁게, 보다 단단하게

도끼의 큰 장점은 "위력"이다. 전투용으로 적합한 도끼를 생각했을 경우, 보다 큰 위력을 지니도록 하려는 것은 자연스런 흐름일 것이다. 즉, 위력의 근원이 되는 도끼머리를 무겁고, 단단하고 예리하게 만드는 것이다.

무거워진 도끼 머리를 지탱하기 위해 자루는 길어지고, 그것을 다룰 때는 필연적으로 양손을 사용하게 된다. 검과 같이 자루의 끄트머리를 쥐는 것은 『쓰러진 상대에게 결정타를 가할 때』 『비틀거리는 상대에게 필살의 일격을 가할 때』와 같은 상황뿐이고, 평상시에는 자루의 양 끝을 쥐고 무거운 도끼를 지탱한다. 자주 쓰는 손으로 도끼머리 부근을 쥐고, 반대쪽 손으로는 자루 끝 근처를 쥐어서 자세를 잡고, 방어나 견제를 하는 것이다.

배틀 액스는 자루 끝에 헤드를 가진 메이스와 아주 비슷한 구조의 무기이나, 메이스의 헤드가 『때리기』 『두들기기』를 목적으로 하고 있는 데에 반해, 도끼머리는 목표를 『끊어 내는』 것이 목적이다. 때문에 날 끝의 디자인도 끊어내는 힘이 집중되기 쉽도록, 완만한 곡선을 그리고 있는 것이 많다. 또 자루 부분은 내구력의 증가를 목적으로 한 금속재질의 것도 존재한다.

상대방의 장갑을 끊어낼 수 있는 『날』을 가졌던 배틀 액스는 그 위력을 높이 산 기사들에게도 무기로 사용되었다. 그러나 명칭이나 형태에 검이나 메이스 만큼의 다양성은 없는 것으로 보면, 전체를 두고 봤을 때는 소수였던 모양이다. 마상에서 사용할 때는 "장갑을 파괴하는" 것에 집착하지 않아도 충격을 이용해 상대방을 낙마시키기만 하면 되었기 때문에, 메이스나 플레일이 더 사용하기 편했고, 걸으면서 전투를 할 때에는 자루를 길게 만들어 위력을 강화한 폴 암이 더 효과적이었기 때문이다.

전투도끼 = 배틀 액스가 주로 사용되었던 것은 유럽보다는 아시아나 북구지역으로, 우리가 흔히 생각하는 배틀 액스의 이미지도, 이러한 영향을 크게 받았으리라 생각된다.

전투용으로 진화한 대형도끼

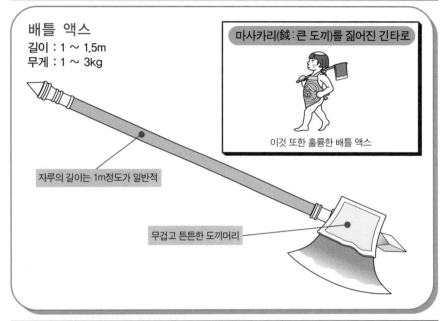

배틀 액스
길이 : 1 ~ 1.5m
무게 : 1 ~ 3kg

마사카리(鉞 : 큰 도끼)를 짊어진 긴타로

이것 또한 훌륭한 배틀 액스

자루의 길이는 1m정도가 일반적

무겁고 튼튼한 도끼머리

손을 잡는 위치와 전투법

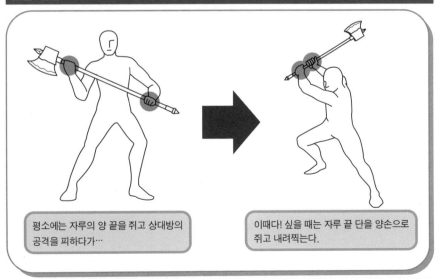

평소에는 자루의 양 끝을 쥐고 상대방의 공격을 피하다가…

이때다! 싶을 때는 자루 끝 단을 양손으로 쥐고 내려찍는다.

관련항목
- 폴 암(pole arm)이라는 무기 → No.017
- 연접 곤봉 ~ 플레일(flail) → No.030
- 철퇴 ~ 메이스(mace) → No.037

79

곤봉 ~ 클럽^{club}

배턴(baton), 스틱(stick), 바(bar)

상대방을 때리기 위한 딱딱한 봉. 같은 타격무기라고 할 수 있는 메이스를 필두로, 검이나 도끼, 창 등 거의 모든 무기의 뿌리라고 할 수 있다. 살상력이 낮은 호신 용구로 취급 받는 일이 많으나, 사용법에 따라서는 충분히 치명상을 입힐 수 있다.

무기의 근원

원시적인 무기인 곤봉은, 검이나 창 등 날이 달린 무기에 비해서 『상대방에게 치명상을 입히는 일이 없는 무기』로 취급 받는다. 확실히 곤봉의 살상력을 높이기 위해 끝부분에 돌이나 금속을 장착하는 등 다양한 시도가 이루어지고, 이것들이 발전하여 검이나 도끼나 메이스가 된 것도 사실이다. 그러나 그렇다고 해서 곤봉이 비 치사성 무기라고 단정하는 것은 지나친 속단이다. 곤봉의 살상력이 낮다는 것은 어디까지나 상대방이 갑옷 등을 입은 상황을 상정한 것으로, 『딱딱한 가죽이나, 금속 등의 갑옷』으로 보호받는 상대가 아니라면 충분히 데미지를 입힐 수 있는 것이다.

경찰봉은 일종의 곤봉이다. 날이 없는 무기의 낮은 살상력에 눈독을 들인 치안유지기관이, 대상을 상처입히지 않고 제압 가능한 약한 무기로 채용했다. 그러나 머리를 때리면 손쉽게 두개골이 골절되거나, 함몰되기도 하고, 충격에 의한 뇌좌상이나 출혈 등도 방심할 수 없다. 오래 전, 일본경찰이 취하지 않을 수 없었던 『인해전술로 대상을 둘러싸서 경찰봉으로 몰매를 때리기』와 같은 전술도 실제로는 크게 위험한 것으로, 린치 살인을 굳이 예로 들지 않아도, 사람은 다수의 사람에게 차이거나, 맞는 것 만으로도 죽을 수 있는 것이다. 때리는 쪽의 "방망이 따위로 때려봤자 죽지는 않는다"라는 인식도 이러한 위험을 가속시킨다.

경찰봉을 사용해서, 세련되게 싸우려고 할 경우, 곤봉과 같이 휘두르지 말고, 『짧은 지팡이』처럼 쓰면 좋다. 곤봉의 끝부분을 이용해 급소를 찌르고, 상대방의 겨드랑이에 끼워 팔을 쳐내거나, 무릎 뒷부분에 대고 다리후리기를 하는 것이다.

무사시보벤케이의 무기로도 유명한 쇠몽둥이, 가나사이보^{金碎棒：금쇄봉}은 『전투용 곤봉』이다. 부러지거나 휘어지지 않도록, 전체가 금속으로 되어있고, 공격에도 방어에도 효과적으로 쓸 수 있다. 완력이 뛰어난 자가 사용하면, 집단전투에 있어서 일기당천의 위력을 발휘했으나 크기와 중량의 문제로 다룰 수 있는 사람은 제한되었다.

단순하기 때문에 강력하다

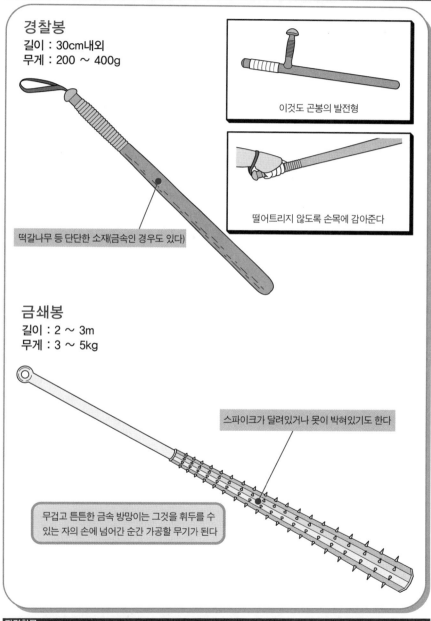

경찰봉
길이 : 30cm내외
무게 : 200 ~ 400g

이것도 곤봉의 발전형

떨어트리지 않도록 손목에 감아준다

떡갈나무 등 단단한 소재(금속인 경우도 있다)

금쇄봉
길이 : 2 ~ 3m
무게 : 3 ~ 5kg

스파이크가 달려있거나 못이 박혀있기도 한다

무겁고 튼튼한 금속 방망이는 그것을 휘두를 수
있는 자의 손에 넘어간 순간 가공할 무기가 된다

철퇴 ~ 메이스 mace

모닝스타(morning star), 모르겐슈테른(morgenstern)

끝부분에 쇠뭉치가 달린 곤봉으로 『곤장』, 『추모』 라고도 불린다. 13세기 이후의 유럽에서 사용되었으며 기사 등은 검과 병용했다. 판금갑옷도 어느 정도는 뚫을 수 있고, 주로 한 손으로 다룰 수 있는 크기의 것을 지칭한다.

대 갑주용 강화곤봉

메이스란 곤봉의 끝부분을 금속으로 강화한 무기이다. 끝부분을 단단하고 무겁게 함으로써 원심력을 키우고, 데미지의 증가를 꾀하고 있다. 골프채의 끝에 정확히 맞은 골프공이 200야드 이상의 거리를 날아가는 것을 보면 알 수 있듯이, 전체의 무게에 비해 끝에 무게가 편중되어 있을 경우, 선단의 머리부분은 대단한 속도를 가지게 되는 것이다.

따라서 같은 타격계의 무기이면서도, 곤봉과 메이스의 위력에는 깊고 큰 골이 있다. 무엇보다 곤봉으로는 상대할 수 없게 된 『갑옷을 입은 상대』에 대항하여 만들어진 것이 메이스이기 때문에, 이 두 가지를 비교하는 것 자체가 공평하지 않기는 한데, 메이스로 맞은 상대방은 설령 판금갑옷을 입고 있다 하더라도, 그 위에서부터 살이 으깨지고, 뼈가 분쇄되고 만다.

메이스는 원심력을 이용한 끄트머리 부분의 고속화와 더불어, 머리의 형태를 바꿈으로서 공격력의 향상을 실현시키고 있다. 양파 같은 금속 덩어리가 붙어있는 『구형』 을 필두로, 스파이크가 달린 『별 모양』, 방사형으로 금속판이 튀어나온 『블레이드형』, 갈고리가 튀어나온 『T자형』 등 다양한 종류가 있다.

검보다도 판금 갑옷에 대한 효과가 뛰어나고, 도끼보다도 사용시 별다른 기술을 필요로 하지 않았던 메이스는, 기사나 중장비전사가 사용하는 근접전용 무기로 사랑받았다. 보다 큰 위력의 워 해머나 관통효과를 높인 워 픽 등도 쓸모 있는 무기지만, 마상에서도 휘두를 수 있고, 휴대하기 불편하지 않으며, 타격효과도 강한 점이 메이스의 장점이다.

크기에 비해서 명중했을 때의 충격은 꽤 크기 때문에, 마상전투에서 사용할 경우에는 상대방의 머리를 노리고 후려치기를 해서 낙마시키거나, 무기나 말고삐를 쥔 팔을 난타한다. 물론 갑옷 위에서 마구 두들겨 패기만 해도 데미지를 줄 수 있으므로, 상대방을 약화시키는 목적으로 응용할 수도 있다.

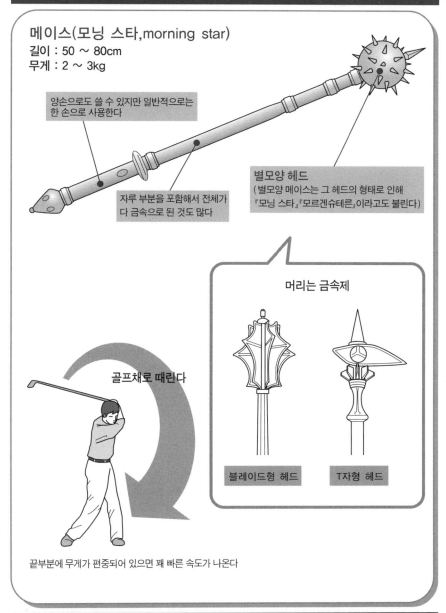

강화된 곤봉

메이스(모닝 스타,morning star)
길이 : 50 ～ 80cm
무게 : 2 ～ 3kg

양손으로도 쓸 수 있지만 일반적으로는
한 손으로 사용한다

자루 부분을 포함해서 전체가
다 금속으로 된 것도 많다

별모양 헤드
(별모양 메이스는 그 헤드의 형태로 인해
『모닝 스타』『모르겐슈테른』이라고도 불린다)

머리는 금속제

블레이드형 헤드

T자형 헤드

골프채로 때린다

끝부분에 무게가 편중되어 있으면 꽤 빠른 속도가 나온다

도검과 칼집

칼집은 칼을 감싸주는 "씌우개" 이다. 봉투형태의 케이스가 일반적인 모습으로, 그 안에 도검을 꽂아 넣는 방식으로 수납한다. 보관이나 휴대를 하기 편하게 하는 것 이외에도, 딱딱한 곳에 부딪혀 날이 상하지 않도록 해주는 기능이 있다.

일본도의 칼집, 서양검의 칼집

일본도에 있어 칼집은 필요 불가결한 존재이다. 맨 몸의 도란 극히 위험한 물건으로, 잘못 취급하면 주변은 물론 자기자신조차 위험해질 수 있다. 날이 그대로 드러나 있는 칼은 "무엇인가를 자르는 것 이외에 쓸 데가 없기" 때문에, 칼을 뽑는다는 것은 명백한 공격의 의사표시라고 받아들여지는 것이다. 명예나 긍지를 중시하는 무사가 서로 칼을 뽑아버리게 되면, 한 쪽이 죽을 때까지 수습이 안되므로, 수많은 검술 유파에서는 "칼을 뽑지 않고 상황을 정리하는 것" 이야말로 최고라고 설파하고 있다. 칼과 칼집은 이와 같이 사용자의 정신적인 부분과도 크게 연관되어 있다.

미야모토 무사시는 사사키 코지로에게 『칼집을 버린다는 것은, 목숨을 버리는 것과 같은 것…』이라는 의미라고 이야기하고 있다. 그러나 "살 생각을 하고 싸우는" 것과 "죽을 생각을 하고 싸우는" 것 중 어느 쪽이 강한가 하는 문제는 본인의 정신적 자세의 문제이며, 코지로의 『바지랑대物干し竿 : 모노호시자오*』라고도 불리는 긴 칼의 칼집은 전투에 방해될 뿐이다. 단순히 무사시를 쓰러뜨리고 나서 천천히 칼집을 주우면 될 뿐인 이야기인데, 칼과 칼집의 일체성을 논하는 억지 논리를 진지하게 받아들여 동요해버린 코타로는, 딱하게도 간류섬에서 맞아죽고 만다.

이와는 반대로 서양검의 칼집은 그다지 중요시되지 않는 편이다. 일본도와 같이 날카로운 칼날이 없는 서양의 검은 칼을 빼든 상태로 들고 다녀도 크게 문제가 없었기 때문이다. 『천이나 동물의 가죽』을 감은 간단한 물건이었던 칼집은, 점차 무두질한 가죽이나 나무, 금속 등을 조합한 것으로 변화해 갔다. 시대가 흐르자 표면을 화려한 천이나, 털가죽으로 감싸거나, 금속이나 동물의 뿔 등을 이용하여 장식하게 되었으나, 이것도 호화로움을 통해 그 주인의 지위나 힘을 나타내기 위한 의미가 강하다.

『칼집의 길이나 모양 = 도신의 길이나 모양』인 것이 보통이지만, 닌자도와 같이 『칼집보다 짧은 도신』을 가진 것이나, 폭이 넓은 칼집에 끝이 휜 도신을 꽂아 넣는 사벨처럼 예외적인 것도 존재했다.

*편집부 주 : 본래의 이름은 비젠 오사후네 나가미츠(備前長舟長光).

칼집의 형태

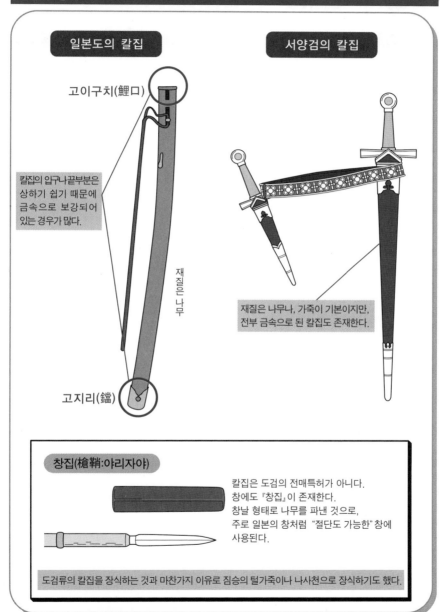

일본도의 칼집

고이구치(鯉口)

칼집의 입구나 끝부분은 상하기 쉽기 때문에 금속으로 보강되어 있는 경우가 많다.

재질은 나무

고지리(鐺)

서양검의 칼집

재질은 나무나, 가죽이 기본이지만, 전부 금속으로 된 칼집도 존재한다.

창집(槍鞘:야리자야)

칼집은 도검의 전매특허가 아니다.
창에도 『창집』이 존재한다.
창날 형태로 나무를 파낸 것으로,
주로 일본의 창처럼 "절단도 가능한" 창에
사용된다.

도검류의 칼집을 장식하는 것과 마찬가지 이유로 짐승의 털가죽이나 나사천으로 장식하기도 했다.

관련항목

- 도라는 것은 어떤 무기인가? → No.008
- 기병도 ~ 사벨(sabre 또는 saber) → No.055
- 밀정들을 위한 도검 ~ 닌자도 → No.066

철권 ~ 아이언 너클 iron knuckle

브라스 너클(brass knuckle), 카이저 너클(Kaiser knuckle)

주먹을 쥔 손에 착용하여 펀치력을 강화시켜주는 무기. 무기라고는 하지만 어디까지나 상대에게 입히는 데미지는 사용자의 펀치력에 근원을 두고 있어 이 계통에 속하는 무기자체의 기본적 기능은 사용하는 이의 손을 보조하거나 펀치력의 손실을 최소화한 채 목표를 가격하는 것에 있다.

 ## 무기라기보다는 방어구?

브라스 너클이라는 속칭을 가진 이 무기는, 일반적으로 『엄지 이외의 네 손가락이 들어가는 구멍을 가진 금속 덩어리』라는 형태를 갖추고 있다.

무언가를 때렸을 때에는 『반작용』이 생겨서 때린 것과 같은 충격이 주먹에 되돌아오게 되는데, 이 무기를 쥐고 있다면, 충격을 흡수·분산시킬 수 있다. 즉 주먹 그 자체가 단단한 둔기가 된 것과 같기 때문에, 주먹이 입는 피해를 신경쓰지 않고 마음껏 공격하는 것이 가능하게 되는 것이다. 또한 맨손으로는 때릴 수 없는 단단한 것이 상대라 해도, 마음껏 덤빌 수 있다.

형태상으로는 『네 개의 고리를 이어놓은 듯한 모양의 것』이나 『타원형의 고리처럼 생긴 것』이 기본형으로, 대부분은 주머니에 쏙 들어가는 크기이다. 특히 고리를 이어놓은 듯한 형태의 것은, 쥐었을 때 손바닥에 닿는 위치에 『귀와 같은 모양을 한 부품』이 붙어 있는 것과 그렇지 않은 형태가 있어, 상대방에게 줄 수 있는 데미지에 큰 차이가 난다. 『귀』는 때렸을 때의 충격을 손바닥을 통해 손목의 뼈에서 팔로 흘려 보내는 작용이 있어, 주먹뿐 아니라 팔 전체로 충격을 흡수할 수 있다. 토대가 튼튼한 만큼 때리는 힘도 올라가므로, 귀가 없는 것보다 기능적이라 할 수 있다.

펀치력을 몇 배로 증가시키는 이런 형태의 무기는 해머 계열의 타격무기에 비해 공격력의 대부분을 사용자의 격투 센스에 의존하고 있기 때문에, 전장에서 사용되는 일은 우선 없다. 그러나 숨겨서 지니기에 적합한 사이즈인 것과, 복싱이나 실전 격투기의 기술을 응용하기 쉬워서, 복서 출신의 경호원이 품속에 숨기고 있거나, 양아치나 깡패가 길거리에서 싸울때 사용하는 무기로서 일반화 되었다.

기능은 주먹의 보호와 강화

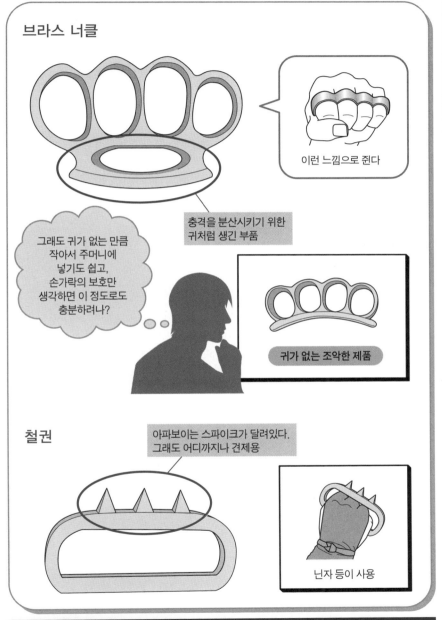

브라스 너클

이런 느낌으로 쥔다

충격을 분산시키기 위한
귀처럼 생긴 부품

그래도 귀가 없는 만큼
작아서 주머니에
넣기도 쉽고,
손가락의 보호만
생각하면 이 정도로도
충분하려나?

귀가 없는 조악한 제품

철권

아파보이는 스파이크가 달려있다.
그래도 어디까지나 견제용

닌자 등이 사용

관련항목
◆ 다양한 종류의 해머 → No.012

휴대곤봉 ~ 샙^{sap}

슬래퍼(slapper), 블랙잭(blackjack)

원통형의 가죽이나 천 주머니 안에 거친 모래나 동전, 철구 등을 채운 타격용 무기로, 납이나, 강철의 심이 들어있는 경우도 있다. 소리를 내지 않는다는 장점이 있어 카지노나 바의 경호원이 애용한다고 소문이 나 있다.

안전무해한 호신용 무기…?

샙이란 『충전물로 만든 짧은 곤봉』의 총칭이다. 19~20세기가 되어서부터 생긴 이 무기는 『가죽주머니 속에 모래나 자갈 등을 채운 것』으로 크기가 작아서 숨겨서 가지고 다니기 편하다는 특징을 가진다. 구조상의 특징으로 인해 사람을 때렸을 때 시끄러운 소리를 내는 일이 없고, 표면이 부드러운 가죽으로 되어있어 외상도 잘 남지 않는다.

샙의 대명사라고도 할 수 있는 슬래퍼는, 구둣주걱 같은 모양을 한 가죽을 붕어빵처럼 두 장을 겹쳐서, 팥 대신에 납 등의 금속을 끼워 넣은 것이다. 붕어빵으로 말할 것 같으면 『꼬리』에 해당하는 부분을 쥐고 상대방의 머리(특히 후두부)를 때리는 것인데, 단단한 것으로 사람의 머리를 때릴 때 나는 "빡" 하는 소리는 가죽이 흡수해 주기 때문에, 주위의 주목을 받는 일 없이 희생자를 기절시킬 수 있다. 또한 블랙 잭은 샙 중에서도 비교적 긴 편으로, 『접이식 우산의 씌우개』 정도의 길이를 가진 가죽 주머니 등에 모래 등을 채운 것이다. 길이가 긴 만큼 슬래퍼 보다 부피가 크지만, 그만큼 무게를 실어주는 모래의 양도 많으므로, 맞았을 때의 타격도 크다.

픽션의 세계에서는 슬래퍼도 블랙 잭도 『카지노의 경호원』이나 『불량 경찰관』 등의 캐릭터에게 인기가 있었다. 숨겨 다닐 수 있는 데다가, 남에게 쉽게 들키지 않고, 때린 흔적도 남지 않기 때문이었을 것이다. 주머니가 될만한 것과 무게추만 있으면 스스로 만들 수 있고, 여차할 때는 내용물을 버리고 주머니를 태워버리는 등 폐기하기도 간단했다.

샙 종류는 비치사성 무기라고 불리며, 『상대방을 죽이지 않고 기절시키는 것이 가능합니다』라고들 하지만, 인간이 머리나 후두부를 있는 힘껏 맞고도 무사할 리가 없다. 이러한 무기를 손에 들고 다가오는 상대는 반드시 주의하도록 하자.

가죽의 외피가 소리를 흡수

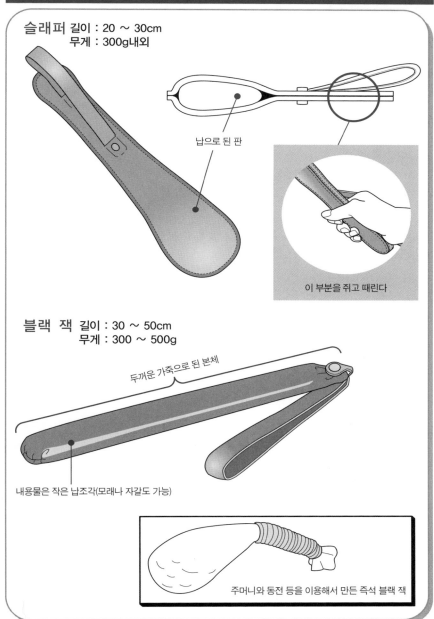

슬래퍼 길이 : 20 ～ 30cm
　　　　무게 : 300g내외

납으로 된 판

이 부분을 쥐고 때린다

블랙 잭 길이 : 30 ～ 50cm
　　　　무게 : 300 ～ 500g

두꺼운 가죽으로 된 본체

내용물은 작은 납조각(모래나 자갈도 가능)

주머니와 동전 등을 이용해서 만든 즉석 블랙 잭

무기 파괴

전장에서 무기를 잃는다는 것은 전투력이 대폭 떨어진다는 것 외에, 정신적인 빈틈도 생기게 한다. 특히 일대일의 대결에서는 그것이 현저하게 드러나 상황에 따라서는 치명상으로 이어질 수도 있다.

무기를 부숴서 동요하게 만들어라

"단 하나의 무기에 목숨을 건다"고 하는 것은 어린애의 철없는 소리에 지나지 않는다. 전장에서 무기를 잃었을 경우, 꼬리를 말고 도망치거나, 아무것도 못하고 쓰러지는 것밖에 없기 때문이다. 맨손으로 계속 싸울 수도 있겠지만, 이것은 그 방면의 전문가가 아니라면 위험한 선택이다. 무기를 잃는 것은 어찌보면 "목숨을 잃는" 것과 같은 뜻이라고 할 수 있다. 그리고 예비의 무기 = 목숨의 여분을 준비하고 있었다 하더라도 무기를 파괴당한 순간이라는 것은 예상보다 더 무방비상태가 되는 것이다. 『무기 파괴』는 그 빈틈을 직접 만들어내어, 전투의 주도권을 쥐겠다는 전술이다.

방어에는 각자 『무기』 『방패』 『갑옷』을 이용한 것이 있고, 그 중에서도 무기에 의한 쳐내기는 방어에서 공격으로의 흐름을 만들어내기 쉬워서 많이 사용된다. "이런 패턴의 공방전은 상대방의 무기를 이쪽에서 쳐내면서 상쇄하거나, 튕겨내는 것인데, 무기 파괴는 이것의 응용이라 할 수 있다. 즉, 『상쇄 따위 어중간한 소리 하지 않고, 상대방의 무기를 때려부술 기세로 쳐낸다』 『초인적인 동체시력으로 상대 무기의 구조상의 약점을 찌르는』 것을 통해, 상대방의 무기를 파괴하는 것이 가능해 지는 것이다.

무기 파괴에서는 시도하는 측이 가진 무기의 『강도나 무게』가 중요하다. 배틀 액스와 같이 두껍고 무겁고 이가 잘 나가지 않는 날과, 끝부분에 편중된 중심을 함께 지닌 무기는 이러한 전술에 적합하다. 일본도는 상대방의 무기를 부수기 전에 본인의 날이 나가버리므로 무기 파괴에는 적합하지 않지만, 그 예리함을 살려 창날을 자루와 분리시키는 것은 가능하다. 레이피어나 도처럼 강도가 낮은 무기를 사용할 경우, 정면승부를 걸지 말고 상대방의 무기의 약한 부분을 노리는 편이 좋다. 상대방이 플레일이라면 사슬의 이음새부분을 노린다던가, 도끼라면 나무로 만들어진 것이 많은 자루 부분을 노리는 방식이다.

무기를 파괴하는 목적

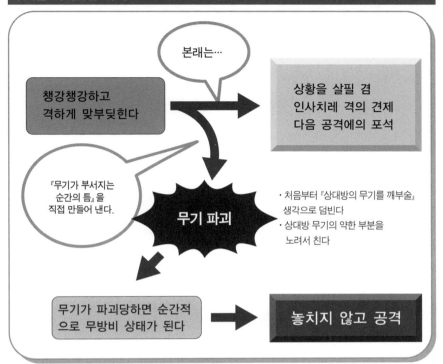

본래는…

챙강챙강하고 격하게 맞부딪힌다

상황을 살필 겸 인사치레 격의 견제 다음 공격에의 포석

『무기가 부서지는 순간의 틈』을 직접 만들어 낸다.

무기 파괴

· 처음부터 『상대방의 무기를 깨부술』 생각으로 덤빈다
· 상대방 무기의 약한 부분을 노려서 친다

무기가 파괴당하면 순간적으로 무방비 상태가 된다

놓치지 않고 공격

『무기 파괴』를 시도하기에 적합한 무기

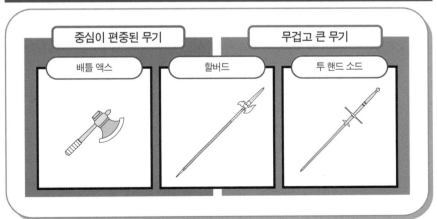

중심이 편중된 무기

배틀 액스

할버드

무겁고 큰 무기

투 핸드 소드

관련항목

- ◆ 근접무기를 사용한 방어방법 → No.005
- ◆ 도라는 것은 어떤 무기인가? → No.008
- ◆ 창은 기병의 무기? 보병의 무기? → No.015
- ◆ 연접 곤봉 ~ 플레일(flail) → No.030
- ◆ 전투용 도끼 ~ 배틀 액스(battle ax) → No.035
- ◆ 가는 날의 검 ~ 레이피어(rapier) → No.054

양손검～투 핸드 소드

클레이모어(claymore), 츠바이핸더(Zweihander),투 핸디드 소드(two handed sword)

13~18세기경의 유럽에서 사용되었던 대형검. 도신의 디자인은 양날의 직도. 손잡이는 양손 전용의 장대한 것이 달려있고, 엄청난 무게 때문에 한 손으로는 다룰 수 없다. 방패는 들 수 없으나 공격력은 서양의 검 중에서 최고 수준이다.

위력은 크지만, 전투 이외에는 거추장스럽다

투 핸드 소드란 그 이름 그대로 『양손으로 다루는 검』이다. "양손으로 다룰 수도 있다"는 뜻이 아니라, "양손으로 밖에 쓸 수 없는" 대형검으로, 길게 만들어진 자루까지 포함하면 사람 키만한 크기이다. 이 정도로 큰 검의 경우 칼집에 넣더라도 뽑을 수가 없기 때문에, 그냥 등에 짊어지고 다니거나, 손에 들고 이동할 수밖에 없었다.

전투시에는 그 길이를 살려 휘두르듯이 적을 후려쳐 쓰러뜨린다. 물론 찌르기도 효과적인 전술이지만, 땅바닥을 찍어 내리는 듯한 내려치기만은 『최후의 일격』과 같은 국면을 제외하고는 사용해서는 안 된다. 이 검은 필요 이상으로 무게가 있기 때문에, 내려친 검을 다시 들어올릴 때 빈틈이 생기기 때문이다. 적의 창병이 태세를 갖추고 있을 때, 그 창 끝을 내려쳐 부러뜨리며 대열을 흐트러뜨리는 데에도 쓸만하지만, 그 뒤에 일어날 난전상황에 적이 품속에 뛰어들어오지 못하게 주의할 필요가 있다.

유명한 투 핸드 소드에는 클레이모어와 츠바이핸더가 있다.

클레이모어는 스코틀랜드의 고지인(하이랜더)가 사용했던 검으로 검 끝을 향해 기울어진 날밑에 달린 3~4개의 고리장식이 특징이다. 클레이모어의 이름은 "커다란 검"을 의미하는 갈리아어가 유래라고 하며, 일반적으로는 "거대검"의 대명사로 통용되고 있으나, 동명의 검으로 허리에 찰 수 있는 보통 크기의 검도 존재한다.

츠바이핸더는 "투 핸드 소드"를 독일어로 쓴 것인데, 그 형태가 다른 것들과는 한 획을 긋고 있기 때문에 『독일제 투 핸드 소드』를 특히 이 이름으로 부르게 되었다. 특징은 도신 뿌리 근처에 있는 『리캇소ricasso』라고 하는 날이 없는 부분으로, 휘두르거나 찌를 때 이 부분을 쥐고 검을 컨트롤할 수 있다.* 전투시에는 물론이고, 검을 들고 다닐 때에도, 벨트에 맬 수 있어서 편리했다. 단, 리캇소 자체는 츠바이핸더의 전용 사양은 아니고, 일부 투 핸드 소드나 레이피어 등에서도 사용되었다.

*편집부 주 : 이런 용법을 일명 하프 소딩(half swording)이라고 한다.

양손전용의 대형검

양손으로
쓸수 있다

바스타드 소드 = 『양손으로도 쓸 수 있는 한손검』

투 핸드 소드 = 『양손으로도만 쓸 수 있는 검』

클레이모어 길이 : 1 ~ 2m
무게 : 2 ~ 4.5kg

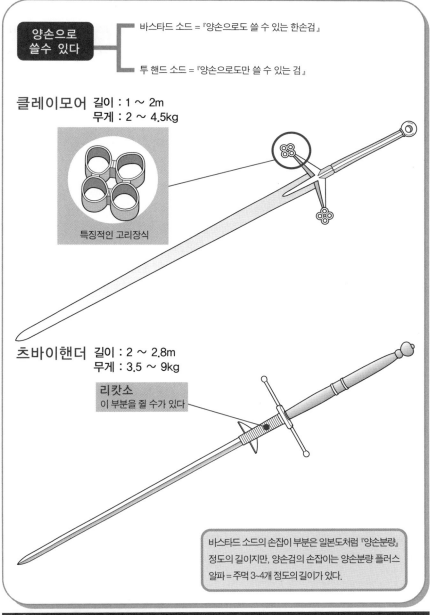

특징적인 고리장식

츠바이핸더 길이 : 2 ~ 2.8m
무게 : 3.5 ~ 9kg

리캇소
이 부분을 쥘 수가 있다

바스타드 소드의 손잡이 부분은 일본도처럼 『양손분량』
정도의 길이지만, 양손검의 손잡이는 양손분량 플러스
알파 = 주먹 3~4개 정도의 길이가 있다.

관련항목
◆ 근접무기를 사용한 공격방법 → No.004

◆ 가는 날의 검 ~ 레이피어(rapier) → No.054

전투망치 ~ 워 해머 war hammer

배틀 해머(battle hammer), 몰(maul)

튼튼한 자루의 끝부분에, 『해머헤드(망치머리)』와 『끝이 뾰족한 스파이크 형의 갈고리』가 장착된 무기. 마라카스(maracas, 남미의 타악기)같은 모양을 한 메이스에 비해, 워 해머는 그 이름 그대로 『커다란 쇠망치』같은 모양을 하고 있다.

메이스를 한층 더 파워업!

워 해머는 메이스의 『갑옷을 입은 상대방에 대해 효과적인 공격을 가하는』특성을 한층 발전시킨 무기이다. 헤드 부분은 T자 형으로 평평한 해머와 부리모양의 갈고리를 함께 가지고 있다. 해머부분을 사용하면 곤봉이나 메이스와 같이 공격할 수 있고, 갈고리 부분으로는 상대방의 갑옷이나 살을 뚫을 수 있다는 노림수이다.

크기는 일반적으로 메이스보다 크고, 사용된 금속의 양도 많다. 타격무기의 생명선이라고도 할 수 있는 『무게』를 늘리기 위한 고안인데, 그만큼 휘둘러대기는 어려워 졌다. 때문에 양손을 써서 컨트롤하지 않으면 안되지만, 방패를 사용할 수 없는 리스크와 맞바꿀 만큼의 위력은 있어서, 튼튼한 판금갑옷도 겉에서 때려서 찌그러뜨릴 수 있다. 갑옷 안쪽에는 쿠션이 들어있기는 하지만, 현재의 오토바이용 헬멧과 같은 고기능 완충재를 사용하고 있는 것은 아니므로, 워 해머의 일격을 맞게 되면, 충격에 의해 뼈가 으스러지고 실신 당하는 사태를 피하기 어렵다.

워 해머의 종류 중에서는 『벡·드·코르뱅 bec de corbin(까마귀의 부리라는 뜻)』으로 대표되는 『갈고리 기능을 강화한 타입』이 인기 있었다. 이 타입은 해머라고 하기보다는 곡괭이나 피켈에 가까운 모양이지만, 바위를 깨부수는 것과 마찬가지로, 단단한 갑옷을 뚫고 상대방에게 치명상을 입힐 수 있다.

또한 성문의 파괴나 공사 등에 사용되는 대망치를 워 해머로 전용한 것은 『몰 maul』이라고 불린다. 몰은 『치고』『때리는』것보다는 『으깬다』는 표현이 딱 맞는 무기로서, 해머 계열의 무기 중에서 최고 수준의 위력을 자랑한다. 일본의 『가케야 掛矢:목메』도 몰의 일종으로, 야전을 벌이기 전에 말뚝박기나, 적의 성문을 파괴하기 위한 공성용 병기로서 사용되었다. 아코로시 赤穂浪士*가 키라 저택에 쳐들어갈 때에 대문을 부수는데 사용했던 것도 이것이다.

*아코로시(赤穂浪士) : 아코 번의 47인의 낭인. 주군에의 충성을 위해 막부의 명을 거스르고 키라 저택에 침입, 복수를 한 뒤 전원이 할복함.

갑옷에도 맨몸에도 효과적인 전투 망치

워 해머

길이 : 1 ~ 2m
무게 : 2 ~ 3.5kg

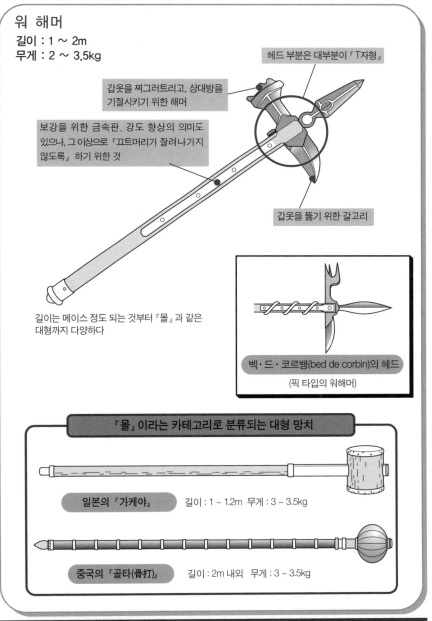

헤드 부분은 대부분이 『T자형』

갑옷을 찌그러트리고, 상대방을 기절시키기 위한 해머

보강을 위한 금속판. 강도 향상의 의미도 있으나, 그 이상으로 『끄트머리가 잘려나가지 않도록』 하기 위한 것

갑옷을 뚫기 위한 갈고리

길이는 메이스 정도 되는 것부터 『몰』과 같은 대형까지 다양하다

벡 · 드 · 코르뱅(bed de corbin)의 헤드

(픽 타입의 워해머)

『몰』이라는 카테고리로 분류되는 대형 망치

일본의 『가케야』 길이 : 1 ~ 1.2m 무게 : 3 ~ 3.5kg

중국의 『골타(骨打)』 길이 : 2m 내외 무게 : 3 ~ 3.5kg

관련항목

◆ 곤봉 ~ 클럽(club) → No.036   ◆ 철퇴 ~ 메이스(mace) → No.037

서양 기사의 돌격창 ~ 랜스^{lance}

기사창, 기병창

마상에서 사용하는 것을 전제로 삼은 장창. 전체 길이 3 ~ 4m 전후의 삼각추 모양이 일반적인 모습으로, 수평으로 들었을 때 균형이 잘 잡히도록 손잡이 부분은 가늘고, 그 뒷부분(검으로 말할 것 같으면 톰멜)이 두껍고 길게 설계되어 있다.

도보로는 랜스를 다룰 수 없다

보병용의 전투용 장창에 "랜서^{lancer}" 라는 것이 있어 오해 받기 쉬우나, 랜스는 본래 『마상용 창』이며, 기본적으로는 말과 함께하지 않으면 운용할 수 없는 무기이다.

길고 무겁기 때문에, "말이 아니면 운반할 수가 없다"라는 것도 하나의 이유이나, 막상 전투가 시작되었을 때 사람의 팔 힘만으로는 랜스를 내질러봐야 힘이 부족하다는 것이 주된 이유이다. 보통 창이라면 『찌르기』를 못하더라도 『때리기』라는 전법을 선택할 수 있는데, 랜스의 중심은 손목부분에 편중되어 있기 때문에, 끄트머리로 두들겨봤자 대단한 데미지를 기대할 수 없다.

또한 랜스에 의한 공격은 "찔러서 꿰뚫는" 것이 아니라, 랜스의 끝부분이 상대방을 향하게 하여 말의 돌진력으로 "찔러 쓰러뜨리는" 것이었다. 이 돌격은 『랜스 차지^{lance charge}』라고 불리며 명중하면 『말과 기수의 질량 + 돌진속도』가 그대로 위력이 되기 때문에, 맞는 장소에 따라서는 치명상을 입힐 수도 있었다. 랜스 차지는 돌진력이 열쇠가 되기 때문에, 말을 종횡무진 달리게 할 수 있을 만큼 넓은 공간에서의 일격이탈이 기본이 되지만, 그러한 전장은 동시에 『폴 암의 주무대』이기도 하기 때문에, 보이지 않는 사각에서 조용히 다가오는 보병에게 낙마당하거나 끌려 내려지는 일이 없도록 경계해야한다.

랜스는 금속으로 만들어진 전투용의 것 이외에, 마상 창 시합용인 『버드나세^{bour-donasse}』라고 불리는 목제 랜스가 존재했다. 마상 창 시합이란 완전 무장한 기사가 일 대 일로 서로를 향해 돌격하여, 스쳐 지나가면서 랜스로 일격을 가해 상대방을 떨어뜨리는 것이다.

이 시합은 군사연습을 겸해서 빈번하게 이루어 졌으나, 상대방을 죽여버려서는 훈련이 되지 않는다. 이 때문에 버드나세^{bourdonasse}는 명중과 동시에 산산조각 나도록 만들어져 다치는 일이 없도록 배려했다.

위력은 크지만 마상전투에 한정된다

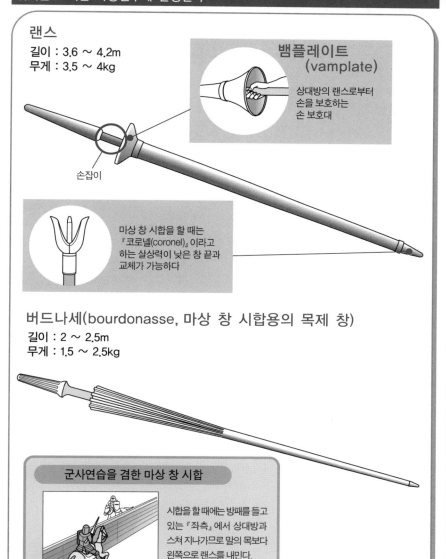

랜스
길이 : 3.6 ~ 4.2m
무게 : 3.5 ~ 4kg

뱀플레이트
(vamplate)

상대방의 랜스로부터
손을 보호하는
손 보호대

손잡이

마상 창 시합을 할 때는
『코로넬(coronel)』이라고
하는 살상력이 낮은 창 끝과
교체가 가능하다

버드나세(bourdonasse, 마상 창 시합용의 목제 창)
길이 : 2 ~ 2.5m
무게 : 1.5 ~ 2.5kg

군사연습을 겸한 마상 창 시합

시합을 할 때에는 방패를 들고
있는 『좌측』에서 상대방과
스쳐 지나가므로 말의 목보다
왼쪽으로 랜스를 내민다.

관련항목
◆ 폴 암(polearm)이라는 무기 → No.017

일본식 창의 기본형 ~ 스야리素槍

지키야리(直槍:직창), 사사호야리(笹穂槍:세수창), 기쿠치야리(菊池槍:국지창), 오미야리(大身槍:대신창)

전국시대에 있어서의 무사의 주요무기. 나무로 된 긴 자루 끄트머리에 끝이 뾰족한 날이 달린 금속제 창 끝이 끼워 넣어져 있다. 마상에서도, 도보로도 사용되었으나 그 크기 때문에 완벽히 다루기 위해선 양손이 필요했다.

찌르거나, 때리거나

왜창은 창 끝의 모양이나 용도에 따라서 스야리, 가마야리鎌槍:겸창, 가기야리鍵槍:건창등으로 크게 구별된다. 그 중에서도 창 끝이 직선이고 쓸데없는 것이 안 달린 "스야리" 는 다른 창에 비해서 창 끝이 가볍기 때문에, 무사는 물론이고 전투기술이 취약한 아시가루足輕:족경,최하위 무사계급을 칭함나 잡병도 쉽게 다룰 수 있는 것이 이점이다.

스야리는 그 디자인으로 인해 지키야리라는 별명을 가지고 있으며, 잽싸게 꺼내어 『갑옷의 틈새를 찌르는』 방식으로 사용된다. 스야리의 창 끝으로는 작은 칼날형태의 것이나, 끝부분이 부풀어 오른 것 등이 유명하며 각각 『기쿠치야리』『사사호야리』으로 불리지만, 어느 것이 되었던 기본적 사용법은 『찌르는』것이다. 또 길고 크고 무거운 창 끝은 가진 오미야리는 공격력을 중시한 창으로, 위압적인 외형에서 오는 임팩트와 일격필살의 관통력으로 널리 애용되었다.

창으로 상대방을 찌를 때 노릴 곳은, 정면을 바라보며 대치하고 있다면 목덜미부터 가슴팍에 걸쳐서, 비스듬하게 자세를 잡고 있다면 겨드랑이부분이나 허벅지 부분이다. 그러나 첫 출전이라는 티가 팍팍나는 미숙한 녀석이 상대라면 설마 그런 곳을 노릴 줄이라고는 상상도 못할 발등 같은 곳도 추천한다.

그러나 "나야말로 미숙하다"고 할 경우에는, 갑옷의 틈새 따위를 정확하게 노릴 수 있을 리가 없다. 그럴 때에는 창을 『봉』으로 여기며 상대방을 때리는 수 밖에는 없는데, 이를 위해 사용된 것이 스야리의 일종인 나가에야리長柄槍 : 장병창이다.

전체 길이가 4~6m나 되는 극단적으로 긴 나가에야리를 장비한 아시가루부대는 『나가에구미長柄組 : 장병조,장창부대』 라고 불리며, 집단 대형을 짠 뒤, 나가에야리를 일제히 상대방 머리 위로 내려서서 마구 두들겨 상대방의 진형을 붕괴시켰다. 또한 적진의 나가에구미를 내버려 두면 『야리부스마槍衾*』를 만들어 기마무사의 돌진이 봉쇄되어 버리기 때문에, 원거리에서 화살의 비를 내려 사기를 꺾은 다음 이쪽 편의 나가에구미를 이용해 뭉개버릴 필요가 있다. 나가에구미의 존재는 교전의 귀추를 좌우하는 중요한 요소이기도 했던 것이다.

*편집부 주 : 전방으로 창을 빈틈없이 겨눠잡는 집단 진형. 서양의 파이크 방진과 유사.

이것이 일본의 창의 표준이다!

스야리(스구야리)

길이 : 2 ~ 3m
무게 : 2.5 ~ 3kg

금속제 물미

대표적인 창끝

오미야리

사사호야리

기쿠치야리

(날밑이 달린 것도 있다)

자루는 기본적으로 목제

창의 창 끝에서는 『나카고(莖:경)』 라고
하는 심이 자루의 중간까지 뻗어있어서,
도나 나기나타 등으로 끝이 잘려나가지
않도록 되어있다

심플한 창 끝

전국무사의 주요 무장 ~ 가마야리鎌槍:겸창

카타카마야리(片鎌槍:편겸창), **료카마야리**(片鎌槍:양겸창), **주몬지야리**(十文字槍:십문자창)

전국시대의 무사의 주요무기. 스야리의 진화형이라고도 할 수 있는 창으로, 찌르는 것 외에도 『베기』 『끌어당겨 넘어뜨리기』 등 다양한 사용법이 가능했다. 스야리보다 다루기가 어려워 전투능력이 높은 『이름있는 무장』 수준의 사람이 즐겨 사용했다.

쓸 맛나는 창

가마야리란 그 이름 그대로 『창 끝의 뿌리 부근에 낫 모양의 날이 달린 창』이다. 튀어나온 낫 모양의 날은 『가지』라고 불리며, 한 쪽에 가지 날이 달린 가타카마야리, 양쪽에 가지날이 달린 료카마야리로 크게 구분 된다. 여분의 것이 달려있는 만큼 창 끝이 무거워지기 때문에, 스야리에 비해서 자루의 길이가 짧은 것이 많다. 창 끝도 가지도 거의 대부분이 양날로, 튀어나온 가지는 창의 끄트머리가 필요이상으로 박히지 않게 하는 스토퍼의 효과도 있었다.

가마야리를 사용한 싸움의 진면목은 당연히, 좌우로 튀어나온 가지 날을 효과적으로 사용하는 것이다. 다가오는 상대방의 창을 가지 날로 막고, 끼워 넣은 날을 비틀어 올려서 상대방의 창의 움직임을 멈추고, 당황한 적을 창 끝으로 찌르거나 가지 날로 걸어 쓰러뜨리거나 하는 것이다. 가지 부분을 효과적으로 사용하기 위해서도, 일반적인 스야리보다 약간 짧은 자루가 적당했다.

비슷한 전법을 구사할 수 있는 창에는 가기야리鎌槍:건창이 있다. 자루 부분에 『짓테+手:십수*와 같은 갈고리모양 부품』이 달려있어 가마야리처럼, 적의 무기를 감아 떨어뜨릴 수 있는 창이었으나, 가마야리의 가지가 찌르기나 절단을 목적으로 한 것이었던 데에 비해, 가기야리의 갈고리는 걸거나 넘어뜨리는 용법에 특화된 것이었다. 가지나 창 끝과 일체화되어 있던 가마야리보다, 손에 가까운 곳에 갈고리가 있는 가기야리가 더 걸어서 넘어뜨릴 때 힘을 쉽게 줄 수 있다. 또한 철로 된 갈고리는 날이 나갈 염려도 없고, 탈부착이 가능해서 필요에 따라 스야리로도 사용할 수 있었다.

가마야리나 가기야리는 튀어나온 방향이나 위치가 싸울 때 굉장히 중요한 요인이 되므로, 자루의 단면이 『복숭아모양』이라 불리는 모양으로 되어있었다. 이것은 쥐기만 해도 창의 날의 방향을 파악할 수 있는 것으로, 순간적인 판단이나 어둠 속에서의 전투를 고려한 것이라 할 수 있다. 여러 가지를 할 수 있는 무기는 그만큼 사용자에게 기량을 요구하는 것으로, 이들 창의 사용자도 "이름있는 무장"으로 한정되었다.

*편집부 주 : 에도시대에 포리가 범인을 잡을 때 쓰던 쇠막대.

보다 전투에 특화된 형태로 진화한 창

겸창(십문자창)

길이 : 2 ～ 3m
무게 : 2.8 ～ 3.5kg

가마야리의 창 끝

가타카마야리

주몬지야리

가기야리

엄밀히 말하면 가마야리는 아니지만,
사용법이 매우 흡사하다.

전체 길이는 스야리보다
짧은 것이 많다

튀어나온 날은 『가지』라고 불린다

복숭아 모양의 자루

가마야리는 전투중의 『날의 방향』이 중요한 요소
이므로, 이러한 모양의 자루를 사용하여 날의 방향을
파악했다

관련항목
◆ 일본식 창의 기본형 ～ 스야리(素槍: 소창) → No.045

미늘창 ~ 할버드halberd

할베르트(halberd), 폴 액스(pole ax), 풋 맨즈 액스(footman's ax)

창과 같은 칼끝, 도끼, 갈고리 모양의 돌출물(플루크, fluke)를 가진 긴 자루의 무기. 『베기』 『찌르기』 『걸기』 『꿰뚫기』 의 기능을 갖춘 것 때문에 폴 암의 완성형이라 불리며, 현재에도 의장용 등으로 사용되고 있다.

🗡 다양한 상황에 대응할 수 있는 고기능무기

할버드는 13세기에 그 원형이 등장하여, 15세기(르네상스기)경에 일반화된 무기이다. 창과 도끼와 갈고리가 합체한 디자인으로 세부의 모양에도 다양한 종류가 있으나, 대부분의 것이 『도끼머리』를 가지고 있던 탓에, 지역이나 시대에 따라서는 폴 액스pole ax나 풋 맨즈 액스footman's ax라 불리던 경우도 있었다.

일본이나 한국에서 미늘창 혹은 도끼창이라 불리는 일이 있는 것처럼, 도끼머리 부분이 커다랗게 만들어진 것이 많다. 초기의 할버드에는 도끼머리가 사각형인 것도 있었으나, 16세기 말 경부터 군대의 퍼레이드나 의례용으로 사용되게 되어, 초승달 형태의 도끼머리나 길게 솟은 창 끝 등, 현재의 모양으로 변화되어 갔다.

다기능 무기인 할버드는 상대방을 넓은 공간까지 유인해낼 수만 있다면, 도끼·창·갈고리를 사용한공격을 상황에 따라 시도할 수가 있다. 기본은 도끼를 사용하여 후려치고, 뛰어들어오는 상대방은 끄트머리의 창으로 찔러 꿰뚫어 버린다. 그리고 갈고리는 이 무기의 핵심이라고도 할 수 있는 부분이므로 꼭 효과적으로 사용하도록 하자. 마상의 상대방에게 걸어서 땅에 내동댕이치거나, 보병에게 다리후리기 등을 거는 폴 암에는 빌bill이나 배틀 훅battle hook등도 있으나, 할버드의 갈고리는 도끼머리와 일체화 된 만큼 더 무겁다. 상대방에게 거는 것뿐 아니라, 그 중량을 이용하여 워 해머와 같이 휘둘러 갑옷에 바람구멍을 뚫어 줄 수도 있는 것이다.

300년에 걸쳐 서양 군대의 주력무기로 군림한 할버드였으나, 수많은 기능을 가지고 임기응변이 가능했던 이유로 『훈련을 쌓은 병사』 가 아니면 충분히 그 기능을 발휘할 수 없다는 결점이 있었다. 때문에, 변경의 군대나 농민의 무장봉기 등에서는 『참격』이나 『걸기』에 기능이 한정된 형태의 폴 암이 선호되었던 모양이다.

폴 암의 최종 진화형

할버드

길이 : 2 ~ 3.5m
무게 : 2.5 ~ 3.5kg

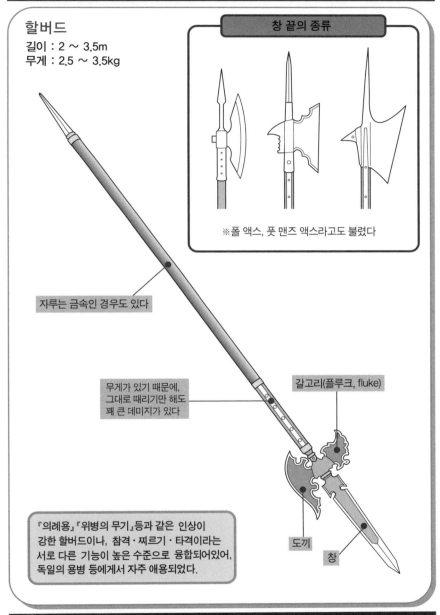

창 끝의 종류

※폴 액스, 풋 맨즈 액스라고도 불렸다

자루는 금속인 경우도 있다

무게가 있기 때문에,
그대로 때리기만 해도
꽤 큰 데미지가 있다

갈고리(플루크, fluke)

도끼

창

『의례용』『위병의 무기』등과 같은 인상이
강한 할버드이나, 참격·찌르기·타격이라는
서로 다른 기능이 높은 수준으로 융합되어있어,
독일의 용병 등에게서 자주 애용되었다.

관련항목
◆ 전투망치 ~ 워 해머(war hammer) → No.043

자루가 긴 연접곤봉 ~ 풋 맨즈 플레일

헤비 플레일(heavy flail), 롱 플레일(long flail)

보병이 사용하는 자루가 긴 연접곤봉. 끝부분의 곤봉을 휘둘러 원심력에 의해 때려 찍는 것은 기병용인 『호스 맨즈 플레일(horseman's flail)』과 같으나, 자루가 긴 만큼 공격력이 높고, 멀리 있는 적이나 마상의 기병을 상 대할 수 있다.

농민병에게 알맞은 강력한 무기

"플레일"이라고 이름이 붙는 무기는 농기구인 『도리깨』를 무기로서 발전시킨 것이나, 그 중에서도 풋 맨즈 플레일footman's flail은 자루가 길어 리치도 길고, 끝부분이 원심력으로 가속되어 발생하는 타격력도 크기 때문에, 일단 휘두르는 것 만으로 데미지를 기대할 수 있었다.

힘이 약한 이나, 훈련을 쌓지 않은 농민이 사용해도 상대방에게 유효타를 날릴 수 있었던 반면, 워 해머나 할버드와 같은 "사용자의 기량에 비례하여 다양한 전투패턴을 선택할 수 있게 되는" 잠재력을 지닌 무기는 아니다. 그런 뜻에서도 이 무기는 숙련된 전사보다도 농민병 등이 쓰기 위한 것이라 할 수 있다. 검이나 창 같은 무기보다는, 일상적으로 사용해서 익숙한 도구의 연장선에 있는 플레일이 더 능숙하게 다룰 수 있는 병기였을 것이리라.

자루가 길어졌을 뿐, 무기로서의 본질은 플레일과 마찬가지로 『끝의 머리부분을 이음매에서 가속시켜 타격력을 높이는』것이다. 따라서 머리 부분의 종류도, 플레일(호스맨즈 플레일)과 마찬가지 기능과 모양의 것이 갖춰져 있다.

풋 맨즈 플레일과 아주 비슷한 인상의 무기로 『트리플 로드triple rod』『스리 섹션 스태프three section staff』 등으로 불리는 연접곤봉이 있다. 이것은 세 개의 막대기를 사슬 등을 이용해서 연결시킨 것이나, 같은 길이의 것을 연결하는 경우와, 길이가 다른 것을 연결하는 경우가 있다. 다루기가 어렵기 때문에 "숙달된 전사"가 사용하는 무기가 되기 마련이지만, 숙련된 사용자가 사용하는 트리플 로드는 풋 맨즈 플레일보다 복잡한 공격을 구사할 수 있다. 머리 위에서 내려 치는 것은 물론이고, 이음매 부분을 감아서 상대방의 무기를 빼앗거나, 가운데 막대기로 상대방의 공격을 막아내면서 좌우의 막대기로 공격하는 것도 가능하다.

자루가 긴 플레일

풋 맨즈 플레일
길이 : 1.6 ~ 2m
무게 : 2.5 ~ 3.5kg

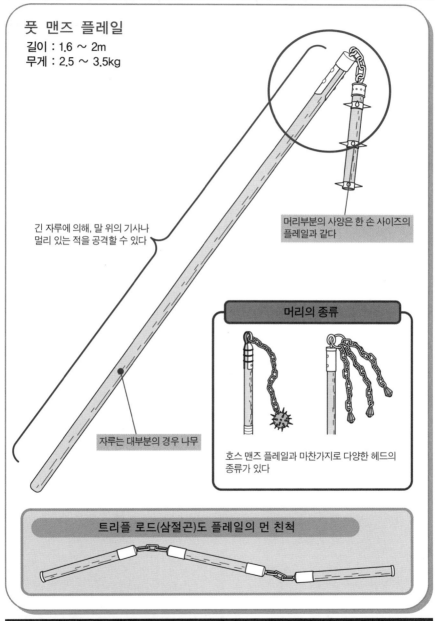

긴 자루에 의해, 말 위의 기사나 멀리 있는 적을 공격할 수 있다

머리부분의 사양은 한 손 사이즈의 플레일과 같다

자루는 대부분의 경우 나무

머리의 종류

호스 맨즈 플레일과 마찬가지로 다양한 헤드의 종류가 있다

트리플 로드(삼절곤)도 플레일의 먼 친척

투석끈 ～ 슬링sling

스톤 스로워(stone thrower), 볼라(bola)

"돌을 던진다" 고 하는 원시적인 공격방법을 무기로서 다듬은 것이다. 중앙부분이 주머니 모양이 되도록 묶은 끈으로 돌을 감싸고, 붕붕 휘두른 뒤 손을 놓는다. 원심력으로 돌은 끈에서 빠져 나와 날아가고, 목표를 가격하게 된다는 계산이다.

 ## 회전시켜서 탄체를 가속

　투석에 의해 멀리 있는 적을 공격하려는 생각은 오래 전부터 있던 것이겠지만, 인간이 근육의 힘 만으로 돌을 던지는 데에는 한계가 있다. 이 때 등장하는 것이 『원심력』이다. 무언가를 던질 적에 원심력의 힘은 얕볼 수 없다. 세세한 규칙이 다르기 때문에 단순히 비교할 수는 없지만, 육상경기의 "포환"의 예를 보아도, 손으로 던지는 『포환던지기』는 기껏해야 20m정도의 비거리밖에 나오지 않지만, 선수가 직접 빙글빙글 돌아서 포환을 가속시키는 『해머던지기』에서는 같은 무게의 포환을 80m이상이나 날릴 수 있다.

　슬링은 소위 말하는 『해머』와 같은 모양을 하고 있다. 해머의 중앙부분에 납으로 된 『슬링 불릿sling bullet』이라고 하는 탄체를 끼워 끈의 양 끝을 잡고 머리 위에서 휘두르는 것이다. 원심력이 붙었을 즈음에 끈의 한 쪽을 놓으면 기세를 탄 탄체가 쏙 빠져 나와 날아가는데, 손을 놓는 타이밍이 어렵기 때문에 익숙하지 않으면 노린 곳에 정확히 날리기 힘들지만, 단순히 손으로 던지는 것보다는 센 힘으로 탄체를 날릴 수 있다. 탄체로서 사용하는 슬링 불릿은 큰 편이 위력이 있을 것 같지만, 너무 크더라도 휘두르기 어려워 가속이 잘 안되므로, 납 등을 이용해서 작으면서도 무겁게 만들어 진다.

　슬링은 롱 보우나 크로스 보우보다도 장전이나 발사(투척)에 숙달과 기량이 요구되지만, 커다란 이점을 하나 가지고 있다. 그것은 『적은 부피로 지니고 다닐 수 있는』 점이다. 무엇보다 본체가 끈이나 천으로 되어있으므로, 적당히 말아서 아무데나 쑤셔 박아 두어도 방해되지 않고, 탄체인 슬링 불릿을 다 써버리더라도 길바닥에 있는 『돌멩이』를 주워서 대신 쓸 수 있다. 이러한 특징은 롱 보우나 크로스 보우는 흉내 낼 수 없는 장점이고, 사정거리나 위력의 부족함을 보충하고도 남는 것이다.

투석용 탄체 가속기

슬링

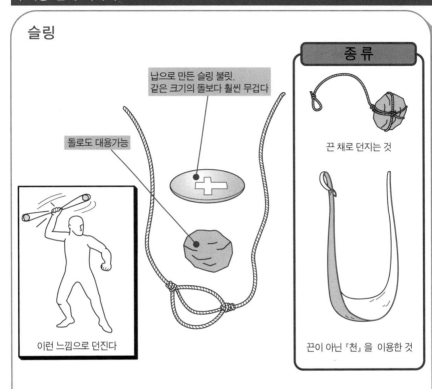

납으로 만든 슬링 불릿.
같은 크기의 돌보다 훨씬 무겁다

돌로도 대용가능

이런 느낌으로 던진다

종 류

끈 채로 던지는 것

끈이 아닌 『천』을 이용한 것

볼라(bola)

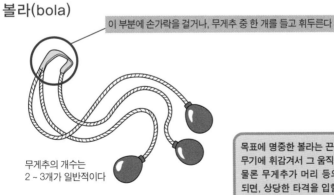

이 부분에 손가락을 걸거나, 무게추 중 한 개를 들고 휘두른다

무게추의 개수는
2 ~ 3개가 일반적이다

목표에 명중한 볼라는 끈 부분이 다리나 무기에 휘감겨서 그 움직임을 봉인한다. 물론 무게추가 머리 등의 급소에 맞게 되면, 상당한 타격을 입힐 수 있는 것은 말할 것도 없다.

관련항목

- 원거리 공격용 무기 『미사일 웨폰』 → No.019
- 석궁 ~ 크로스 보우(crossbow) → No.050
- 장궁 ~ 롱 보우(long bow) → No.082

석궁 ~ 크로스 보우 crossbow

보우건(bow gun)

나무로 된 궁상에 대해서 직각으로 장착된 활로부터, 두껍고 짧은 다트처럼 생긴 화살을 발사하는 투사무기. 활 부분은 판 스프링으로 되어있어, 크기에 비해 강한 힘으로 화살을 쏠 수 있다.

이점은 높은 명중정밀도

크로스 보우는 "근거리에서의 저격"에 사용되는 무기이다. 손으로 시위를 당기는 롱 보우나, 창을 던지는 재블린, 돌을 던지는 슬링, 소형 날붙이를 던지는 스로잉 나이프나 수 리검 등 투사무기는 수없이 존재하지만, 크로스 보우 이상으로 "무언가를 노려서 쏘는" 것에 뛰어난 것은 존재하지 않았기 때문이다. 일반적인 투사무기에서 공통적인 것은 조준 을 "사수의 감"에 의존하는 것이지만, 소총과 같은 궁상이 있는 크로스보우는 비전문가라 도 손쉽게 조준을 할 수가 있었다.

저격이라고 하면 보통 "원거리"에서 하는 것이라고 생각하기 쉽지만, 이것은 가늠쇠 를 가진 『총』이 등장하여, 멀리까지 정확하게 총알을 날릴 수 있게 된 후의 개념이다. 크 로스 보우의 유효사정거리는 50~100m정도 밖에 되지 않았으나, 그래도 손으로 던지는 무기로는 생각할 수 없는 정밀도로 목표를 명중시킬 수 있었다.(유명한 윌리엄 텔이 아들 머리 위의 사과를 쏘아 떨어뜨린 것도 크로스 보우다.)

시위를 당긴 상태에서 고정할 수 있는 크로스 보우는, 시위를 당기면서 조준하는 활이 나, 던지면서 겨냥해야 하는 손으로 던지는 방식의 투사무기에 비해, 조준에 전념하기 용 이했다. 시위를 당기는 힘도 항상 일정하기 때문에, 사수가 화살이 날아가는 궤도를 예 상하기 쉽다는 것도 명중률의 향상에 도움을 주고 있다. 이 상태로 사정거리만 늘어난다 면 만만세였기 때문에, 크로스 보우의 판 스프링은 점점 더 강화되어 갔다. 이윽고 사람 의 힘으로는 시위를 당길 수 없게 되어, 지렛대의 원리를 응용한 레버나 톱니바퀴를 이용 하여 시위를 담아 당기는 옵션을 사용하게 된다. 대형화한 크로스 보우는 그 위력이 대 단하여, 판금갑옷 등은 손쉽게 관통할 수 있었다. 이 때문에 속사성이 요구되는 야전보 다, 성벽에 숨어서 정확한 사격으로 밀려오는 적을 저격할 수 있는 농성전에서 특히 많 이 사용되었다.

농성전에서 위력을 발휘하는 믿음직한 무기

크로스 보우

길이 : 60cm ~ 1m
전체 폭 : 50 ~ 70cm
무게 : 3 ~ 10kg(본체만)

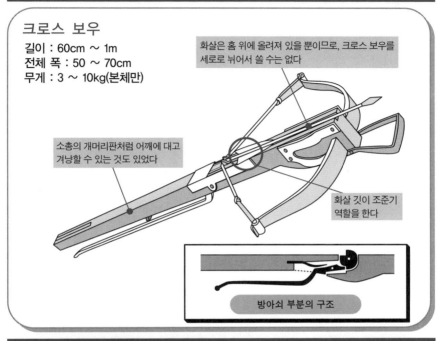

화살은 홈 위에 올려져 있을 뿐이므로, 크로스 보우를 세로로 뉘어서 쏠 수는 없다

소총의 개머리판처럼 어깨에 대고 겨낭할 수 있는 것도 있었다

화살 깃이 조준기 역할을 한다

방아쇠 부분의 구조

방아쇠 부분의 구조

석궁용의 화살 : 쿼럴(quarrel)이나 볼트(bolt)라고 불린다

깊이 찔러 넣기 위한 화살촉

판자를 깨기 위한 화살촉

꽂히면 빠지지 않게 한 화살촉

금속 갑옷 등의 곡면에서 미끄러지지 않는 화살촉

크로스 보우 전용 화살로, 활 용의 『애로우(arrow)』보다 굵고 짧은 것이 특징. 화살촉은 주로 각뿔형으로 화살 깃은 가죽이나 나무로 만들어졌다.

크로스보우의 발사준비

크로스 보우는 발사의 준비만 되어있다면, 누가 쏘더라도 같은 위력과 사정거리로 날아간다. 활에 비해서 사수의 능력차가 두드러지지 않는 무기라 할 수 있으나, 그 『발사준비』는 제법 번거로운 과정을 거쳐야 했다.

1발 쏘는 데 1분

크로스 보우는 속사에는 맞지 않는다. 롱 보우의 발사과정이 『화살의 끝을 시위에 대고 → 현을 → 힘껏 당겼다 놓는다(쏜다)』와 같은 단순한 것임에 비해, 크로스 보우는 『현을 힘껏 당겨서 고정한다 → 화살을 궁상(대좌)에 올린다 → 방아쇠를 당겨서 쏜다』와 같은 번잡한 순서를 밟을 필요가 있기 때문이다.

또한 크로스 보우의 활은 보우보다 작기 때문에, 충분한 위력을 얻기 위해서는 보우보다 장력이 강한 활을 탑재할 필요가 있었다. 그 결과, 현을 당기는데 강한 힘이 필요하게 되어, 발사위치에 고정시키는 것이 어려워 지고, 점점 더 발사속도가 떨어진다는 악순환에 빠지고 만다. 그러나 "보우보다 강력한 위력의 화살을 누구나 쏠 수 있다"는 매력은 거부하기 어려워서인지, 크로스 보우의 시위는 나날이 강력해져만 갔다.

너무 강해져서 시위를 당길 수 없게 된 크로스 보우는 『벨트 & 크로우belt and crow』라는 방법으로 세팅하게 되었다. 이것은 팔보다 강한 "하반신의 근육"을 사용하는 방법으로, 허리의 벨트에서 뻗어 나온 갈퀴에 시위를 걸고, 끝의 등자에 얹은 발을 밀어서 시위를 당기는 방법이다.

이윽고 이 방법으로도 당길 수 없는 강력한 시위를 가진 크로스 보우가 나타나자, 현을 당기기 위한 전용 옵션이 만들어지게 되었다. 장도리 같은 레버 형태의 도구를 궁상에 대고 "지렛대의 원리"를 이용하여 시위를 당기는 『고트 풋goat foot』, 톱니바퀴가 달린 핸들을 돌려서 시위를 당기는 『크레인퀸cranequin』, 커다란 도르래를 사용하여 시위를 감아 당기는 『윈들라스windlass』 등이 대표적인 것인데, 이들 대부분은 무겁고, 쉽게 파손되는 데다, 부피가 컸다. 이러한 옵션을 사용하지 않으면 쓸 수 없는 대형 크로스 보우는 『헤비 크로스 보우heavy crossbow』라 불리며, 위력과 명중의 정확도 면에서는 높이 평가 받았으나, 분당 발사가능 화살 수는 롱 보우의 절반에서 6분의 1 수준(분속 1~2발)밖에 되지 않았다.

발사준비의 패턴

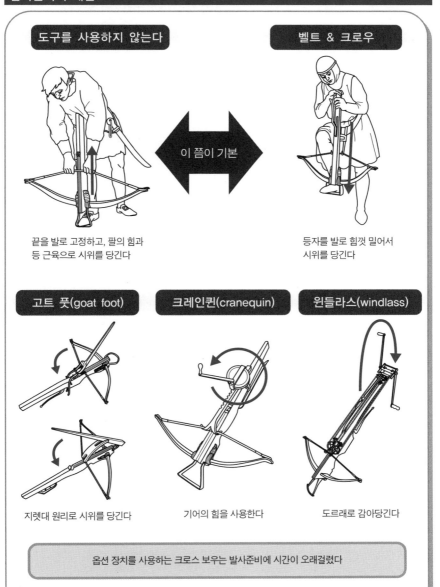

도구를 사용하지 않는다

벨트 & 크로우

이 쯤이 기본

끝을 발로 고정하고, 팔의 힘과
등 근육으로 시위를 당긴다

등자를 발로 힘껏 밀어서
시위를 당긴다

고트 풋(goat foot)

크레인퀸(cranequin)

윈들라스(windlass)

지렛대 원리로 시위를 당긴다

기어의 힘을 사용한다

도르래로 감아당긴다

옵션 장치를 사용하는 크로스 보우는 발사준비에 시간이 오래걸렸다

관련항목

◆ 석궁 ~ 크로스 보우(crossbow) → No.050

◆ 장궁 ~ 롱 보우(long bow) → No.082

도끼나 메이스는 어떻게 휴대할까?

도검에는 칼집이란 것이 존재한다. 휴대 시에는 칼집에 넣고 다니다가, 실제 전투가 되면 침착하게 발도한다. 같은 정도의 크기를 가진 무기에 도끼나 메이스가 있으나, 여기에 맞는 두겁이 있으리라 생각되지는 않는다. 이러한 무기는 어떻게 가지고 다녔던 것일까?

 ## 기본적으로는 손에 들고 다닌다

　도검 이외의 무기로 충분한 위력이 있으면서도, 휴대하기에 적당한 크기를 가진 무기라고 하면, 도끼나 메이스 등이 있다. 『도끼머리』나 『망치머리』와 같은 머리부분을 가진 무기인 이것들은, 검과 같이 "곧게 뻗은 형태" 가 아니기 때문에 칼집에 넣을 수는 없다. 그러면 두겁도 없이 어떻게 들고 다녔느냐고 의아해하겠지만, 별다를 것 없다. 그냥 손으로 들고 다녔던 것이다.

　도끼나 메이스와 같은 무기는 전시 이외에 휴대하고 다닐 일은 거의 없어, 평상시의 호신용으로도 사용되었던 검 등과는 뚜렷하게 선을 긋는다. 일시적으로 다른 무기와 병용해야 하는 상황에서도, 대개는 아무렇게나 벨트 등에 쑤셔 넣고는 했다. 또한 이런 무기를 보조적으로 사용했던 이는 주로 기병이어서, 마구와 함께 장착하거나, 수행원에게 운반시키곤 했다.

　혹시 창이나 검과 함께 이러한 머리가 달린 무기를 휴대하려고 할 경우, 두 개의 패턴을 생각할 수 있다.

　하나는 손잡이 아래에 달린 고리형 스트랩을 허리의 벨트에 달린 『고리』에 걸어서 휴대하는 방법이다. 무기의 자루가 손목근처에 오기 때문에, 급작스러운 상황 대처도 쉽게 할 수 있다는 장점이 있으나, 헤드 부분이 밑으로 오기 때문에 흔들흔들 불안정하여, 걷거나 말에 타고 있을 때, 흔들리는 헤드가 다리나 말을 다치게 한다. 때문에 무기에 따라서는 헤드 부분에 덮개를 씌워야 할 필요가 있어서, 공격할 때에는 일일이 덮개를 벗겨야 했다.

　또 하나의 방법은 벨트에 고정한 『링』을 사용하는 방법이다. 이것은 허리의 링에 무리의 자루부분을 꽂아 넣는 방법으로, 헤드 부분의 중심이 허리 근처에 오기 때문에 안정성이 높다. 자루의 길이에 따라서도 다르지만, 다소 격렬하게 움직여도 빠지지 않는 것이 장점으로, 도끼와 같은 예리한 무기라도 덮개를 씌울 필요가 없지만, 뽑자마자 공격을 할 수 없다는 점에서는 훅 방식보다 뒤떨어진다.

검 이외의 무기를 휴대한다

가장 많았던 휴대방법은?

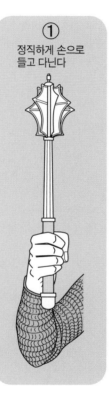

① 정직하게 손으로
들고 다닌다

② 벨트의 훅에 스트랩을
걸어서 다닌다

③ 벨트의 링에 자루를
꽂아 넣는다

정답은 1번.
검이나 단검 이외의 무기는, 대부분이 손으로 들거나 벨트 등에 아무렇게나 쑤셔 넣고
다녔는데, 기병의 경우에는 마구에 달거나, 수행원에게 운반시켰던 모양이다. 그러나 2
번이나 3번의 방식도 비현실적이라고 말할 수는 없다.

근접무기와 마법

신화나 전설, 중세 유럽풍의 세계관을 가진 이야기나 게임에는, 자주 "마법"이라는 것이 등장한다. 마법이라고 하면 불가사의하거나 비현실적인 것의 대명사와 같은 느낌이 들지만, 이러한 세계에 있어서의 마법은 순수한 지식이며 기술이었다. 우리들에게 있어서의 『원자력』이나 『유전자기술』 『나노 테크놀러지』와 마찬가지로, 보통 사람들에게는 이해할 수도, 다룰 수도 없으나, 그것은 분명히 세계 속에서 존재했던 것이다. 『뛰어난 과학기술은 마법과 분간할 수 없다*』라는 말이 있기도 하지만, 제어를 잘못하면 엄청난 일이 벌어지는 것도 두 가지 모두 공통된 특징이다. 그리고 과학기술의 발전이 "무기"와 함께했던 것처럼, 마법의 존재도 무기와 밀접한 관계를 가지고 있었던 것이다.

마법이 존재하는 세계에서는 그 힘에 의해 탄생된 '마법의 무기'를 보게 될 기회가 있을 것이다. 그 중에서도 인기가 있는 것은 칼끝에서 번개를 뿜어내거나, 칼자루 머리에서 불덩이를 쏴대는 마법의 무기이다. 이것은 전투용 공격마법을 무기에서 발사할 수 있게 하여, "접근전"과 "원거리공격"의 양쪽에 대응할 수 있게 한 것으로, 시각적으로 화려하고 멋진 연출이 가능하기에 게임 등에 자주 등장한다.

묵직한 세계관을 가진 작품에서는 이런 "투사계"의 마법은 존재하지 않거나, 제어가 어려운 것으로 취급되는 경우가 많아, 도신이 불타올라 상처부위를 태워버리는 검이라거나, 찔린 곳이 폭발하는 창과 같은 『일반 무기처럼 사용하면서, 마법에 의한 추가 데미지를 주는』계통의 무기가 등장한다. 신화나 전설 등에서 신에게 전해 받은 무기에도 이런 타입이 많은 모양이다.

마법에 의한 직접 공격 이외의 것에는, 마법으로 무기의 기능을 강화시키는 타입의 것이 있다. 절대로 칼날이 나가지 않는 검이나, 아무리 베어도 날에 들러붙은 기름을 녹여버리는 도, 던지면 반드시 맞추는 창 등이다. 이러한 마법의 무기도 "평범하게 사용"하기만 해도 그 효과가 발휘되기 때문에, 사용자를 고르지 않는다. 흔히 말하는 『용자의 검』에는 이러한 속성이 부가되어있는 경우가 많다.

또한, 마치 의지를 가진 것처럼 자유자재로 움직이는 사슬, 부메랑과 같이 되돌아오는 해머, 베어낸 상대방을 변신시키는 검과 같이, 직접 공격과 기능 강화의 중간적인 능력을 가진 무기도 많다. 이러한 "능력 부여계"라고도 할 수 있는 마법은 상대방의 허를 찌르는 효과가 강해서, 잘 사용하면 반격을 허락치 않고 전투의 주도권을 쥘 수 있다. 그만큼 『어떤 능력이 부여되어 있는가』 『능력을 사용하는 데에 규칙은 있는가』 하는 점 등은 상대방에게 알려지지 않도록 주의해야 한다.

손에 넣으면 저주받게 되는 무기도 마법 무기의 일종일 것이다. 의식을 빼앗겨 완전히 다른 인격이 되어버리는 검, 주위 사람의 운을 빨아들이는 검, 사람을 베지 않고는 못 배기게 하는 도 등 다양하지만, 나쁜 사념이 담기기 쉬운지, 이러한 무기에는 왠지 검이 많다. 저주받은 검에는 "강대한 위력이나 특수능력 대신에, 혼을 먹히거나 서서히 사람이 아닌 것으로 변해가는" 것과 같은 등가교환적 측면이 있어, 이야기에 비극성을 강조한다.

*편집부 주 : SF소설가 아서 클라크.

제 3 장
기술의 무기

『기술의 무기』와 솔리드 파이터

무기를 들고 싸우는 이 모두가, 덩치 큰 근육덩어리들뿐 이었던 것은 아니다. 힘에만 의존하지 않고, 기술이나 타이밍을 구사하여 상대방을 제압하는 『솔리드 파이터』들은 그 기량을 발휘하기 위해 어떤 무기를 고르고, 파트너로 삼았던 것일까?

뛰어난 기량을 활용하여 상대방을 제압하는 무기

　　무기란 휘둘렀을 때의 운동에너지를 데미지로 전환하여, 상대방을 살상하는 것이다. 그러나 야만적인 지배자나 망나니가 자신의 힘을 과시하기 위해 사용한다면 모를까, 쓰러뜨리기만 하면 된다면, 굳이 "상대방을 필요 이상으로 두들겨 패거나, 처참히 난도질할" 필요는 없다. 인간의 몸이란 것은 굉장히 연약한 것이어서, 급소를 한 대 맞기만 해도 간단히 행동불능에 빠지기 때문이다.

　　매우 합리적으로 승리를 추구하는 『솔리드 파이터』들이 사용하는 전술은, 복싱의 예를 들자면 상대방의 힘과 타이밍을 이용해서 KO를 노리는 『카운터 펀치』와 같은 것이다. 솔리드 파이터에게 내려치거나 후려치기는 필살의 일격을 꽂아 넣기 위한 포석에 지나지 않는다. 상대방에게 피해를 줘서 움츠러들게 하거나, 화나게 해서 냉정한 판단을 할 수 없게 만드는 것이다. 그리고 필살의 일격이 되기에 적절한 공격은 『찌르기』이다. 특히 갑옷의 틈새를 노리는 공격이 효과적이며, 끝에 집중된 무기의 힘은 파워 파이터의 참격에도 뒤떨어지지 않는 데미지를 줄 수 있다.

　　솔리드 파이터들은 다양한 공격이 가능하면서도, 단련에 의해서 정밀도가 향상될 여지가 있는 무기를 선호한다. 검이라면 가볍고 쓰기 편한 레이피어나 롱 소드를 고르고, 위력보다 정밀도를 중시해서 일부러 한 손으로 사용하는 경우도 많다. 타격계의 무기라면 쿼터 스태프quarterstaff와 같이 찌르기도 가능한 것을 사용하며, 페인트용으로 스로잉 나이프나 수리검 등의 작은 투척 무기를 품속에 숨겨둔다.

　　이러한 무기를 효과적으로 다루기 위해서는 순발력이 중요한데, 순발력은 근력이나 체력과도 연관이 있다. 솔리드 파이터란 힘이 약한 자를 뜻하는 것이 아니다. 무기를 사용하는 사람인 이상 필요한 만큼의 충분한 육체적 강인함을 갖추고 있다. 도리어 순발력이나 균형감각 면에서는 파워 파이터를 뛰어넘는 경우가 많아, 대겸(큰 낫)이나 채찍과 같은 다루기 어려운 무기를 잡았을 때, 그 무서움을 느낄 수 있다.

솔리드 파이터에게 적합한 무기

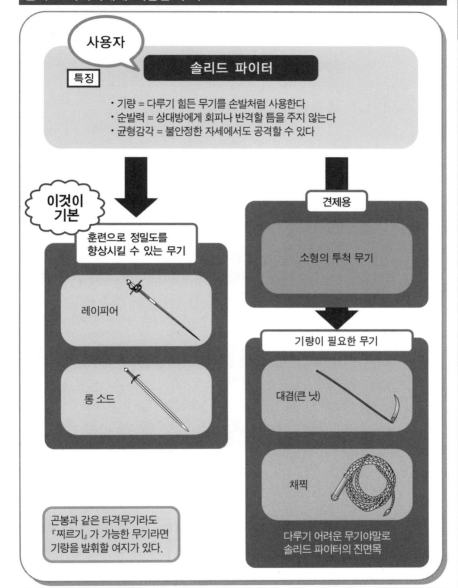

사용자

솔리드 파이터

특징

· 기량 = 다루기 힘든 무기를 손발처럼 사용한다
· 순발력 = 상대방에게 회피나 반격할 틈을 주지 않는다
· 균형감각 = 불안정한 자세에서도 공격할 수 있다

이것이 기본

훈련으로 정밀도를 향상시킬 수 있는 무기

레이피어

롱 소드

견제용

소형의 투척 무기

기량이 필요한 무기

대겸(큰 낫)

채찍

곤봉과 같은 타격무기라도 『찌르기』가 가능한 무기라면 기량을 발휘할 여지가 있다.

다루기 어려운 무기야말로 솔리드 파이터의 진면목

관련항목

가는 날의 검 ~ 레이피어^{rapier}

16~17세기경의 유럽에서 사용되었던 찌르기용 검. 크기는 중간 정도로, 도신디자인은 양날의 직도이다. 손잡이는 기본적으로 한 손 전용이고, 쥔 손을 감싸듯이 조각이나 장식이 새겨진 바스켓 힐트(basket hilt)가 달려 있는 것이 많다.

 ## 우아하고 고귀한 기품있는 검

레이피어는 끝부분이 날카롭고 뾰족한 도신을 가진 검이다. 바스타드 소드나, 투 핸드 소드 등의 검보다 『가늘고 가볍게』 만들어진 것이 특징으로 자루 주위에는 장식이 달려있는 경우가 많다. "귀족이나 신사가 사용하는 검"으로 유명하지만, 레이피어가 등장한 시대에는 총이나 대포의 대두로 인해 판금갑옷이나 방패가 자취를 감추기 시작하여, 전장에 있어서도 민첩해진 적을 잡기 위해 『가볍고 조준이 쉬운 가는 검』이 요구되었던 것이다.

이 검은 찌르기를 목적으로 한 구조이므로, 가벼운 무게를 살려 "간격을 재면서" 싸울 수 있다. 상대방이 바스타드 소드와 같은 자기보다 큰 무기를 사용할 경우, 이쪽은 짧은 시간 내에 몇 번이나 검을 내지를 수 있기 때문에, 상대방의 방어를 뚫으며 데미지를 입힐 수 있다.

상대방이 이쪽과 같은 레이피어라면, 펜싱을 방불케 하는 격렬한 칼싸움을 펼치게 되는데, 이러한 난투를 제압하기 위해 왼손에 소형의 방패를 들어 방어를 담당케 했다. 이윽고 이 방패는 망고슈^{main-gauche}등의 왼손용 단검에 자리를 내주게 되는데, 이것은 방어 일변도의 방패보다 왼손용 단검이 더 상대방의 검을 감아서 쳐내거나 빈틈을 공략해서 공격할 수 있기 때문이다. 또 레이피어 자체에도, 방어나 받아넘기기에 사용하기 위한 봉이 엉킨 자루나 망 형태의 바스켓 힐트가 달린 자루가 존재했다.

레이피어를 사용할 때에 유의해야 하는 것은, 절망적일 정도로 취약한 도신이다. 역사상, 레이피어의 전성기에는 『모두가 레이피어를 썼기』때문에 별 문제가 없었지만, 만약 브로드 소드와 같은 검과 칼날을 맞대는 일이 생기게 된다면, 잽싸게 승부를 내지 않으면 위험하다. 일단 수세에 몰리면 끝장이기 때문이다. 레이피어의 도신 강도로는 풀 사이즈의 검으로 쳐내는 힘을 견디지 못해 도신이 뚝 부러지게 된다.

근세를 대표하는 찌르기용 도검

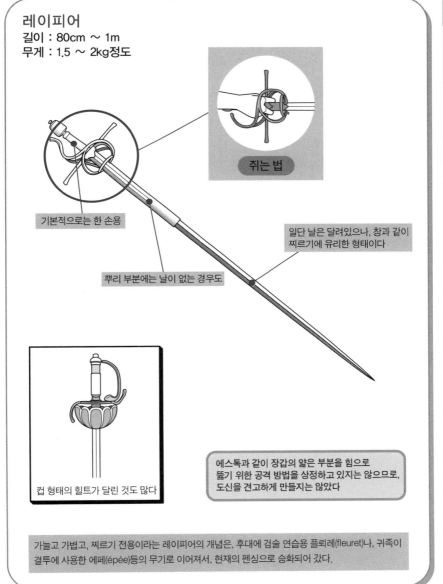

레이피어
길이 : 80cm ～ 1m
무게 : 1.5 ～ 2kg정도

쥐는 법

기본적으로는 한 손용

일단 날은 달려있으나, 창과 같이 찌르기에 유리한 형태이다

뿌리 부분에는 날이 없는 경우도

컵 형태의 힐트가 달린 것도 많다

에스톡과 같이 장갑의 얇은 부분을 힘으로 뚫기 위한 공격 방법을 상정하고 있지는 않으므로, 도신을 견고하게 만들지는 않았다

가늘고 가볍고, 찌르기 전용이라는 레이피어의 개념은, 후대에 검술 연습용 플뢰레(fleuret)나, 귀족이 결투에 사용한 에페(épée)등의 무기로 이어져서, 현재의 펜싱으로 승화되어 갔다.

관련항목
◆ 브로드소드(broadsword) → No.025
◆ 한 손으로도 양손으로도… ～ 바스타드 소드(bastard sword) → No.026
◆ 양손검 ～ 투 핸드 소드(two-hand sword) → No.042
◆ 왼손용 단검 ～ 레프트 핸드 대거 (left hand dagger) → No.064

기병도 ~ 사벨sabre 또는 saber

세이버(saber), 세버, 사브르

16세기 이후의 유럽에서 사용된 기병용 중형검. 도신은 외날이고, 디자인은 직도·환도·그 중간(반곡도)등 다양하나, 한 손용으로 손잡이 부분에 손가락이나 손을 보호하는 힐트가 달려있는 것이 공통된 특징이다.

전술에 따라 달라지는 도신 형태

사벨이라고 불리는 무기에는 다양한 형태의 도신이 있다. 크게 분류하면 『양날의 직도 타입』과 『휘어진 외날의 환도 타입』이며, 말에 타고서 한 손으로 쓸 수 있게 가볍고, 길게 만들어져 있는데, 롱 소드나 레이피어로 대표되는 유럽 도검의 발상을 이어받은 직도 타입의 사벨이라면, "말의 돌진력을 살려서 찌르기를 먹이는" 방식으로 쓰고, 중동의 샴쉬르shamshir의 영향을 받았다고 전해지는 환도타입의 사벨은 "상대방의 옆을 말을 타고 달려가면서 스쳐 베는" 형태의 사용법에 적합하다.

근래에 잘 알려져 있는 사벨은 두 가지의 중간적 디자인을 가지고 있다. 즉, 뿌리부분은 직도에 가깝고, 끝 부분은 환도와 같이 휘어져 있는 디자인이다. 이 『반(半)환도 형』이라고나 해야 할 법한 맵시 있는 도신은 끝의 3분의 1만이 양날인 특징을 가지고 있어, 찌르기와 참격 양쪽에 뛰어났다. 『펄스 에지false edge』라고 불리는 이 선단부분은 이윽고 사벨의 기본적 특징이 되었다.

18~19세기(범선시대)에는 『행어hanger』와 『커틀러스cutlass』라고 하는 사벨의 일종이라고도 할 수 있는 검이 출현한다.

행어는 특히 수렵 등에 사용되었던 참격용 도검으로, 주로 일반시민이 사냥 시에 사용하였으나, 독일이나 러시아의 군대에서도 총이나 대검을 사용할 수 없게 되었을 때의 예비무기로 사용되었다. 뱃사람(선원)이 사용했던 커틀러스는 초기의 행어가 해전에 적합한 형태로 변화한 검으로, 좁고 흔들리는 배 위에서 다루기 쉽도록 도신이 짧은 것이 특징이다.

행어도 커틀러스도 사벨과 마찬가지로, 끄트머리 부분이 『펄스 에지』로 되어있으나, 도신의 폭은 사벨보다도 넓다. 이것은 마상에서의 사용을 고려하지 않았기 때문이다.

기병도와 그 종류들

사벨
길이 : 70cm ~ 1.2m
무게 : 1.5 ~ 2.4kg

말을 타고 돌격할 때 사용되었던 직도형

힐트를 장착

펄스 에지인 선단부

후려치기에도 사용되었던 반곡도형

행어
길이 : 50 ~ 70cm
무게 : 1.2 ~ 1.5kg

폭이 넓은 도신

수렵이나 육상전에서 사용되었다

커틀러스
길이 : 50 ~ 60cm
무게 : 1.2 ~ 1.4kg

도신은 행어보다 짧은 편

뱃사람이나 해적이 사용했던 해전용 검

관련항목

◆ 가는 날의 검 ~ 레이피어(rapier) → No.054
◆ 장검 ~ 롱 소드(long sword) → No.056
◆ 중동의 환도 ~ 샴쉬르(shamshir) → No.058

장검 ~ 롱 소드long sword

나이트 소드(knight sword)

11~16세기경의 유럽에서 사용되었던 참격용검. 크기는 중간 정도로, 손잡이의 길이는 한 손용. 도신 디자인은 양날의 직도이지만, 도신 폭이나 혈조(fuller)의 유무 등의 세부는 시대에 따라 크게 달라진다.

 표준적인 서양검

롱 소드는 서양에 있어서 『검』의 시초부터 존재해왔던 오래된 무기이다. 로마제국 멸망후의 암흑시대에 노르만 족이나 바이킹이 사용한 검이 그 뿌리이며, 오래도록 유럽에서의 검의 표준으로서 사용되었다.

초기의 롱 소드는 재질의 강도 문제로 칼 뿌리부분이 두껍게 만들어졌었다. 이것은 강철의 제련법이 확립되지 않았기 때문에, 담금질을 통해 도신을 단련했기 때문이다. 이 방법으로는 검의 표면밖에 단련할 수 없었기 때문에, 때리면 때릴수록 검의 강도는 떨어져갔다. 또한 심 부분은 달궈지지 않아 부드러운 상태 그대로 이므로, 강도에 한계가 오면 "부러진다"기 보다는 "휜는" 느낌이었다.

이윽고 강철을 소재로서 사용할 수 있게 되자, 롱 소드의 도신은 가늘고 예리하게 변하여, 그 때까지의 참격을 중심으로 한 공격에서 찌르기 전법이 주체인 전법으로 바뀌었다. 외견적으로도 초기의 롱 소드와는 다른, 현재 알려진 『장검』의 이미지가 생겨나게 되었다. 십자군에 참가했던 기사가 차고 있던 롱 소드는 『나이트 소드knight sword』라고도 불리며, 이러한 형태 변화의 과도기에 해당하는 것이다. 도신은 평평한 것이 많고, 전체적으로 장식이 없는 심플한 모양이 많다.

롱 소드는 장검이라는 이름을 달고는 있으나, 사실 『특별히 긴 검』을 지칭하는 것은 아니었다. 일본도의 가타나를 와키자시와 비교하여 『대도』라고 부리는 것과 마찬가지로, 숏 소드나 대거와 비교하여 "길다"고 일컬어질 뿐이다. 즉 롱 소드라는 명칭은 다른 검과의 차별화를 노리고 중세 이후에 일반화한 편의상의 분류인 것이다. 일본에서 만들어진, 서양중세를 무대로 한 판타지를 그려낸 오래된 게임에서는 롱 소드에 해당하는 검을 『노멀 소드』라고 부른 것도 있었다.

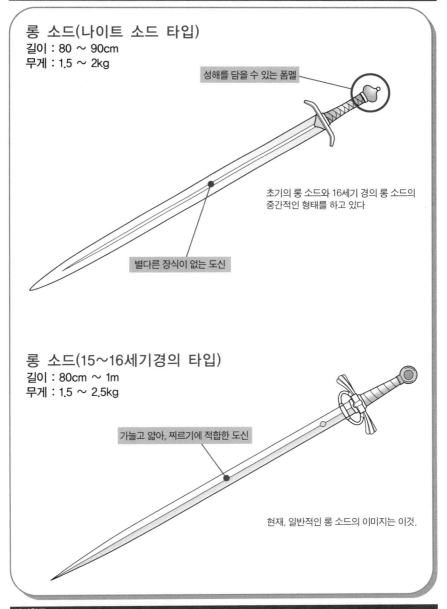

롱 소드(나이트 소드 타입)
길이 : 80 ～ 90cm
무게 : 1.5 ～ 2kg

성해를 담을 수 있는 폼멜

초기의 롱 소드와 16세기 경의 롱 소드의
중간적인 형태를 하고 있다

별다른 장식이 없는 도신

롱 소드(15～16세기경의 타입)
길이 : 80cm ～ 1m
무게 : 1.5 ～ 2.5kg

가늘고 얇아, 찌르기에 적합한 도신

현재, 일반적인 롱 소드의 이미지는 이것.

찌르는 검 ～ 에스톡^{estoc}

에스토크(estoc), 턱(tuck), 메일 피어싱 소드(mail-piercing sword)

13~17세기경의 유럽에서 사용되었던 중형검. 도신은 두꺼운 침과 같은 형태로, 자르기 위한 날은 없다. 손잡이는 양손용의 길이가 있지만, 찔러서 공격하는 검이므로 『날 밑부분』을 쥐어서 힘을 주는 경우도 있다.

 ## "찌르는" 것만을 목적으로 삼는 검

이 타입의 검은 레이피어의 등장 이전부터 『찌르기 공격전용의 검』으로 존재했다. 날이 없이, 두꺼운 바늘과 같은 도신이 특징으로, 『체인 메일^{chain mail}』을 꿰뚫을 목적으로 만들어진 검이다.

그 중에서도 『에스톡』의 관통력은 발군이어서 "금속인 것을 포함하여 대개의 갑옷을 뚫을 수 있다"라고 하지만, 그 정도의 기능을 가지고 있다 하더라도, 실제로 시험해보는 것은 관두는 편이 좋다. 금속의 마찰력이라는 것은 의외로 강하여, 관통한 것은 좋지만 빠지지 않게 될 위험성이 있기 때문이다. 물론 에스톡의 끝 부분은 점점 가늘어지는 형태이므로, 찌른 방향과 같은 방향으로 뽑아낼 수 있다면 문제없지만, 전장에서는 상대방도 움직이고, 자기 자신도 움직인다. 형편에 맞게 잘 빠질 것이라는 건 정말 기대하기 어려운 일이다. 갑옷의 위에서부터 상대방을 꿰뚫는 것은 다른 선택지가 없을 경우에 최후의 수단으로 사용하도록 하고, 역시 기본은 "갑옷의 틈새를 노리는" 전법을 취하는 것이 현명할 것이다.

관통력을 중시한 이 검들은 『메일 피어싱 소드』라고도 불리며, 당초에는 경기병이 마상에서 사용하는 한 손용 검이었으나 이윽고 말에서 내린 기병이나 보병에 의해 사용되게 되었다. 보병용 에스톡의 대부분은 양손용인 긴 자루를 가지고 있으며 크기도 대형화 했었으므로, 칼집을 쓰지 않고 칼을 빼든 채 들고 다니거나, 등에 짊어지고 다니곤 했다.

또한 16세기 중반 경의 독일에서는 『헌팅 소드^{hunting sword}』라고 하는 찌르기용 검이 귀족의 수렵용으로 유행했다. 칼 끝이 창 끝처럼 생긴 것이 특징으로, 마상에서 멧돼지 등의 사냥감을 찌를 때 사용한다. 『보어 스피어 소드^{boar spear sword}』이라는 별명을 가진 이 종류의 검은 찌르거나 뽑기 편하도록 자루도 길게 만들어서 뒤집어서 든 채로 마상에서 찔러 죽이는 식으로 싸웠다.

침 형태의 지돌검

에스톡
길이 : 80cm ~ 1.3m
무게 : 700g ~ 1kg

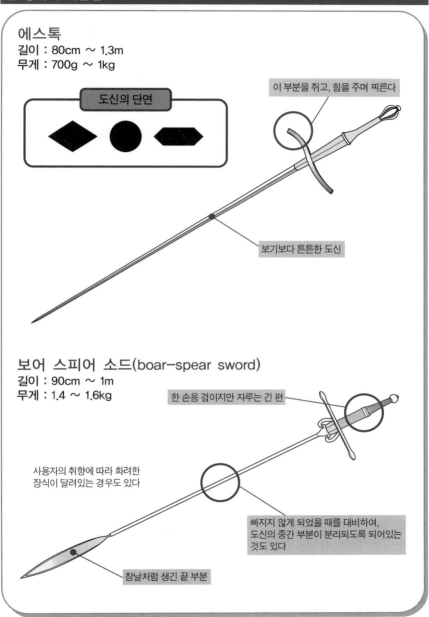

도신의 단면

이 부분을 쥐고, 힘을 주며 찌른다

보기보다 튼튼한 도신

보어 스피어 소드(boar-spear sword)
길이 : 90cm ~ 1m
무게 : 1.4 ~ 1.6kg

한 손용 검이지만 자루는 긴 편

사용자의 취향에 따라 화려한
장식이 달려있는 경우도 있다

빠지지 않게 되었을 때를 대비하여,
도신의 중간 부분이 분리되도록 되어있는
것도 있다

창날처럼 생긴 끝 부분

관련항목
◆ 가는 날의 검 ~ 레이피어(rapier) → No.054

중동의 환도 ~ 샴쉬르^{shamshir}

시미터(scimitar), 샴샬, 샴샤, 샴시르

13세기 이후의 중동에서 사용되었던 절단용 도검. 크기는 중형으로, 도신의 모양은 외날의 환도가 일반적이다. 한 손용 손잡이에는 휘어진 것도 있어서 서양의 도검에 비해 손잡이나 도신의 모양에 공을 들인 것이 많다.

 ## 사자의 꼬리

샴쉬르는 페르시아의 대표적인 도검이다. 완곡하게 굽은 도신은 일본도와 같이 상대방을 어루만지듯이 베어낼 수 있고, 도신이 휘어진 방향과는 반대로 굽은 손잡이는 베어낼 때 큰 힘을 담을 수 있다.

영어로는 "시미터" 라는 이름으로 알려져 있으며 청룡도 등과 통으로 묶여 취급 당하는 경우도 많으나, 원어의 의미는 『사자의 꼬리』라는 뜻으로, 끝부분이 완곡히 굽은 손잡이 부분은 『사자의 머리』라고 하여 두 가지가 쌍을 이루고 있다. 도신 폭도 무게도 그런대로 있는 편이지만, 튼튼한 갑옷을 마구 두들겨서 데미지를 주기 위해 만들어진 검은 아니고, 갑옷을 입지 않은 상대를 회 뜨듯이 베거나, 갑옷의 틈새를 날카로운 칼끝으로 찔러대는 것이 기본이다.

이러한 전술이 기본이 될 경우, 필연적으로 도신도 얇게 만들게 된다. 식칼을 예로 들 것 까지도 없이, 도신이 얇은 편이 틈새에 쑤셔 넣거나, 고기를 가르는데 편리하기 때문이다. 그렇게 되면 샴쉬르로 상대방의 무기를 받아내거나 쳐내는 것이 걱정되기 마련인데, 기본적으로 절단계 무기에게 있어 『날이 나간다·부러진다』는 불안은 어제오늘 시작된 것이 아니다. 여기서는 마음 자세를 바꿔서, 방어나 회피는 방패나 사용자의 민첩함에 의존하는 것 외에는 별 도리가 없을 것이다.

절단용의 환도라고 하면, 에티오피아의 도검 『쇼텔^{shotel}』도 유명하다. 여느 환도(휘어진 도)와 마찬가지로, 이 검도 도신이 호를 그리듯이 굽어져 있는데, 그 굽어진 정도가 장난이 아니다. 상대방이 방어하려고 무기나 방패를 들어도 그것을 크게 우회하여 끝부분을 찔러 넣을 수 있을 정도로 휘어진 것이다. 무기방어를 해도 무기를 휘어 돌아서 공격하는 무기에는 이 밖에도 플레일 등이 있으나, 이 검은 손 끝으로 쉽게 컨트롤 할 수 있다는 점에서 특히 뛰어나다. 반면, 절단용 무기면서도 특징적인 도신형태로 인해, 휴대하기가 불편하다. 전용 칼집도 없으므로 천이나 가죽으로 감싸서 들고 다니거나, 벨트 등에 끼워 넣을 수 밖에 없는 것이다.

이국적인 절단용 도검

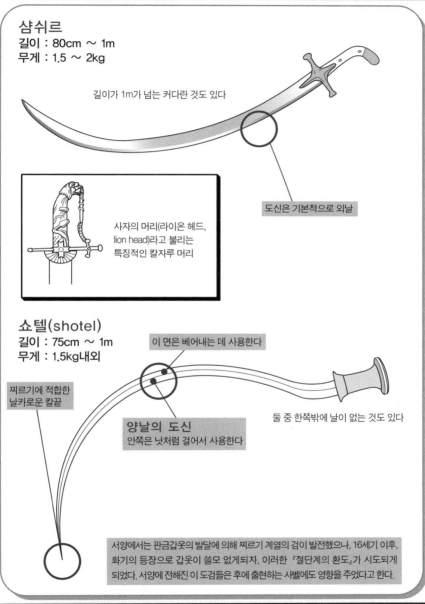

샴쉬르
길이 : 80cm ～ 1m
무게 : 1.5 ～ 2kg

길이가 1m가 넘는 커다란 것도 있다

사자의 머리(라이온 헤드,
lion head)라고 불리는
특징적인 칼자루 머리

도신은 기본적으로 외날

쇼텔(shotel)
길이 : 75cm ～ 1m
무게 : 1.5kg내외

이 면은 베어내는 데 사용한다

찌르기에 적합한
날카로운 칼끝

양날의 도신
안쪽은 낫처럼 걸어서 사용한다

둘 중 한쪽밖에 날이 없는 것도 있다

서양에서는 판금갑옷의 발달에 의해 찌르기 계열의 검이 발전했으나, 16세기 이후, 화기의 등장으로 갑옷이 쓸모 없게되자, 이러한 『절단계의 환도』가 시도되게 되었다. 서양에 전해진 이 도검들은 후에 출현하는 사벨에도 영향을 주었다고 한다.

관련항목
◆ 도라는 것은 어떤 무기인가? → No.008
◆ 중국의 외날검 ～ 청룡도 → No.027
◆ 연접 곤봉 ～ 플레일(flail) → No.030

일본 사무라이의 칼 ～ 가타나打刀

가타나, 사무라이 블레이드

무로마치 시대 후기부터 일본에서 사용되었던 도. 휘어진 도신의 한 편에 면도칼 같은 절단용 칼날이 붙어있다. 손잡이 부분의 길이는 양손용이지만, 한 손으로 다룰 수도 있어서, 칼집에서 뽑기 쉽도록 도신이 휘어진 정도가 계산되어 있다.

일본도의 표준

가타나는 카마쿠라 시대의 무사가 다치太刀와 함께 휴대했던 고시카타나腰刀:요도를 바탕으로 발전한 무기이다. 이 고시카타나는 『사스가刺刀:자도, 호신용 단도』라고 하는 단도로, 다치를 사용할 수 없을 만큼 근접한 거리에서 상대방을 "찌르기" 위해 사용되었다. 이윽고 오다치大太刀:대태도, 노다치野太刀:야태도와 같이 대형화한 태도를 대신하여, 사스가의 도신을 길게 만든 『가타나』가 쓰이게 되었다. 찌르기 위한 사스가가 길어져서 상대방을 "때리는" 칼이 되었다는 것이 이름의 유래라고 전해지고 있지만, 지금은 칼이나 일본도라고 하면 가타나를 뜻한다고 할 만큼 일반적인 무기이다.

도신은 다치보다 약간 짧은 정도지만, 끈으로 허리춤에 매달고 있던 다치와는 달리 허리띠 등에 직접 꽂아 넣고 다니는 가타나는 한번에 칼을 뽑을 수 있어, 그대로 상대방을 베기 위해 달려들 수 있다. 도신이 휘어짐도 "가장 많이 휘어진 부분이 가운데보다 좀더 위에 있는" 사키조리先反り:앞휨이어서, 발도하는 중에 칼이 칼집에 걸리지 않도록 설계되어있다. 2척 3촌(약 70cm)가 규정 크기라고 하지만, 이것은 도신 길이를 뜻하는 것으로 전체 길이를 말하는 것은 아니다. 이 크기가 제정된 것은 에도 시대인데, 에도 막부가 생기기 이전이나 막부의 뼈대가 삐걱거리기 시작했던 막부 말에는 이 크기를 무시한 긴 칼도 많았다.

가타나의 칼집은 여러 가지 장식이 많았던 다치의 칼집에 비해 간단한 편이었고, 되려 날밑이나 칼 자루 등의 의장을 신경 써서 넣는 경우가 많았다. 가타나와 와키자시脇差:협차, 협도를 한 세트로 허리에 꽂고 다니는 『다이쇼코시라에大小拵え:대소존』라고 불리는 스타일이 일반화함과 더불어 칼집의 디자인도 이 두 자루를 맞추게 되어, 고가이笄:계, 칼집의 차표에 휴대하는 비녀 같은 것나 고즈카小柄:소병,칼집의 차표에 휴대하는 작은 칼 손잡이와 같은 장구를 칼집에 설치하게 되었다. 고가이는 비녀와 같은 장구로 머리를 다듬거나, 가려울 때 긁기 위한 것 이외에도, 전장에서 목을 딴 적의 목에 다는 표찰을 달기 위한 구멍을 뚫는데 사용했다. 작은 칼처럼 생긴 고즈카는 수리검처럼 사용했다고도 하지만, 실제로는 단순한 일상용품이었으므로, 그런 방식으로 사용할 수 있었던 것은 어둠의 세계의 사람이거나, 달인이거나, 괴짜들뿐 이었다.

이것이야말로 무사의 혼

가타나
길이 : 90cm~1m
무게 : 1 ~ 1.2kg
(+칼집 무게 약 300g)

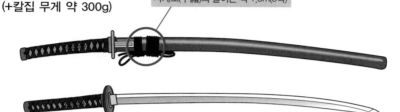

사게오(下緒)의 길이는 약 1.5m(5척)

최대로 휘어진 부분이 도신의 중앙부보다 위에 있는 『사키조리』

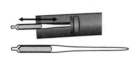

고가이를 넣었던 『고가이히츠(笄櫃 : 계궤)』는 칼집을
허리에 꽂았을 때 왼편에 위치한다.

『고즈카히츠(小柄櫃 : 소병궤)』는 고가이히츠의
반대측. 작은 칼이 달려있지 않은 코즈카도 있었다.

가타나의 휴대방법

날을 위로하여 허리띠에 꽂아넣는다.
사게오는 칼집에 감아둔 채로 두거나
허리띠에 감아두기도 했다.

가타나의 분류

단도 — 도신 길이 1척(약 30cm)미만

와키자시 — 도신 길이 1척(약 30cm)이상 ~ 2척(약 60cm)미만

가타나 — 도신 길이 2척(약 60cm)이상의 것

관련항목
- 도라는 것은 어떤 무기인가? → No.008
- 겐페이(元平) 시기의 일본도 ~ 태도(다치) → No.028
- 작은 크기의 도 ~ 와키자시와 고다치 → No.065
- 참마도 → No.088

거합居合이란 어떠한 것인가?

일본도를 사용하는 검술 중에서도 유명한 것이 『거합』 이다. 칼을 칼집에 넣은 채로 적과 대치하여, 뽑았을 때는 이미 적이 베어져 있는, 정과 동이 공존하는 일본인 취향의 기술이나, 실제의 모습은 어떠하였을까?

거합은 필살기가 아니다?

거합은 『거합뽑기』 『거합술』 이라고도 불리는 검술이다. 일본도를 칼집에 넣은 채로 자세를 취하여, 눈에 보이지 않는 속도로 뽑자마자 공격, 상대방은 뭐가 뭔지도 모르는 채로 베인다는 기술이다. 픽션 등에서는 『거합이 위협적인 것은 속도 때문이 아니라, 칼이 어떻게 올지 알 수 없다는 점 때문이므로, 한 번 뽑고 나면 두려워할 필요 없다』라고도 하지만, 이것도 당연한 말이다. 왜냐하면 거합이란 "칼을 뽑기 전의 정신단련" 을 설파하는 무예이기 때문이다.

거합도란 반드시 『단칼에 승부를 결정하기』 위한 검술은 아니다. 우선 최초의 일격으로 기선을 제압하고, 상대방이 움츠러든 틈을 타서 급소를 포착한 뒤, 적의 품속으로 뛰어드는 것이다. 그리고 손목이나 목, 복부 등에 재차 삼차 여유를 주지 않고 몰아치듯이 공격해서 승부를 낸다. 도는 꽤 무른 편이기 때문에, 시대극에서처럼 칼을 맞대어서는 도신이 많이 상하게 된다. 거합은 되도록 칼을 맞부딪히지 않고 싸움을 끝내기 위한 수단인 것이다.

순수하게 싸우는 수단으로서 생각했을 경우, 거합의 모태라고도 할 수 있는 『발도술』 쪽이 더 전투색이 진하다. 거합의 쇼다치初太刀:초태도, 최초의 일격은 어찌보면 페인트이기도 한데, 발도술에서는 "쇼다치 = 필살의 일격" 이라는 사고방식을 가지고 있다. 상대방이 『칼을 뽑는다』 『벤다』 의 두 개의 동작을 하는 동안 이쪽은 『뽑으면서 벤다』 라고 하는 동작을 열백裂帛의 기합으로 행함으로서 "베이기 전에 베어버려라" 라고 하는 사상을 합리적으로 몸소 구현할 수 있다는 생각이다.

거합과 발도술 모두, 중요한 것은 칼을 칼집에서 뽑을 때의 왼손의 움직임이다. 왼손은 단순하게 칼집에 대고 있는 것이 아니라, 칼을 뽑으면서 동시에 왼손으로 칼집을 잡아당겨서 발도의 속도를 높여주는 것이다(이를 『사야히키鞘引き:칼집빼기』 라고 한다). 또한 발도에는 팔의 힘뿐 아니라, 온 몸의 탄력이 필요하므로, 발을 내디디는 속도나, 발놀림도 중요하다.

거합 = 칼을 뽑기 전의 정신단련

그 극의란

칼을 뽑지 않고 상대방을 제압한다

· 만약 싸움을 피할 수 없다면 선수를 쳐서 일격을 가한다.
· 쇼다치는 중요하지만, 『한 방에 쓰러뜨리는』것에
  집착하지는 않는다.

발도술 = 순수한 전투기술

그 극의란

상대방이 칼을 뽑기 전에 쓰러뜨린다

· 초태도야말로 필살의 일격
· 발도의 속도나 발을 내디디는 방법 등 온몸을 사용해서
  상대방을 벤다.

거합도 발도술도 일본도의 사용자로서 평균이상의 기량을 필요로 하는 것은 말할 필요도 없다. 특히 거합은 정신적인 부분에 의존하는 것이 크고, 하루아침에 익힐 수 있는 것은 아니다.

관련항목

◆ 도라는 것은 어떤 무기인가? → No.008

◆ 일본 사무라이의 칼(Japanese samurai sword)
   ~ 가타나 → No.059

플랑베르쥬flamberge타입의 도검이란?

플랑베르쥬란 프랑스어로 화염을 뜻하는 플랑브와양(flamboyant)이 어원이라 일컬어진다. 원래는 후기 고딕건축에 사용되었던 양식 중 하나로, 나중에 검의 양식으로도 사용되게 되었다.

플랑베르쥬는 불꽃의 검?

물결치는 듯한 형상의 도신을 가진 검이 있다. 시적으로 『불꽃 같은 도신』이라고 불리는 디자인인데, 그 중에서도 유명한 것이 투 핸드 소드 타입의 플랑베르쥬와 레이피어 타입의 플랑베르쥬이다. 이들 검에 공통되는 특징은 『물결치는 도신』을 가지고 있다는 것으로, 물결모양으로 가공된 도신을 『플랑베르쥬 도신』이라고 불렀다. 즉, 플랑베르쥬란 도신의 양식을 뜻하는 말인 것이다.

플랑베르쥬 도신을 가진 도검은 16세기 이후에 나타나기 시작했다. 독일에서는 『플람베르크Flammeberg』라는 이름의 플랑베르쥬·레이피어가 유행했고, 그 물결치는 도신의 아름다움으로 인해, 패션이나 의전용으로 사랑받았다.

플람베르크가 탄생한 시대에는 전장에서의 도검의 가치도 떨어져서, 이미 도시부의 패션의 일부가 되어버린 때이기는 했으나, 아름다움 때문에 선호도가 높았던 플랑베르쥬 도신도, 출신을 따져보면 『살상용 도구』로서 합리적이고 실전적인 이유로 만들어진 것이었다. 평탄한 날로 베인 상처는 "붙여두면" 상처가 유착하여 낫기 마련이지만, 물결치는 도신으로 베인 절단면은 유착이 잘 되지 않아, 회복이 늦는 것이다. 날카로운 식칼로 자른 토마토는 자른 단면을 딱 맞붙일 수 있지만, 갓 구운 부드러운 빵을 자르기 위한 『칼날이 물결치는 긴 나이프』로 자른 토마토는 무참한 형태가 되는 것과 같은 이치다.

플랑베르쥬 도신은 형태나 강도 면의 문제로 칼을 맞부딪히는 데에는 적합하지 않아, 주로 찌르기에 사용되었다. 물론 찔렀을 때뿐 아니라, 뽑을 때에도 상처를 넓게 벌리는 효과가 있다. 이 도신이 레이피어에 많이 사용되었던 것도 이러한 용법상의 문제가 있었을 것이다. 게다가 강도부족이라고 해도, 상대방의 무기와 서로 맞부딪히지 않으면 되었기 때문에, 당겨서 베어낼 때는 큰 효과가 있었다.

레이피어타입　양손검타입

물결치는 도신

살아있는 몸뚱이를 벨 때의 효과는 크지만,
모양의 문제로 받아넘기기나 쳐내기를 하기에는
적합하지 않다.

위력을 늘리기 위한 고안의 하나

화기의 출현
도검류의 쇠퇴

패션이나 미술품으로

플랑베르쥬는 뛰어난 살인 병기이면서도, 미술품으로서의
측면도 가지고 있어서, 지금까지도 보존되는 것이 많고,
서양의 미술관 등에서 실물을 볼 수 있다.

단검 ~ 대거dagger

배틀 나이프(battle knife), 컴뱃 나이프(combat knife), 어설트 나이프(assault knife)

10세기 이후의 유럽에서 널리 사용되었던 무기로, 지금은 『큼직한 전투용 나이프』 전반을 가리키는 용어로서 일반화되어 있다. 도신이나 손잡이 모양에도 다양한 종류가 있으나, 기본적으로는 절단용 날을 가진 한 손용의 칼을 가리킨다.

 ## 전투에서 능숙하게 다루는 것은 어렵다

『단검』이란 축약어가 말해주듯이, 대거의 디자인은 『검』을 기초로 하는 것이다. 구조적으로는 그대로 검을 축소시킨 것이나 다름없는 것으로, 쭉 뻗은 것, 휘어진 것, 외날에 양날, 찌르기 전용과 같이 검의 종류가 그대로 대거의 종류에 해당된다.

대거의 도신은 일상용품의 연장선상에 있는 "나이프" 보다는 두께가 있지만, 검 등과 비교하면 가볍기 때문에 내려치더라도 공격력은 높지 않고, 자루가 짧아서 양손으로 쥘수도 없다. 확실하게 날을 갈아둔다면 상대방의 피부를 가를 수도 있지만, 상대방이 가죽갑옷 한 장만 입고 있으면 그것조차도 어려워 진다. 따라서 기본적인 사용법은 『찌르는』것을 염두에 둔 방식이다. 크기가 작기 때문에 이것으로 검이나 창 등의 무기와 정면대결을 할 경우 『간격은 좁고』 『무기의 강도가 부족하므로 받아넘기기나 쳐내기를 하기 어려운』 등 뭐하나 제대로 할 수 있는 것이 없지만, 역으로 상대방이 맘껏 무기를 휘두를 수없는 근거리 전투로 상황을 끌고 갈 수 있다면, 충분히 호각으로 싸울 수 있다. 이런 경우에도, 손목이나 목 등의 동맥을 집중적으로 노리거나, 옆구리나 명치를 마구 찔러대는 등, 철저히 급소를 노린 공격을 해야 함은 말할 것도 없다.

다루기 쉬운 정도를 중시한다면 칼을 바로 쥐고, 위력을 중시한다면 거꾸로 쥐면 되는데, 거꾸로 쥘 경우 『베는』 동작은 하기 어렵다. 또한 거꾸로 쥔 채로 『적의 검을 방어하는』 것은 멋은 있지만, 배짱과 훈련이 필요하므로 초보자는 삼가는 편이 무난하다. 바로쥐었을 때는 방어에 실패해도 무기를 떨어뜨릴 뿐이지만, 거꾸로 쥔 채 방어에 실패하면팔을 다치기 십상이다. 또, 최악의 경우에는, 대거를 원거리 무기로 떨어진 곳의 적에 던져서 사용할 수도 있지만, 한 번 쓰고 버리기엔 너무 비싸고, 명중했다고 해도 데미지는운에 따르기 때문에 효과적인 사용법이라고 하기는 어렵다.

단검은 최후의 무기다

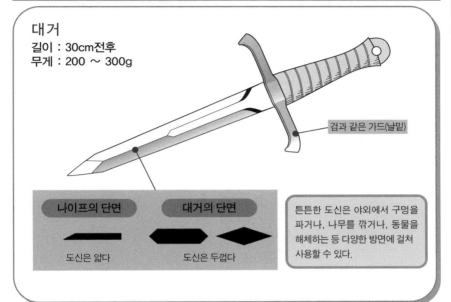

대거
길이 : 30cm전후
무게 : 200 ～ 300g

검과 같은 가드(날밑)

나이프의 단면
도신은 얇다

대거의 단면
도신은 두껍다

튼튼한 도신은 야외에서 구멍을 파거나, 나무를 깎거나, 동물을 해체하는 등 다양한 방면에 걸쳐 사용할 수 있다.

대거를 쥐는 방법

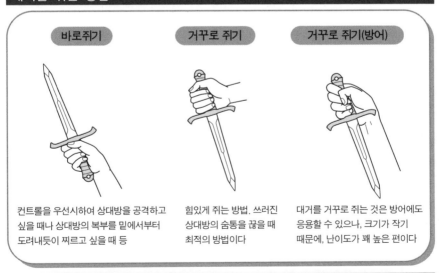

바로쥐기

거꾸로 쥐기

거꾸로 쥐기(방어)

컨트롤을 우선시하여 상대방을 공격하고 싶을 때나 상대방의 복부를 밑에서부터 도려내듯이 찌르고 싶을 때 등

힘있게 쥐는 방법. 쓰러진 상대방의 숨통을 끊을 때 최적의 방법이다

대거를 거꾸로 쥐는 것은 방어에도 응용할 수 있으나, 크기가 작기 때문에, 난이도가 꽤 높은 편이다

관련항목

◆ 얼마나 간격을 두고 싸울 것인가? → No.003
◆ 근접무기를 사용한 공격방법 → No.004
◆ 근접무기를 사용한 방어방법 → No.005
◆ 검이라는 무기의 특징이란? → No.007

찌르기용 단검 ~ 스틸레토stylet

라운들 대거(roundel dagger), 런덜 대거(rondel dagger), 메일 브레이커(mail breaker)

16세기 경의 유럽에서 사용되었던 찌르기 전용의 단검. 찌르기 전용이므로, 도신의 단면이 삼각형 또는 사각형 추 모양으로 생겼다. 통상적인 단검처럼 판형의 도신을 가진 것도 있기는 하지만, 휘어진 도신을 가진 것은 없다.

자돌검 = 에스톡의 소형판

스틸레토는 송곳 모양의 찌르기용 단검이다. 대거나 나이프와 같은 절단용 날이 없는 것이 특징으로, 찌르는 것에만 특화된 디자인을 하고 있다. 검을 소형화한 것이 대거인 것처럼, 아이스 픽이나 목공용 송곳을 방불시키는 도신을 가진 스틸레토는 에스톡(턱)을 스케일 다운한 것이라 할 수 있다. 이 무기는 세련된 겉모습과 늑골이나 옆구리 밑에서부터 찌를 경우 손쉽게 내장까지 손상시킬 수 있는 흉악한 도신을 함께 지니고 있어서, 도심부에서의 "호신용"으로 주로 사용되었다.

『자돌단검』이란 무기 자체만 본다면 이전에도 전장에서 사용되었던 것이 있다. 『라운들 대거』『이어드 대거eared dagger』따위로 불리던 단검으로, 지면에 쓰러드린 상대방 위에 올라타서 급소를 가격하는 것이다. 상대방은 대부분 갑옷을 입고 있으므로, 보통은 그 틈새로 도신을 미끄러트리듯 쑤셔 넣어 찌르지만, 장갑이 얇은 곳이라면 일부러 거꾸로 쥐고 힘을 실어 세게 찔러버리는 경우도 있었다. 그 때문에 자루가 힘을 잘 받을 수 있도록 세공이 되어있는 것도 많았고, 이러한 것들은 『메일 브레이커』라고도 불렸다.

뿔 모양의 도신은 아니지만, 찌르기에 특화된 단검으로서 유명한 것에는 자마다하르 jamadhar가 있다. 이것은 인도의 찌르기용 단검으로, 주먹에 쥔 채로 상대방을 찌르는 듯한 공격방법으로 인해 『펀칭 대거punching dagger』라고도 불렸다.

보통의 검이나 단검은 도신과 손잡이가 일직선이지만, 자마다하르는 도신에 대해서 직각이다. 말하자면 『토목공사용 삽의 손잡이』 같은 느낌으로, 팔을 내지르는 힘을 손실없이 전달하도록 설계되어있다. 전형적인 자마다하르는 도신이 양날이지만, 숏 소드 급의 도신길이를 가진 것이나, 끝부분이 두 갈래로 갈라진 것, 가동 기믹이 장착되어 날 끝이 삼지창처럼 갈라지는 것 등 다양한 종류가 있다.

찌르기 위한 단검

스틸레토 길이 : 20 ～ 30cm
무게 : 100 ～ 300g

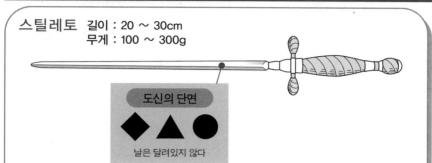

도신의 단면

날은 달려있지 않다

라운들 대거 길이 : 30cm 전후
무게 : 200 ～ 300g

관통력을 높이기 위해 『거꾸로』
쥐고 사용하는 일이 많다

왼손으로 받쳐주기
위한 자루머리

자마다하르(펀칭 대거)

길이 : 30 ～ 70cm
무게 : 300 ～ 800g

평평한 양날의 도신

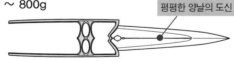

이렇게 쥔다

이 무기는 『카타르』라는 이름으로도 알려져
있으나, 이것은 자마다하르를 서양에 전파한
서적에서 삽화와 『카타르』라는 명칭의 숏 소드를
착각해서 잘못 배치했기 때문이라고 한다.

No.064

왼손용 단검 ~ 레프트 핸드 대거

패링 대거(parrying dagger), 망고슈(main-gauche)

15세기 말 이후의 유럽에서 유행했던 단검으로, 대부분은 오른손에 쥔 레이피어와 이도류로 사용된다. 상대방의 공격을 받아내는 『방패』와 같은 성격의 무기이나, 개중에는 받아낸 검을 부러뜨리기 위한 장치가 달린 것도 있었다.

 ## 방어에서 공격으로

레프트 핸드 대거는 왼손으로 사용하며, 상대방의 검을 방어하기 위한 무기이다. 방어라고 해도, "상대방의 검을 확실하게 받아내는" 형태가 아닌, 받아넘기거나 쳐내는 형태로 사용하여, 받아넘기기에 사용하는 단검이라는 기능으로 인해 『패링 대거』라고도 불린다. 이런 종류의 단검이 받아넘기려고 하는 것은 레이피어 정도의 가는 검이기 때문에, 숏 소드나 대거와 같은 도신의 강도는 필요없다. 상대방의 레이피어가 쏟아내는 재빠른 공격에 대처해야 하는 것을 고려한다면, 『무거운 도신』은 되려 발목을 잡게 되기 때문에, 보다 조작성에 중점을 둔 경량화된 도신이 요구된다.

이러한 왼손용 단검 중에서도 대표적인 것이 망고슈(프랑스 어로 왼손용 단검이라는 의미)이다. 이도류는 머리로 생각하는 것보다 훨씬 어려워서, 웬만해서는 구사할 수 있는 것이 아니다. 망고슈의 칼자루에는 손을 보호하기 위한 바스켓 힐트^{basket hilt}가 장착되어 있으므로, 『방패』를 가진 것처럼 왼손으로 방어에 전념할 수 있다. 그러나 상대방에게 굳이 『망고슈를 든 쪽으로는 공격을 안 한다』라고 말해줄 의리 따위 없기 때문에, 생각날 때 가끔 왼손으로 공격을 해서 『당최 어디서 공격이 오는 것인지 알 수 없다』라고 의심암귀^{疑心暗鬼}하여 혼란을 일으키도록 만들어 주자.

대부분의 왼손용 단검에는 빈틈을 노려 적의 검을 감아서 떨어뜨리거나 부러뜨리기 위한 기능도 있지만, 적극적으로 『무기의 파괴』를 목적으로 삼는 것은 『소드 브레이커』라는 별명을 가지고 있다. 도신 자체가 빗처럼 생긴 것이나, 날밑 부분에 일본의 짓테^{+手;십수}처럼 돌기가 있어 적의 검을 끼워서 못쓰게 만드는 것 등이 유명한데, 파괴할 수 있는 무기의 기준은 어디까지나 레이피어이므로 롱 소드나 브로드 소드와 같은 튼튼한 검을 파괴할 생각은 하지 않는 것이 몸에 이로울 것이다.

왼손으로 사용하는 『방어용 단검』

망고슈

길이 : 30 ~ 40cm
무게 : 200 ~ 400g

이 부분으로 레이피어를 받아내거나
부러뜨린다

오른손에 레이피어
왼손에 망고슈

소드 브레이커

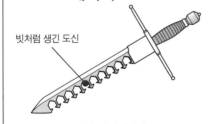

빗처럼 생긴 도신

『소드 브레이커』란 이 단검의
고유명칭이 아닌 카테고리 명이다

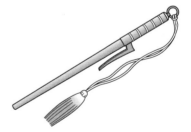

왼손용 단검은 아니지만 이것도
기능적으로 따지면 『소드 브레이커』다

소드 브레이크는 타이밍과 배짱이 핵심입니다.
반복숙달하여 진수를 터득합시다

관련항목

◆ 근접무기를 사용한 방어방법 → No.005
◆ 브로드소드(broadsword) → No.025
◆ 짧은 검 ~ 숏 소드(short sword) → No.032
◆ 가는 날의 검 ~ 레이피어(rapier) → No.054
◆ 장검 ~ 롱 소드(long sword) → No.056
◆ 단검 ~ 대거(dagger) → No.062

작은 크기의 도 ~ 와키자시와 고다치

나가와카자시, 나가도스(長ドス:단도)

와키자시(脇差:협차)는 가타나의, 고다치(小太刀:소태도)는 다치의 단축 버전이다. 서양에서는 『길이가 다른 동일한 디자인의 검』을 한 세트로 허리춤에 차고 다니는 일은 별로 없었으나, 일본에서는 길고 짧은 것은 한 세트로 휴대하며, 상대방과의 거리에 맞춰 구분하여 사용했다.

무사뿐 아니라 평민의 무기이기도 했다

와키자시는 타도를 짧게 만든 칼이다. 긴 가타나(대도)와 짧은 와키자시(소도)의 세트를 "대소" 라고 부르며, 타도와 와키자시를 함께 허리에 차는 스타일은 "다이쇼코시라에大小拵え" 라 불리며, 무사계급의 상징이기도 했다. 이것은 에도시대의 막부가 『무사가 아닌 자가 2척 이상의 칼(즉 대도)를 지녀서는 안 된다』라고 하는 규칙을 만들었기 때문인데, 두 자루 꽂기 = 무사 라는 공식이 확정된 것도 이 즈음이다.

막부가 정한 와키자시의 규격 사이즈는 도신 2척 미만이었기 때문에, 평민이 들고 다녀도 문책 받는 일은 없었다. 『도츄자시道中差』라고 불리는 여행시 호신용으로 사용되었던 칼도 와키자시이고, 시미즈의 지로쵸나 모리의 이시마츠 같은 건달들이 허리춤이 꽂고 있는 칼도 거의 대도만한 길이기는 하지만, 『나가와키자시』 라고 하는 어엿한 와키자시이다. 품질은 꽤 편차가 심한 편이어서, 무사가 차고 다니는 "대도와 한 세트로 제작된 와키자시" 라면 그다지 문제가 없지만, 평민의 호신용이나 깡패들이 싸울 때 사용하는 것 같은 와키자시는 조악한 도신이나 마감처리가 되있는 경우가 많다.

고다치도 일종의 "짧은 다치" 이기는 하나, 와키자시보다도 약간, 주무기로서의 성격이 강하다. 고다치의 칼자루는 풀 사이즈의 칼에 가까운 길이이기 때문에 한 손으로도, 양 손으로도 사용할 수 있었고, 숲 속이나 실내 등 폐쇄된 공간에서의 싸움을 임기응변으로 대처할 수 있기 때문이다. 물론 가타나나 다치에 비교하면 위력이나 공격범위 면에서 밀리기 때문에 "품 속으로 뛰어들어 상대방의 무기를 봉인하는" 등의 고도의 기량이 요구되지만, 그 특성을 숙지한 사용자가 가진 고다치는 가공할 만한 위력을 지닌 무기가 된다.

무협영화 등에 등장하는 『칼자루가 흰 나무로 된 나가도스』나 『단 도스』는 단도의 친척 뻘인 『아이구치솜口:합구』와 같은 방식으로 만들어져 있다. 아이구치란 "날밑이 없고, 자루와 칼집이 서로 딱 아귀가 맞는다" 는 점으로 인해 붙여진 이름이다. 나가 도스는 자루나 칼집의 모양새가 다를 뿐 내용물은 나가와키자시와 같은데, 단 도스는 길이는 30cm미만이고, 휘어짐도 거의 없는, 단도 그 자체라고 해도 될 무기이다.

휴대와 폐쇄된 곳에서의 전투에 적합한 칼

와키자시 길이 : 40 ～ 60cm
　　　　　무게 : 400 ～ 700g(본체만)

가타나보다 칼자루는 짧다

가타나에는 『고즈카』 『고가이』 등과 같은
장구류가 달려 있으나 와키자시는 고즈카
밖에 없거나, 둘 다 없는 것도 많다

정규 사이즈는 『1척 6촌(약 48㎝)』지만, 와키자시 밖에
지닐 수 없던 평민은 나가와키자시라고 불리는
아슬아슬하게 2척에 못미치는(56㎝정도) 칼을 사용했다

고다치 길이 : 50 ～ 60cm
　　　　　무게 : 400 ～ 600g
　　　　　(본체만)

허리춤에 『꽂기』 때문에 칼집은
다치 같은 형태로 만들었다

사이즈의 비교

가타나

고다치

와키자시

밀정을 위한 도검 ~ 닌자도

블랙 닌자 소드(black ninja sword), 소드 스틱(sword stick)

일본의 첩보요원인 『닌자』가 사용했던 특수한 칼. 일본도이기는 하지만, 사무라이가 사용하는 『가타나』에 비해 짧고 도신의 휘어짐도 적어, 휴대성과 기능향상을 위한 배려가 설계에 깃들어 있다.

임무달성을 위한 도구

닌자도의 도신은 보통 칼보다 짧고, 가타나와 와키자시의 중간정도 되는 길이로 만들어져 있다. 이것은 닌자도가 대규모 전투나 결투에 사용되는 무기가 아닌, 주로 실내에서의 전투를 가정하고 있는 데에서 기인한다. 일본의 건물에서는 미닫이 틀이나 기둥이 방해가 되어 있는 힘껏 칼을 휘두를 수 없다. 따라서 『찌르기』를 주체로 한 전투방식을 취하게 되는데, 도신의 휘어짐을 억제한 닌자도는 찌르기 쉽게 설계된 것이다.

그러나 『도신이 짧고, 휘어짐이 적은』 닌자도는 간격 면에서 불리한데다, 상대방의 칼과 맞부딪혔을 때에도 도신에 가해지는 데미지가 크다. 즉, 닌자가 닌자도를 뽑는 것은 실수를 해서 발각되었을 때, 달리 방도가 없어 어쩔 수 없이 사용하는 경우뿐이라 할 수 있겠다.

도신보다 다소 길게 만들어진 칼집은 끄트머리에 붙은 여분의 공간이 주머니처럼 되어 있어, 약이나 눈가림을 위한 재, 모래 등을 넣어둘 수 있다. 그 부분을 떼어내면, 칼집은 원통이 되어서, 수중에서 스노클처럼 사용할 수 있고, 적의 칼을 받아낼 수 있도록 고시라에#주:외장부분도 튼튼하게 만들어져 있다. 닌자도의 기능은 『전투에 이기기』 위함이라기 보다는 『살아남아서 임무를 완수하기』 위한 것으로, 임무달성을 위한 도구로서의 면이 크다. 높은 담을 뛰어넘거나, 어둠 속에서 상대방과의 거리를 알아내는 등 생각하기에 따라 다양한 것을 할 수 있다.

밀정 임무 시에는 『속에 칼을 장치한 지팡이』 등의 무기를 많이 사용하였으나, 『속에 칼을 장치한 부젓가락』이나 『속에 칼을 장치한 담뱃대』 등 종류도 다양했다. 이러한 암기에 있어 공통적인 것은 일상적으로 지니고 있어도 어색하지 않은 물건 = 일용품이었던 점이다. 날의 모양은 어떤 일용품을 바탕으로 만드느냐에 따라 좌우되지만, 대부분은 단도나 침과 같은 것으로 베는 데에는 적합하지 않다. 정면으로 싸우는 무기가 아닌, 의표를 찌르거나 기습하는 것이 주된 전술이 된다.

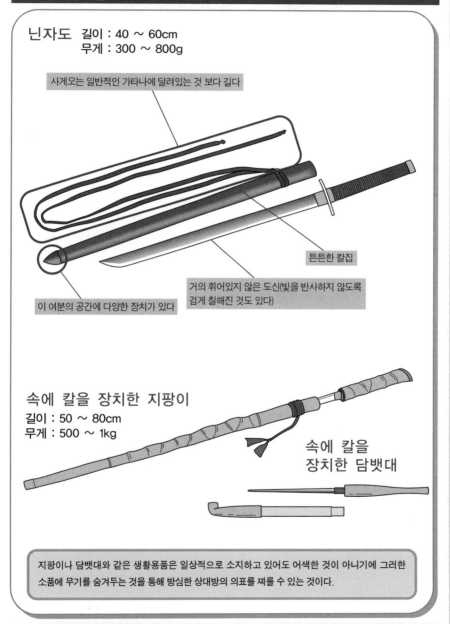

닌자도
길이 : 40 ~ 60cm
무게 : 300 ~ 800g

사게오는 일반적인 가타나에 달려있는 것 보다 길다

튼튼한 칼집

거의 휘어있지 않은 도신(빛을 반사하지 않도록 검게 칠해진 것도 있다)

이 여분의 공간에 다양한 장치가 있다

속에 칼을 장치한 지팡이
길이 : 50 ~ 80cm
무게 : 500 ~ 1kg

속에 칼을 장치한 담뱃대

지팡이나 담뱃대와 같은 생활용품은 일상적으로 소지하고 있어도 어색한 것이 아니기에 그러한 소품에 무기를 숨겨두는 것을 통해 방심한 상대방의 의표를 찌를 수 있는 것이다.

전투용 곡괭이 ~ 워 픽 ^{war pick}

픽(pick), 배틀 픽(pick)

등산용 피켈이나 소형 곡괭이 같은 무기. 오랜 옛날에는 인도나 페르시아 등에서 사용되었으나, 13세기 중반이 되자, 서양으로 건너왔다. 보병이 다루는 대형 워 픽도 존재하지만, 대부분은 기병들이 사용했다.

접근전용의 믿음직한 무기

워 픽은 전투망치 = 워 해머와 많이 닮은 모양을 한 무기이지만, 이 두 가지의 사용법은 다소 다르다. 타격력을 중시하는 워 해머는 "양 손으로 크게 휘둘러서 내려 치는" 형태로 사용되지만, 곡괭이의 관통력에 의해 데미지를 주는 워 픽은 손목의 스냅을 살려서 "나무에 못을 박아 넣듯이" 사용한다.

워 픽의 대부분은 한 손 사이즈의 작은 것이고, 말 위에서 사용하는데 적합하다. 타격에도 쓸 수 있도록 픽의 반대쪽이 해머형태로 되어있는 것도 많아서, 곡괭이로 뚫을 수 없는 두꺼운 갑옷이라도, 곁에서부터 세게 두들겨 주면 데미지를 줄 수 있다. 전체적으로 작고 무게도 워 해머나 메이스보다 가벼워서 『때렸을 때의 충격』만을 비교한다면 그 둘 보다 못하지만, 말 위에서 쓰기 편하고, 타격과 찌르기 공격 모두가 가능한 점이 워 픽이라는 무기의 강점이다.

희생자를 "꿰뚫는" 것에 특화된 워 픽 중에서 유명한 것으로는 인도의 『자그날^{zagnhal}』이 있다. 관통력 중시형의 워 해머인 『벡·드·코르뱅』과 마찬가지로 "까마귀의 부리"라는 뜻을 가진 자그날은, 새의 부리처럼 생긴 블레이드 형 픽이 특징이다. 충분한 강도를 갖춘 부리는, 피켈의 끝이 바위를 깨뜨리듯이, 얇은 판금갑옷이나 투구를 관통할 수 있다.

자그날과 닮은 형상의 무기로는 『낫』이 있으나, 이 쪽은 어디까지나 절단을 목적으로 하는 "날붙이"이며, 타격력을 한 점에 집중시켜 관통효과를 노린 픽 계열의 무기와는 다르다. 낫은 튀어나온 칼날 안쪽에 날이 달려있어, 상대방을 걸고 당기며 찢어 베는 것으로 데미지를 입힌다. 날붙이인 관계로 금속제 갑옷을 입었을 경우 쓸모가 없어지지만, 가죽갑옷 정도라면, 픽처럼 "끝부분을 꽂아 세우듯이" 내려찍어서 관통시키는 것도 그리 어렵지는 않다.

양손에 무기를 든다

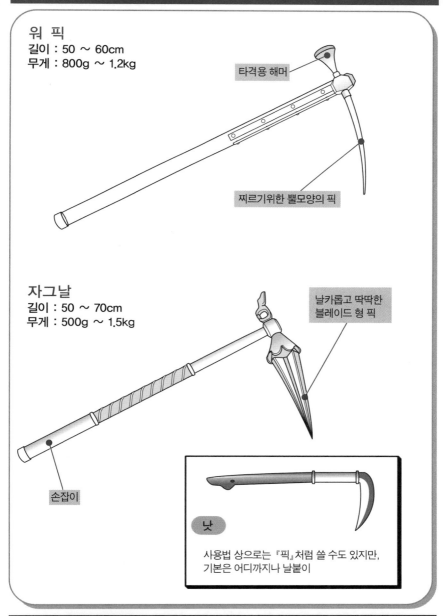

워 픽
길이 : 50 ~ 60cm
무게 : 800g ~ 1.2kg

타격용 해머

찌르기위한 뿔모양의 픽

자그날
길이 : 50 ~ 70cm
무게 : 500g ~ 1.5kg

날카롭고 딱딱한
블레이드 형 픽

손잡이

낫

사용법 상으로는 『픽』처럼 쓸 수도 있지만,
기본은 어디까지나 날붙이

관련항목
◆ 철퇴 ~ 메이스(mace) → No.037   ◆ 전투망치 ~ 워 해머(war hammer) → No.043

이도류

양손에 각각 무기를 드는 것을 『이도류』라고 한다. "무기가 하나밖에 없는 것보다, 두 개 있는 편이 공격의 기회도 늘어나고, 방어도 충분히 할 수 있을 것이다" 라는 생각이다.

이도류는 현실적인 전술인가?

이도류의 스타일은 크게 두 가지로 나뉜다. 즉, 『서로 다른 형태의 무기를 양 손에 드는』 것과, 『같은 형태의 무기를 양 손에 드는』 것 이다.

전자의 필두가, 16~17세기에 유행하던 『오른손엔 레이피어, 반대쪽엔 망고슈』라고 하는 스타일이다. 공격은 주로, 잘 쓰는 쪽 손의 레이피어로 행하고, 반대쪽 손에 든 망고슈로는 상대방의 공격을 쳐내거나 받아넘기는 것에 전념한다. 기본적으로는 기존의 『무기+방패』를 레이피어와 망고슈로 대체한 것인데, 빈틈만 보이면 망고슈로도 상대방에게 공격을 하겠다고 하는 공격적인 스타일이기도 하다. 갑옷을 입은 서양의 기사가 『오른손에 검, 반대쪽 손에는 손도끼나 메이스』를 들고 싸웠던 것도 이것에 가깝다.

일본에 있어서의 이도류라고 한다면, 전적으로 후자인 『같은 무기를 양 손에 드는』 이미지일 것이다. 이 경우 『양 쪽에 든 무기 모두가 주 공격용』이라는 사고방식으로, 한쪽 무기가 가로막히더라도 반대쪽 무기로 공격할 수 있다.

그러나 인간의 팔이 좌우 한 개씩 밖에 없는 이상, 무기를 두 개 든다는 것은 『하나의 무기를 양 손으로 쥔다』는 옵션이 선택될 수 없다는 것을 뜻한다. 즉, 격렬한 승부가 되었을 때, 상대방은 양 손을 사용하여 힘을 주고 있는데, 이쪽은 한 손 분의 완력만으로 대응해야 한다. 시대극 등에서는 양손의 칼을 서로 교차시켜서 상대방의 칼을 받아내고 있으나, 상대방의 칼 하나에 내 칼 두 자루가 다 막혀버려서야, 무엇을 위한 이도류인지 알 수 없다.

그러면 격렬한 승부를 피하면 되느냐고 한다면, 그것도 어렵다. 우시와카마루牛若丸* 같은 몸놀림으로 공격을 계속해서 피하지 않는 이상, 아무래도 무기를 사용한 방어나 받아내기를 해야 할 필요성이 생기기 때문이다. 게다가 『한 손으로 무기를 계속 휘두르는』 것에 의한 피로의 누적도 무시할 수 없다. 가볍고 쓰기 편한 소형무기라면 모를까, 풀 사이즈의 무기를 이도류로 사용하려면 보통사람 이상의 체력이 필요하다.

*편집부 주 : 미나모토노 요시츠네(源 義経)의 아명(兒名).

양손에 무기를 든다

스타일 1

『대소』의 이도류

오른손에 레이피어
반대쪽 손에 망고슈

·주로 쓰는 손에는 풀 사이즈 무기(대),
 반대쪽 손에는 소형무기 (소)를
 드는 패턴
·주로 쓰는 손에 든 무기로 공격
 하고 소형무기는 주로 『방패대용』
 으로 사용한다.
·미야모토 무사시의 이도류도
 사실은 이 패턴이다.

스타일 2

같은 무기를 사용하는 이도류

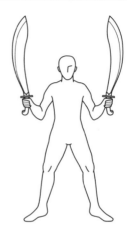

오른손에 청룡도
왼손에도 청룡도

· 풀 사이즈의 무기를 좌우
 양 손에 드는 패턴
· 충분한 기술과 근력이 없으면,
 자주 쓰지 않는 손에 든 무기는
 그저 부담스럽기만 한 짐이
 되어버린다.
· 허세는 충분히 된다.

궁극의 찌르기용 무기 ~ 침(바늘)

니들(needle)

끝 부분을 예리하고 뾰족하게 만든 철심형태의 무기. 바늘은 느낌상 『재봉용 바늘』이나 『돗바늘』등을 연상하기 마련인데, 무기로서는 『다섯치 대못』, 『목공용 송곳』, 『아이스 픽』 등이 이 범주에 속한다.

숨기기 쉬우면서 일격필살

　침은 베거나 때릴 수는 없는 『찌르기』전문인 무기이지만, 가볍기 때문에 휴대하기 편하고, 작은 것이라면 숨기기도 쉽다. 창으로 사람의 몸을 관통하기 위해서는 어느 정도의 힘이 필요하지만, 날카롭고 가는 침이라면 적은 힘으로도 사람의 몸에 찔러 넣을 수 있고, 그대로 쑤셔 넣어 주면 그 길이만큼 깊숙이 몸 속에 파고든다. 침이란 뼈나 살을 파괴하는 것이 아니라, 내장에 피해를 주기 위한 무기라 할 수 있겠다.

　동시에, 침을 무기로서 사용할 경우에는 사용자가 일정 수준 이상의 운동 신경을 가지고 있을 필요가 있다. 침은 크기나 강도의 문제 때문에 무기 방어에는 적합하지 않다. 적의 무기를 받아 치기는커녕, 공격을 흘려 넘기기도 어렵다. 게다가 침은 아무리 좋게 보더라도 "급소 공격 외에는 쓸모가 없는" 무기이다. 『괴성을 지르며 다가오는 상대의 무기를 피하면서, 품 속에 뛰어들어 급소를 가격하는 형태의 싸움은 상당한 수준의 운동 신경이 없으면 도저히 불가능하다.

　침은 가늘기 때문에 확실하게 쥐어서 힘을 주기가 어렵지만, 『촌철』이나 『아미자』라고 불리는 무기는 이 문제를 해결했다. 그 비밀은 중앙 부분에 설치된 고리 같은 부분으로, 쥐었을 때 손가락을 넣어 침이 미끄러지지 않도록 되어있다. 특히 촌철은 다양한 종류가 있어서 침이 양 쪽에 있는 것, 한 쪽에만 있는 것, 침 대신에 단도와 같은 도신이 있는 것, 침도 칼날도 없는 타격용 등 목적에 맞게 구분하여 사용할 수 있다.

　이러한 특성을 가진 무기가 가장 능력을 발휘할 수 있는 것은 역시 암살이다. 일본의 "구노이치〈ノー : 여성 닌자〉"는 끝 부분을 뾰족하게 만든 비녀를 사용하여 목표물을 처리했고, 고금의 암살자들은 침이나 뜸 치료에 사용하는 침이나 자전거의 바퀴살을 사용해서 악을 쓰러뜨려 왔다. 가늘고 뾰족한 것은 일상용품으로 얼마든지 있었고, 일상적으로 눈에 띄는 것이라면 위장하기도 쉬워 경계 당하지 않았던 것이다.

암살용의 무기

촌철
길이 : 20 ～ 30cm
무게 : 무거운 것이라 해도 300g정도

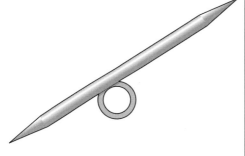

찔러 죽이기 위한 촌철(아미자)도 거의 같은 모양이다

침이 한쪽에만 있는 것도 있다

침이 없는 타격용 촌철

쥐는 법

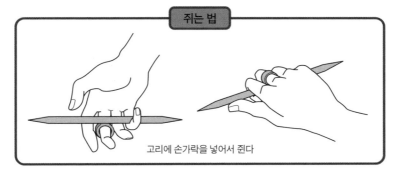

고리에 손가락을 넣어서 쥔다

끝부분을 뾰족하게 만든 비녀

일상 용품으로 위장시킨 침은 암살용 무기로서 애용되었다

관련항목
◆ 근접무기를 사용한 방어방법 → No.005

짐승과도 같은 일격 ~ 구조鉤爪

바그·나크, 바그·나우, 철갑갈고리, 타이거 크로우(tiger crow)

날카로운 발톱으로 찌르거나 베거나, 할퀴기 위한 격투용 무기이다. 브라스 너클과 같이 주먹에 쥐고 사용하는 것이나, 손목이나 팔에 장착하는 형태의 것이 일반적이다. 숨기기 쉬워서 암살용의 무기로서도 애용되었다.

동물의 발톱을 흉내 낸 무기

육식동물이 태어나면서부터 지니고 있는 "발톱"이라는 무기를 재현하려고 시도한 것이 이러한 구조계열의 무기이다.

손에 쥐고서 사용하는 형태의 구조는 "갈고리 달린 브라스 너클"이라고도 할 만한 『바그·나크(호랑이의 발톱이라는 뜻)』타입의 것이 유명하다. 바그·나크는 끝에 달린 고리에 손가락을 끼워서 고정시키면 손가락 틈새에서 갈고리가 튀어나오는 형식으로 되어있어, 손가락을 벌리면 손바닥 안쪽에 갈고리를 숨길 수도 있다. 암살자 등이 사용할 때에는 갈고리부분에 독을 바르기도 하는데, 쥘 때의 힘을 잘못 주었다가는 "독이 묻은 칼날이 자기자신을 다치게 하는" 웃지 못할 사태가 발생하므로 주의해야만 한다.

장착하는 타입의 구조는 보다 "전투"를 의식한 형태로 제작된 것이 많다. 갈퀴라는 별명을 가진 『수갑구』는 손목에서부터 손등을 뒤덮으며 손끝까지 뻗는 갈고리가 있어서 상대방의 공격을 받아내거나 받아넘길 수 있다. 이러한 형태의 것은 손에 끼운 다음 끈으로 묶거나, 팔을 보호하는 갑옷과 일체화 되어있기 때문에, 바그·나크 같이 손으로 쥐는 형태의 것에 비해 장착하는 데 시간이 걸려서, 숨겨서 지니기에는 적합하지 않다. 그러나 일단 장착하기만 하면 이 갈고리와 함께 칼이나 단검을 사용하거나, 다른 무언가를 집는 등 손을 자유롭게 쓸 수 있다. 이러한 부류의 무기를 사용하는 것은 순수한 기사나 전사라기보다는 암살자나 닌자 등 "임기응변적인 대처"가 필요한 사람들이므로, 무언가를 집을 수 있다는 것은 큰 이점으로 작용했다.

닌자가 사용하는 갈고리 형태의 무기는 이 외에도 『가쿠테角手·각수』나 『고양이 발톱』등이 있으나, 전부다 상대방의 의표를 찔러서 "할퀴기" 위한 것이다. 일반적으로 인간이 할퀴는 것 만으로 즉사하는 일은 없기 때문에, 이러한 무기는 기본적으로 독이나 마비약과 함께 사용된다.

격투용 구조

바그・나크
길이 : 10cm정도
무게 : 50 ～ 100g

쥐는 형태의 구조

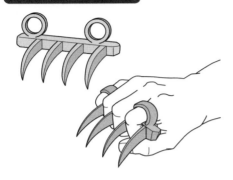

"찔러 넣는" 용도에
적합한 타입

철갑갈고리
길이 : 20 ～ 30cm
무게 : 200g정도

장착하는 타입의 구조

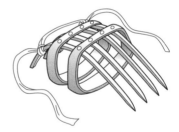

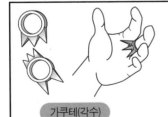

가쿠테(각수)

고양이 발톱

상대방의 의표를 찔러서 독이 묻은 발톱으로 할퀸다

관련항목
◆ 철권 ～ 아이언 너클(iron knuckle) → No.039

무장해제 시키는 법은?

무기를 사용하여 상대방의 무기를 튕겨내거나 떨어뜨리는 것은 『디스암(disarm)』이라고 한다. 『무기 떨구기』
『무기 날리기』라고도 불리는 이 전술은 "무기를 빼앗아서 상대방이 더 이상 싸울 수 없게 해버리자"라는 생
각으로부터 생겨났다.

 ## 무기를 날려버린다 = 상대방을 맨몸뚱이로

　　상대방에게 승리하는 방법 중 하나로, "상대방의 전투력을 빼앗는" 방식이 있다. 나는 무장을 한 채로 상대방 만을 무장해제시키겠다는 속 편한 전술이지만, 실력 차가 있는 경우가 아니고서는 시도하기 어렵다.

　　사실 상대방의 무기(전투 수단)를 손쉽게 빼앗기 위해선 무기를 들고 있는 팔을 노리고 공격하는 것이 최고이다. 팔에 상처를 입게 되면 무기를 쥐기가 어려워 지고, 팔을 아예 절단해버리면 평생 무기를 들 수 없게 만들어 줄 수도 있다. 그러나 상대방을 굴복시키기 위해 굳이 "무장 해제"라는 수단을 취한 이상, 노리는 것은 무기만으로 한정해 두도록 하자.

　　『무기 떨구기 = 디스암disarm』을 하기 위해선, 우선 상대방의 무기를 직접 건드릴 수 있을 정도의 거리까지 다가가야만 한다. 내려치는 타이밍은 "상대방의 손등이 위를 향하고 있고, 무기가 지면에 수평이 되어있을 때"로, 위에서부터 날카롭게 내려치기를 행하면 된다. 상대방이 도끼나 해머같은 『머리』가 달린 무기일 경우, 무기가 수평이 된 순간에 머리와 자루를 잇고 있는 부분(T자나 역 L자모양의 접합부분)을 쳐내주면 그대로 손에서 쏙 빠져나간다. 자신이 갈고리 같은 것이 달린 무기를 가지고 있다면, 접합부에 걸어서 당겨주기만 해도 된다. 검이나 도끼 등 『손잡이』가 있는 무기는 충격을 그 부분으로 흡수할 수 있지만, 창이나 폴 암 등 자루가 긴 형태의 무기는 충격 흡수의 기능이 없는 것이 많다. 따라서 손에 가까운 자루 부분을 후려치면, 그 충격으로 무기를 놓치게 할 수 있다.

　　주의해야 할 점은 디스암이 효과적인 것은 상대방이 "한 손으로 무기를 들고 있을 때" 뿐이라는 것이다. 물론 상식을 초월하는 힘으로 내려친다면 상대방이 양 손으로 들고 있더라도 떨어뜨리게 할 수 있겠지만, 일반적으로 상대방이 양 손으로 꽉 쥐고 있는 무기를 무장해제 시키는 것은 아주 어렵다.

디스암이란

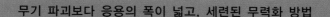

무기 파괴보다 응용의 폭이 넓고, 세련된 무력화 방법

무기 떨어뜨리기

· 상대방의 무기를 튕겨내거나 쳐서 떨어뜨리게
하는 등 해서 전투를 계속하는 것을 단념시킨다
· 무기 파괴보다 높은 기술을 필요로 하지만 가벼운
무기로도 할 수 있다

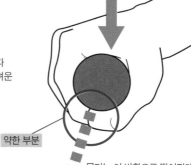

손등 방향에서
내려치기를 감행한다

약한 부분

무기는 이 방향으로 떨어지게 된다

『머리 부분』이 있는 무기에 대한 디스암

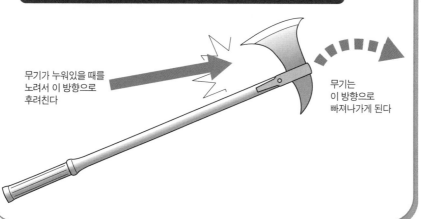

무기가 누워있을 때를
노려서 이 방향으로
후려친다

무기는
이 방향으로
빠져나가게 된다

관련항목

곤봉 ~ 쿼터스태프 quarterstaff

육척봉, 곤봉, 롯드(rod)

나무나 금속으로 만들어진 길고 튼튼한 봉. 공격이나 방어에는 봉의 한 쪽 끝만이 아닌, 각각의 끄트머리를 모두 사용해서 상대방의 몸을 때리거나, 찌르거나 해서 사용한다. 일반적으로 거의 방어구를 착용하지 않은 상대방에 대해서 사용하는 무기이다.

어느 부위를 사용해도 일정한 공격력을 발휘한다

곤봉은 검이나 창과는 관련이 없는 서민의 무기로서 널리 퍼졌다. 일본에서는 『육척봉』으로 알려진 무기인데, 표준적인 6척(약 180㎝) 크기 이외에도 절반 크기의(3척 = 약 90㎝) 『반봉(요절봉)』이나 4척 5촌(약 135㎝)의 『지팡이(유절봉)』 등의 종류가 있다.

같은 "긴 무기"의 부류에 속하는 창이나 폴 암 등은 공격의 핵심이 되는 날 부분이 끝에 달려있어서, 데미지를 입히기 위해서는 그 부분을 상대방에게 명중시킬 필요가 있었다. 그러나 전체가 자루이면서, 또 타돌이 가능한 부위이기도 한 봉은, 어느 부분을 사용해도 동일한 강도와 공격성을 갖추고 있다. 물론 날이 달려있지 않으므로 "상대적인 공격력"을 따지자면 창이나 폴 암에 미치지는 못하지만 『타격』이나 『찌르기』의 위력에 관해서는 무기로서 충분한 위력을 갖추고 있다.

봉의 최대의 특성인 "타점을 따지지 않는다 = 끝부분뿐 아니라 어느 부위를 사용해서도 공격할 수 있다"는 이점은, 품 속에 적이 파고 들었을 때 공격력을 봉인당하고 만다는 긴 자루를 가진 무기의 약점을 보완하는 것으로, 상대방과의 간격을 유지하면서 공격 속도를 유지하는 것이 가능하다. 창이나 폴 암은 창 끝이 빗나가면 일단 다시 무기를 빼서 태세를 다시 갖춰야 하는 데 반해, 어디를 사용해도 같은 공격력을 발휘할 수 있는 봉이라면, 빗나간 쪽과 반대쪽 끝 부분을 연달아 내질러서 연속 공격이 가능하게 된다.

봉술이나 장술의 달인은 『중국의 수도사』나 『쿵푸 파이터』와 같은 이미지가 있으나, 봉이라는 무기 자체는 전 세계적으로 사용되고 있다. 일본에서도 집단 전투를 할 때, 창 끝이 부러진 무사가, 창의 자루만을 휘둘러서 봉처럼 사용하여 싸웠었고, 범인을 잡을 때에도 『사스마타刺又:자차』라고 하는 끝부분에 U자 모양의 쇠가 달린 봉을 사용해서 범인을 무력화시키곤 했다.

봉도 훌륭한 무기

쿼터 스태프
길이 : 1.8 ~ 3m
무게 : 800g ~ 2kg

소재는 주로 떡갈나무(오크목재)를 사용하며,
적당히 미끄러지도록 가공되어있다.

굵기는 2㎝ ~ 3.6㎝정도로, 전체적으로 균일하다.
사용자의 체격에 맞춰 만들어진다.

자루의 모양은 둥근 것 외에도,
타원이나 각진 것도 존재한다

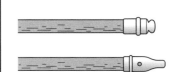

양 끝에 금속으로 된 타돌부(물미)를
갖추고 있는 것도 많다

봉의 길이와 속칭

수절봉 (20cm미만)

중지 끝에서 손목 정도까지의 길이

주절봉 (40cm 전후)

중지 끝에서 팔꿈치 정도까지의 길이

요절봉 (90cm 전후)

지면에서 허리 정도까지의 길이

유절봉 (120cm 전후)

지면에서 젖꼭지 정도까지의 길이

이절봉 (160cm 전후)

지면에서 귀에 닿는 길이

육척봉 (180cm 이상)

자기 키보다 약간 더 긴 정도

관련항목
◆ 창은 기병의 무기? 보병의 무기? → No.015
◆ 폴 암(pole arm)이라는 무기 → No.017

투척창 ～ 재블린 javelin

스로잉 스피어(throwing spear)

상대방에서 던져서 사용하는 것을 목적으로 한 무게가 가벼운 창. 자루는 주로 나무로 만들어져 있고, 금속제 창 끝은 잘 꽂히게 하기 위해 예리하게 만들어져 있다. 너무 길어도 던지기 어렵기 때문에, 크기는 1~2m정도로 숏 스피어(short spear)정도의 길이다.

투척무기로서의 창

재블린의 사용법은 단순하다. 상대방이 시계에 들어오면 던진다. 두 개째가 있다면 그 것도 던진다. 아무튼 상대방과의 거리가 좁혀지기 전에 마구 던진다…, 그 뿐이다. 투척용 창으로서의 재블린에 담긴 고안들은 사정거리나 명중률을 높이는데 크게 공헌하였지만, 반면 보통 창처럼 사용하기에는 적절하지 않은 구조를 낳았기 때문이다.

상대방의 창이나 폴 암과 맞대결을 하려고 할 경우에 문제가 되는 것이 자루의 강도이 다. 재블린의 자루는 가볍고 간소하게 만들어진 것이 많다. 이것은 『너무 무겁고 튼실한 창이면 던지기도 힘들고, 비거리도 안 나온다』『그냥 던지기만 할거면 자루에 가해지는 힘은 크지 않으므로 튼튼하게 만들 필요가 없다』라고 하는 이유 때문인데, 이로 인해 거 의 일회용품 수준의 강도가 되고 말았다. 왜 이렇게 까지 연약하게 만들었는고 하면, 상대 방이 다시 던져올까 두려웠기 때문이다. 마찬가지 이유로 창 끝의 금속도 한 번 더 벼리는 가공을 해서 한 번 꽂힌 창 끝은 재활용 할 수 없게 하였다.

재블린은 투척에 적합하지만 근접전투에는 사용하기가 어렵다. 즉 덩치를 키운 『화 살』과 같은 것이라 할 수 있다. 괜한 미련을 보이면서 들고 있지 말고, 상대방을 발견했다 면 망설임 없이 던져버리는 것이 좋다. 먼 길 오면서 무겁게 재블린을 들고 왔는데, 그 성 능을 발휘하지도 못한 채 상대방이 접근해 버린다면 보석을 들고도 그냥 썩히는 꼴이다.

던질 때에는, 자루에 달려있는 끈을 사용해서 재블린에 회전을 더해주는 것을 잊어서 는 안 된다. 자루에 감은 끈의 끄트머리를 들고 던지면, 팽이가 돌듯이 자루가 회전하면서 궤도가 안정되는 효과가 있다. 또한 『스피어 스로워 spear thrower』라고도 불리는 투척기구를 사용할 경우, 보다 사정거리와 명중률을 높일 수 있다.

재블린을 던지기 위한 다양한 고안

재블린

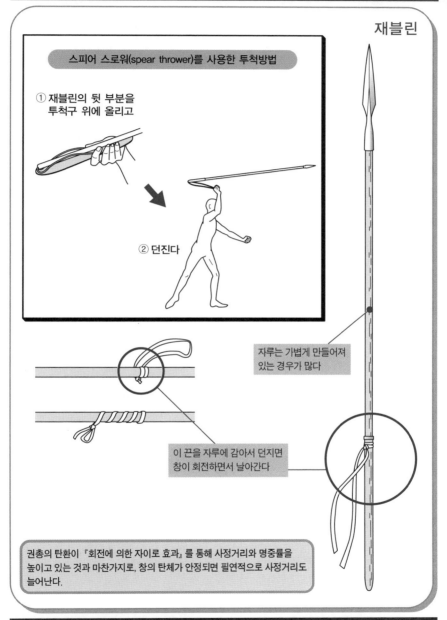

스피어 스로워(spear thrower)를 사용한 투척방법

① 재블린의 뒷 부분을
투척구 위에 올리고

② 던진다

자루는 가볍게 만들어져
있는 경우가 많다

이 끈을 자루에 감아서 던지면
창이 회전하면서 날아간다

권총의 탄환이 『회전에 의한 자이로 효과』를 통해 사정거리와 명중률을
높이고 있는 것과 마찬가지로, 창의 탄체가 안정되면 필연적으로 사정거리도
늘어난다.

보병창 ~ 스피어 spear

롱 스피어(long spear), 숏 스피어(short spear), 윙드 스피어(winged spear)

유럽에서 사용되었던 창으로, 긴 자루의 끝부분에 끝이 뾰족한 금속 창 끝을 덧씌운 것. 높은 공격력을 지닌 것에 비해 저렴한 가격으로 제조할 수 있고, 취급과 훈련에 높은 기량이 필요하지 않았던 관계로 군용무기로 많이 사용되었다.

 ## 그저 한결같이 집단전투에서 사용

서양의 『스피어』는 일본이나 중국의 창에 비해, 찌르기에 특화된 사용방법을 취한다. 창 끝에도 일단은 칼날이 붙어있기는 하지만, 그것은 예리하게 함으로써 보다 잘 꽂히게 하기 위한 목적이지, 무엇인가를 『베기』 위한 날은 아니다. 일본이나 중국의 창은 찌르는 것 외에도 『베기』『때리기』등의 옵션을 가정하고 있어서, 말에 탄 무장이나 영웅의 무기로 사용되었다. 유명한 무장의 일화나 『삼국지연의』등의 소설에도 이러한 흐름이 반영되어 있는데, 서양의 스피어가 이름있는 기사나 왕의 무기로 전장을 누볐다는 이야기는 찾기 힘들다.

판금갑옷과 같은 방어력이 높은 장갑이 발달한 서양에서는, 스피어는 보병이 사용하는 집단전술용 무기로 사용되었다.

초기의 스피어는 방패와 조합해서 사용하는 백병전용 무기로, 뒤에 등장하는 롱 스피어 보다 짧다는 의미에서 『숏 스피어』라고 불리지만, 검이나 곤봉을 장비한 상대와 비교했을 때는 충분한 길이가 있었다. 숏 스피어를 장비한 병사는 방패에 몸을 숨기고, 어깨너머로 스피어를 들고 태세를 갖추어 상대를 위협하면서 접근하여, 그대로 푹 하고 찔러버리는 것이었다. 이 자세는 똑같은 동작으로 스피어를 던질 수도 있었기 때문에, 활 등의 원격무기가 보급되기까지 집단전투의 주체가 되었다.

숏 스피어를 활용한 집단전술이 확립되자, 이번에는 보다 유리한 고지를 점령하기 위해 스피어의 자루를 길게 만드는 움직임이 생겨났다. 이렇게 해서 나타난 것이 『롱 스피어』이다. 롱 스피어는 집단으로 허리춤에 들어 자세를 잡고 적을 위협하며, 기병을 견제한다. 이러한 전술의 원점에는 유명한 고대 그리스의 『팔랑스 phalanx, 밀집 진형 전술*』가 있으나, 통제된 움직임이 가능한 부대행동이 없으면 효과가 반감되기 때문에, 사용법의 단순함과는 달리 대열을 유지하기 위해 엄격한 훈련을 할 필요가 있었다.

*편집부 주 : 여기에 참여하는 병사를 흔히 호플리테스(Hoplites)라 부르며 이는 그들이 들고 다니던 방패 호플론(Hoplon)에서 유래한다.

저렴하지만 효과적인 무기

창 끝의 종류

날개모양의 돌기가 달린 것은 『윙드 스피어』라고 불렸다

창 끝은 연필 뚜껑 같은
『소켓 방식』이 일반적이었다

어깨 높이로 들어서 상대방을 견제한다

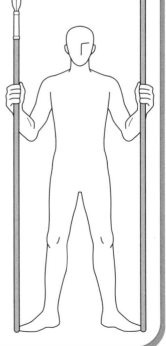

롱 스피어
길이 2 ~ 3m정도

숏 스피어
길이 1.2 ~ 2m전후

일본의 도창 ~ 나기나타薙刀:치도

나기나타, 장도

일본의 대표적인 폴 암. 옛날에는 『장도』라고도 했으며, 긴 자루의 끝에 일본도처럼 휘어진 도신이 달려있다. 같은 외형의 무기로 태도에서 발전한 『나가마키(장권)』이 있으나, 이와 달리 나기나타는 창으로부터 발전한 무기이다.

가마쿠라·남북조시대의 주력무기

나기나타라고 하면 여자의 무기라는 인상이 강하지만, 그것이 과연 『여자도 쓸 수 있는 2선급의 무기』를 뜻하는가 하면 이는 엄청난 착각이다. 전투병기로서의 나기나타는 위력·사정거리 모두 도를 뛰어넘는 강력한 무기이며, 창에 의한 집단전술이 생겨나기 전까지는 기마무사의 든든한 짝이었다.

나기나타의 사용법은 창과 도를 겸하는 형태로, 창처럼 찌르고, 도처럼 베어 넘길 수 있다. 창과 마찬가지로, 말 위에서 사용할 때에는 그 사정범위가 큰 무기가 되고, 휘어진 도신은 말을 타고 달리면서 벨 때에 안성맞춤이었다.

도보로 싸울 때에도, 도검을 상대로 한다면 밀리지 않는다. 도의 간격 밖에서 공격할 수 있는 점, 원심력을 이용한 속도와 때려 넣는 위력, 그리고 도로는 방어하기 어려운 하반신이나 발목 밑을 공격할 수 있는 점 등, 유리한 요소를 두루 갖추고 있다. 물론 『품 속에 적이 파고들면 불리』한 것은 자루가 긴 무기라면 어떤 것이든 마찬가지이지만, 역시 먼저 공격할 수 있는 권리를 가진다는 것은 큰 강점이다.

앞에서 다룬 나가마키와의 관계에 대해서는 여러 가지 설이 있는데, 『나가마키는 나기나타의 전신이다』라고 하는 설이나 『나가마키는 태도의 발전형, 나기나타는 창의 발전형이므로 서로 다른 종류의 무기이다』 하는 설 등 다양하지만, 도검에 비해 창병기를 주로 다루는 전문가는 적은 편이어서, 아직까지도 그 기원은 확실하지 않다.

전국시대에 와서는 나기나타에 의한 기병전이 사라지고, 기마무사의 무기는 창으로 변하게 되었다. 나기나타의 도신은 창보다 도에 가까운 것이었으므로, 더 이상 쓰지 않게 된 나기나타는 도나 와키자시로 재이용되게 된다. 또 나기나타를 사용한 전투술(나기나타술)이 무사집안의 여성의 취미로서 퍼지게 된 것도 사실이나, 시대극 등에서 자주 볼 수 있는 『성이나 가문의 위기가 닥쳤을 때 나기나타를 들고 나타난 여성이, 결국은 도를 든 수상한 협객에게 처참히 패배하는』 장면만큼 쓸모없는 무기는 아니었다고 믿고 싶다.

기마전의 꽃

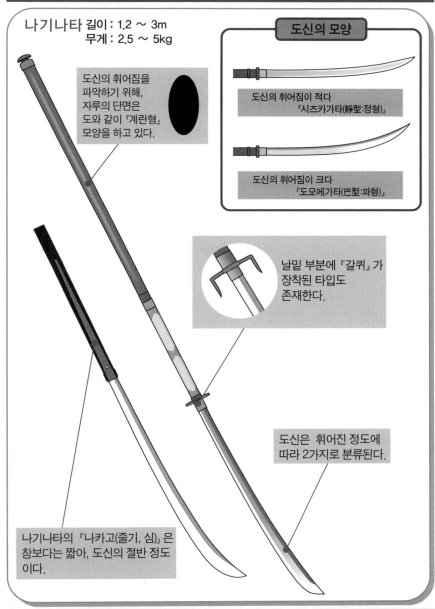

나기나타 길이 : 1.2 ~ 3m
무게 : 2.5 ~ 5kg

도신의 휘어짐을 파악하기 위해, 자루의 단면은 도와 같이 『계란형』 모양을 하고 있다.

도신의 모양

도신의 휘어짐이 적다
『시즈카가타(靜型:정형)』

도신의 휘어짐이 크다
『도모에가타(﨑型:파형)』

날밑 부분에 『갈퀴』가 장착된 타입도 존재한다.

도신은 휘어진 정도에 따라 2가지로 분류된다.

나기나타의 『나카고(줄기, 심)』은 창보다는 짧아, 도신의 절반 정도 이다.

관련항목
◆ 도라는 것은 어떤 무기인가? → No.008
◆ 칼자루가 긴 태도(다치) ~ 장권(나가마키) → No.029
◆ 전국무장의 주요무기 ~ 겸창 → No.046

큰 낫 ~ 데스 사이드 Death scythe

사이드(scythe), 식클(sickle), 폴 식클(pole sickle)

긴 자루의 끝 부분에 낫 모양의 날이 달린 무기. 일본에서는 사신의 낫이라는 이미지 때문에 『데스사이드 = 처형 낫』 이라는 이름이 정착해 있지만, 굳이 말하자면 속칭에 가깝고, 무기로서의 명칭은 아니다.

 ## 농기구→무기 인 서양 폴 암의 기본 패턴

큰 낫은 본래, 풀을 베기 위한 농기구로 사용하던 것이다. 물론 군대가 정식으로 사용할 만큼 뛰어난 품질의 것은 아니고, 17세기경에 빈번하게 발생했던 농민반란에서 비정규군의 급조무기로서 사용된 정도이다. 이 풀 베기용 농기구는 일본의 낫처럼 생긴 모양은 아니었고, 절단계 폴 암인 글레이브와 닮은 『시어sheer』 라고 하는 무기이다.

실재하는 시어와 사신이 "영혼을 사냥하는" 이미지에서 파생되어 탄생한 것이 자루가 길고 커다란 낫 『데스 사이드』 인데, 이 무기를 사용해서 근접전투를 유리하게 이끌어가려고 한다면 대단한 각오가 필요하다.

우선 데스 사이드의 도신은, 날이 안쪽에 밖에 없다. 이 날로 상대방을 둘로 갈라버리겠다고 생각했다면, 우선 『낫의 안쪽』까지 상대방을 끌어들이지 않으면 안 되는데, 끌어들인 상대방은 반드시 라고 해도 될 정도로 "간격을 좁히려고" 이쪽을 향해 돌진할 것이다. 그런 타이밍에 낫을 당겨봤자, 얼마나 데미지를 입힐 수 있을까?

이러한 사태를 피하기 위해서는, 이제는 『등 뒤에서부터의 공격』에 매진하는 수 밖에 없다. 『사신의 낫(데스 사이드)』라는 이름에 걸맞게, 기습에 의해서 상대방의 목숨을 낚아채 버리는 것이다. 이 방법이라면 멀리서부터 공격이 가능하다는 긴 자루의 이점을 활용할 수 있고, 상대방은 도망칠 곳을 큰 낫의 도신으로 막힌 모양새가 되므로, 피하기도 어렵다. 노리는 곳은 물론 목덜미지만, 피하기 어렵다는 점을 고려한다면 몸통이고, 방어가 취약한 발목을 노리는 것도 효과적이다.

실용적인 긴 자루 낫으로는 일본의 『나이가마薙鎌：치겸』이 있다. 나이가마의 날은 데스 사이드처럼 커다란 것은 아니고, 일반적인 낫 정도 크기였기 때문에, 상대방을 걸어 넘어뜨리거나, 말 위의 적을 끌어내리거나, 수상전에서 적의 작은 배를 끌어오거나 하는 등 훅이나 픽 처럼 사용되었다.

사신의 전용무기?

데스 사이드 길이 : 2m전후
          무게 : 2 ~ 2.5kg

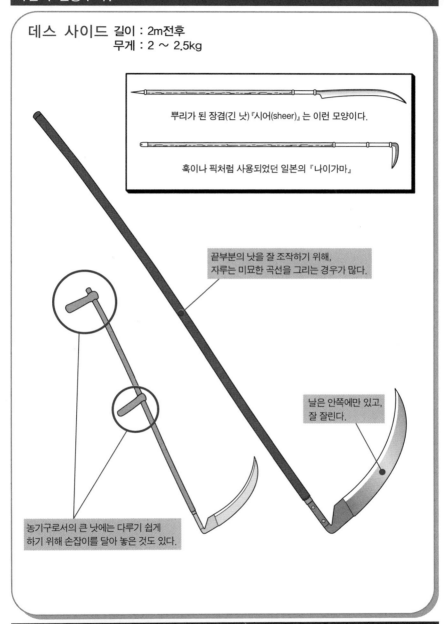

뿌리가 된 장겸(긴 낫)『시어(sheer)』는 이런 모양이다.

훅이나 픽처럼 사용되었던 일본의 『나이가마』

끝부분의 낫을 잘 조작하기 위해,
자루는 미묘한 곡선을 그리는 경우가 많다.

날은 안쪽에만 있고,
잘 잘린다.

농기구로서의 큰 낫에는 다루기 쉽게
하기 위해 손잡이를 달아 놓은 것도 있다.

관련항목
◆ 폴 암(pole arm)이라는 무기 → No.017

채찍 ～ 윕whip

뷰트(bute)

짧은 자루 끝에, 가죽이나 동물의 털로 짠 1~3m의 끈이 달린 무기. 끈의 끝부분에 달려있는 작은 무게추는 물건에 감을 때의 조작성을 높여주는 외에도 직접 상대방에게 맞춰서 데미지를 입힐 수도 있다.

자, 무릎을 꿇어라!

채찍은 본디 소 등의 동물을 몰기 위한 도구이다. 유연한 가죽끈 끝에 작은 무게추가 달려있어서, 그것을 재빨리 휘두른다. 능숙하게 다루기는 어렵지만, 훈련을 쌓은 이가 구사하는 채찍의 끝부분은 음속조차 뛰어 넘는다고 하며, 명중하면 가죽이 찢기고 살이 터지게 된다. 이런 물건으로 가축을 때리면 상품가치가 격감하기 때문에, 평상시에는 채찍을 휘두를 때의 충격파를 이용해서 동물을 조종한다.

가축을 때리는 거라면 아깝지만, 잡은 포로나 인질일 경우 문제없다. 이리하여 채찍은 인간에 대한 고문에 사용되게 되었으나, 어차피 가죽 끈이라 뼈를 부수거나 내장을 파열시키는 정도의 위력은 없기 때문에 『죽음의 공포』를 안겨준다기 보다는 『아픔에 의해 상대방을 굴복 = 무력화시킨다』고 하는 의미가 좀더 강하다.

전투에서 사용할 경우에는 상대방을 견제하면서 무기를 떨구게 하거나, 손 발을 감아서 무력화 시킨 다음, 반대쪽 손에 든 단검 등의 무기로 공격을 가하는 패턴이 된다. 끝부분의 무게추를 칼날이나 침으로 바꾼 공격용 채찍으로 『윕 대거whip dagger』라고 하는 것이 있으나, 보통 채찍처럼 끝 부분으로 땅을 때리거나 할 수 없으므로 다루기가 한 층 더 어렵다.

채찍은 이를 사용하여 때리는 경우나, 휘감는 경우나, 상대방과 어느 정도 거리가 있어야만 효과적으로 사용할 수 있다. 액션 영화 등에서는 로프 대신에 사용하기도 하지만, 이러한 사용법은 최고수준의 실력을 가진 고수나 할 수 있는 것이다.

그들에게는 높은 곳에서 떨어졌을 때 가까이에 있는 것에 감아서 생명줄 대용으로 사용하거나 천장의 들보에 감아서 구덩이에서 탈출하는 일 따위는 식은 죽 먹기이며, 도망치는 적을 멀리서부터 포획하거나, 멀리 있는 물건을 채찍으로 당겨 오거나, 빼앗는 등, 채찍을 마법의 손처럼 사용할 수가 있다.

맞으면 눈물나게 아프다

채찍

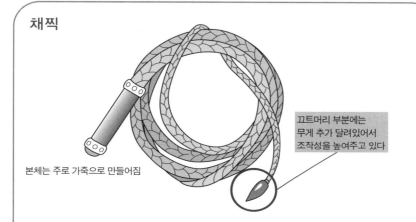

본체는 주로 가죽으로 만들어짐

끄트머리 부분에는
무게 추가 달려있어서
조작성을 높여주고 있다

끝에 날붙이가 달린 『윕 대거』

공격력을 얻은 대신에, 안 그래도
다루기 어려운 채찍이 한 층 더
쓰기 어려워 졌다

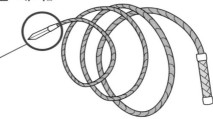

채찍을 쓰는 사람

그들은 멀리 있는 것을 튕겨내거나, 가까이로 당겨오는 등,
남들이 할 수 없는 것을 너무도 쉽게 해내곤 한다.
그들에게 있어 채찍은 『제 2의 손』이나 다름없는 것이다.

원근양용 ~ 구사리가마鎖鎌:쇄겸,사슬낫

체인 식클(chain sickle)

낫과 분동을 사슬로 연결한 무기. 낫은 『농기구로서의 낫』에 비해 튼튼하고, 칼날 부분도 『가타나와 동일한 수준의 질 좋은 소재』를 사용하고 있다. 자루도 튼튼하게 만들어서, 칼을 받아내기 위한 날밑이나 갈퀴 등이 장착된 것도 있다.

낫과 분동의 복합무기

한 손에는 낫을 들고, 반대쪽 손에는 사슬을 들고서는 붕붕 휘두른다. 사슬의 끄트머리에 달린 추를 상대방의 무기에 감아서 조금씩 거리를 좁히고는, 낫을 이용해 푹하고 찔러준다. 사슬낫을 사용해서 싸울 때의 이미지는 대략 이런 모습일 것이다. 이것은 물론 맞는 이야기이긴 하나, 사용법으로 볼 때는 소수파의 이야기였던 듯 하다.

이러한 전법에 사용되는 사슬낫은 『사슬이 낫 자루의 밑 부분에 달려있는』형태의 것으로, 사슬의 길이도 2~3m정도로 길게 만들어져 있다. 겉으로 보이는 임팩트가 크기 때문에 픽션의 등장 인물 등에게 인기가 높으나, 한 손을 다치거나 했을 경우에는 사슬을 사용할 수가 없게 되어버린다.

일반적인 사슬낫은 낫의 끝 부분에 사슬이 달려있는 형태가 많다. 날의 크기는 작지만 양날인 경우도 있다. 사슬의 길이는 1m전후로 다소 짧고, 낫 자루와 함께 휘둘러서 사용한다. 이런 형태의 사슬낫은 한 손으로도 충분히 그 기능을 발휘할 수 있고, 휘두른 분동으로 상대방을 때리는 것은 물론, 팔이나 무기에 감아서 당겨온 다음 낫으로 공격하는 전법에도 유용하다.

어떤 형태의 사슬낫이라도, 폴 암 수준의 간격을 가지고 싸울 수 있으면서, 전투시 외에는 간편하게 들고 다닐 수 있다. 강력한 무기라는 인상은 약한 편이지만, 서양 기사와 같은 판금 갑옷으로 무장한 적이 아니라면, 낫이나 분동을 이용한 공격만으로 충분히 치명상을 입힐 수 있다. 무엇보다 원거리 간격과 근거리 간격 양 쪽에 대처할 수 있는 무기란 그리 흔한 것이 아니다. 편리한 무기이면서도 주류가 되지 못했던 것은, 쉽게 말해 다루기가 어려웠기 때문일 것이다. 도나 창과 달리 사슬낫은 능숙하게 다룰 수 있는 경우와 그렇지 못한 경우의 위력 차이가 심해서 『숙련된 고수』외에는 무기로서의 기능을 거의 발휘할 수 없다.

사슬로 감아서 낫으로 벤다

구사리가마

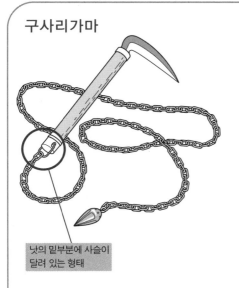

낫의 밑부분에 사슬이
달려 있는 형태

잘 알려진 모양새지만 구사리가마
중에서는 소수파. 낫과 분동을 병용하여
공격할 수 있지만 효과적으로 다루려면
양손이 필요하다

낫의 윗부분에 사슬이
달려 있는 형태

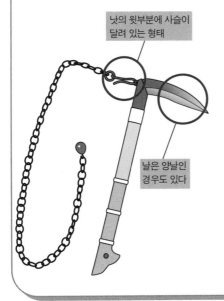

날은 양날인
경우도 있다

사슬의 길이는 짧은 편이고 분동에 의한 공격은
『낫으로 결정타』를 가하기 위한 견제나 포석인
경우가 많다

관련항목

◆ 도라는 것은 어떤 무기인가? → No.008
◆ 창은 기병의 무기? 보병의 무기? → No.015

◆ 폴 암(pole arm)이라는 무기 → No.017

일발필중 ~ 스로잉 나이프

던지는 나이프, 던지는 침, 스로잉 대거(throwing dagger)

나이프 중에서도 특히 『던지는 것』을 염두에 두고 만들어진 것. 일반적인 나이프나 대거 류는 던져도 날 끝이 상대방에게 꽂힐지 알 수 없이 운에 맡기게 되는데, 스로잉 나이프는 날 끝이 던진 방향을 향하도록 중심이 조절되어 있다.

위력은 낮지만 얕잡아 볼 수 없다

나이프는 식재료를 자르거나, 간단한 목공작업 등을 하기 위한 일상용품이다. 무기로 사용하기에는 다소 미덥지 못하지만, 크기가 작고 어디에나 있기 때문에 긴급히 피난을 해야 하는 경우 등에 사용하기에는 적절했다. 즉, 『순간적으로 던져서 일단은 그 장소를 벗어난다』와 같은 용도이다.

어차피 무기로서의 강도는 기대하기 어렵기 때문에, 차라리 투척 전용으로 만들어버리면 강도의 문제는 넘어갈 수 있다. 일상용품을 바탕으로 하기 때문에 저렴하게 여러 벌을 소지하고 있을 수 있고, 일회용이라 해도 그리 아깝지 않다. 이렇게 해서 『무기로서의 던지는 나이프』가 탄생한 것이다.

스로잉 나이프는 탄체로서의 용도에 특화된 탓인지 작고, 얇고, 예리하게 되어있어서, 보통은 몇 자루 ~ 몇 십 자루를 한꺼번에 들고 다닌다. 독을 발라두거나 하지 않는 이상은 두렵지 않다고 생각되고 있으나, 그래도 눈이나 목 등의 급소에 맞으면 치명적이다. 위력은 낮지만 간단하게 숨길 수 있으므로, 전투중의 견제용으로 쓰이는 일도 많다. 나이프 자체의 데미지로 즉사하는 일은 없으나, 서로의 수준이 비슷한 싸움에서는 치명상이 된다. "한 순간의 빈틈" 이란 것을 만들어 내기 때문에 주의할 필요가 있다.

던지는 화살이라고 불리는 『다트dart』도 스로잉 나이프의 한 종류라고 생각할 수 있다. 이것은 다트게임에 사용되는 화살 같은 모양을 한 무기로, 찌르는 것만을 고려하고 있으므로 『소형 재블린』이라고도 할 수 있다. 재블린은 공기저항문제로 화살 깃이 달려있지 않지만, 길이도 짧고 사정거리도 짧은 다트에는 깃이 달려있다. 이 때문에 직진성이 높고, 노린 곳을 맞추기가 쉽다. 만화 『블랙 잭』의 주인공 무면허 의사는 난동이 일어났을 때를 대비한 무기로 『수술용 메스』를 스로잉 나이프처럼 던지는데, 백발백중이라고도 할 수 있을 투척기술의 기초가 된 것은 어릴 적 연습했던 장난감 다트였다.

투척용으로 균형이 조절된 『탄체』

스로잉 나이프

던졌을 때 날 끝이 앞을 향하도록 무게 중심이 조절되어있기는 하지만,
그래도 제대로 던지려면 훈련이 필요하다.

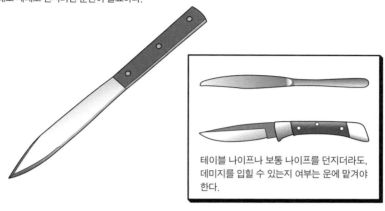

테이블 나이프나 보통 나이프를 던지더라도,
데미지를 입힐 수 있는지 여부는 운에 맡겨야
한다.

다트

『소형 재블린』이라고도 부를 수 있는 것으로 비거리는 짧지만
사정거리 내라면 거의 확실하게 목표에 꽂힌다

세상에는 이런 것을 던져서 자기주장을 하는
강자도 존재한다. 그들은 『정신병자와 종이
한 장 차이』인 경우가 많으므로, 불운하게도
이런 사람을 상대하게 되었을 때는 충분한 주의가
필요하다.

관련항목

◆ 원거리 공격용 무기 『미사일 웨폰』→ No.019   ◆ 투척창 ~ 재블린(javelin) → No.073

어둠 속에 숨어서 ～ 수리검

닌자 다트(ninja dart)

적의 전투능력을 경감시키기 위해 상대방에게 던지는 무기. 평평한 별 모양의 『차 수리검(구루마슈리켄, 차장도 칼)』과, 연필처럼 뾰족한 『봉 수리검』이 있는데, 전자는 명중률이 뛰어나고, 후자는 위력과 휴대성면에서 앞선다.

숙련자를 위한 투척무기

수리검은 일본판 스로잉 나이프라고도 할 수 있는 무기인데, 나이프나 작은 칼을 투척용으로 발전 시킨 것이 아니라, 일회용 투척 무기로서 사용되는 것만을 대전제로 하고 있다. 칼자루에 해당하는 부분이 없는 것도 "던져서 밖에 쓰지 않는 무기에 칼자루 따위 필요 없다" 라는 생각이 영향을 준 것으로, 근접전투도 고려한 『구나이^{苦無}』등의 무기와는 확연히 구분된다고 할 수 있다.

수리검이라고 하면 우선 떠오르는 것은 닌자 핫토리 군이 사용하는 듯한 십자가 형의 수리검일 것이다. 이 형태는 『차 수리검(차검)』이라고 불리는 것으로, 칼날이 네 개인 『십자 수리검』『사방 수리검』이외에도, 날이 여섯 개인 『육방 수리검』이나 卍자 모양 날을 가진 『만 수리검』등이 있다.

차 수리검을 사용할 적에는 칼날을 손가락 사이에 끼워서 던지는 『회전타법^{the full-turn throw*}』라고 하는 방법을 사용한다. 손을 떠난 수리검은 회전하며 날아가서 목표물에 꽂히는 것인데, 차 수리검은 칼날이 여러 개가 있어서 "맞기는 했는데, 칼날이 안 꽂혔다" 라고 하는 일이 적다.

차 수리검은 비행시의 안정성이 뛰어나고 목표에도 잘 맞는 반면, 바람을 가르는 소리가 커서 상대방이 눈치를 챌 위험이 높았다. 이에 주목 받게 된 것이 『봉 수리검』이다. 이것은 금속봉의 끝을 뾰족하게 만든 수리검으로, 차 수리검보다 깊숙이 박히기 때문에 데미지도 크다. 또 봉 모양이기 때문에 한 개씩 나눠서 들고 다니더라도 가지고 다니는 데 큰 장소를 차지하지 않는 다는 장점이 있다.

봉 수리검을 던지는 방법은 여러 가지가 있으나, 서커스의 나이프 던지기처럼 "칼 끝을 손목 쪽을 향하게 해서" 던지는 『반회전타법^{역회전타법, the half-turn throw}』과 칼 끝을 상대방을 향하게 해서 던지는 『직타법^{no-spin throw}』이라는 방법이 일반적이다. 어느 방법도 수리검이 화살처럼 직선궤도를 그리며 목표를 향해 날아가는 것은 아니므로, 던졌을 때에 생기는 흔들림이나 회전을 계산해 두지 않으면 명중하지 않는다.

*편집부 주 : 수리검의 투척법을 타법(打法)이라 부르는 것은 수리검도 검과 마찬가지로 혼을 담아 상대를 '치는(打つ)' 무기이기 때문이라고 한다.

수리검의 종류

차 수리검(차검)

안정적으로 날아가서 명중률도 높았기 때문에,
불씨를 매달아 화재를 일으키는 데에도 사용되었다.

구나이

대거와 같이 접근전에서도 사용할 수 있었던 것
말고도, 삽이나 부싯돌 대용으로 쓰였다.

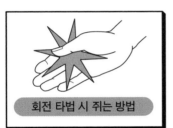

회전 타법 시 쥐는 방법

봉 수리검

상대방에게 깊숙이 박히면서,
휴대하기도 편리하다.

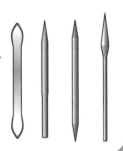

봉 수리검을 던지는 방법

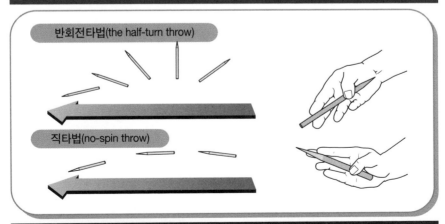

반회전타법(the half-turn throw)

직타법(no-spin throw)

관련항목

◆ 원거리 공격용 무기 『미사일 웨폰』 → No.019

◆ 일발필중 ~ 스로잉 나이프(throwing knife)
→ No.079

소리없는 사냥꾼 ~ 블로우 파이프^{blow pipe}

블로우 건(blow gun)

대롱 끝에서 작은 화살이나 침을 날리는 무기. 사정거리는 짧고, 발사되는 화살이나 침도 작기 때문에 데미지는 적다. 그러나 독이나 마취약 등과 함께 사용되는 경우가 많아서, 그 효과에 따라서는 치명적인 무기가 되기도 한다.

폐활량을 이용한 원격 무기

블로우 파이프는 활과 함께 오랜 옛날부터 존재해 온 수렵도구다. 보통 블로우 파이프라고 하면 30㎝정도의 대롱 같은 것을 상상하는데, 무기로서의 정밀도나 사정거리를 생각한다면 1m정도의 길이는 필요하다.

블로우 파이프는 『탄환』이 되는 작은 화살이나 침을 인간의 숨의 압력(=폐활량)에 의해 발사하는 구조이므로, 사정거리는 기껏해야 9~18m정도이다. 맞아 봐야 그리 큰 피해는 기대할 수 없으나, 능숙한 사수에 의한 명중률은 아주 높아서, 눈이나 귀 등의 급소에 맞을 경우 전투능력을 상실할 위험도 높다.

발사음이 거의 없기 때문에 암살 등에 사용되는 일도 많고, 그 경우에는 반드시 독이 함께 사용된다. 사정 거리 안이라면 화살의 속도도 꽤나 빠르기 때문에, 그 작은 크기 탓도 있어 표적이 된 상대가 화살을 피하는 것은 매우 어렵다.

발사하는 탄은 화살이라기 보다는 침에 가까운 모양으로, 화살 깃에 해당하는 부분에는 새 깃털 따위가 심어져 있다. 이 날개의 부분이 적당한 마개 역할을 해서 파이프 내부의 압력을 높이고, 화살에 힘을 실어주는 역할을 한다. 또 이 날개는 발사 전에 화살을 파이프에 넣을 때, 그대로 쏙 하고 대롱에서 미끄러져 나가버리지 않게 하는 멈춤장치 역할도 담당하고 있다.

바늘 만을 입에 넣어서 상대방에게 날리는 『후쿠미바리^{含み針}』도 블로우 파이프의 일종이라 할 수 있다. 『마우스 다트^{mouse dart}』라고도 불리는 이 공격법은, 총신에 해당하는 바람총의 대롱부분이 없어서 사정거리도, 명중률도 대수롭지 않지만, 상대방의 의표를 찌르는 데에는 효과적이다. 한창 서로 격렬하게 싸우는 급박한 상황에 상대방을 견제하거나, 독을 바른 바늘로 상대방의 신체의 자유를 빼앗는 등의 용도로 사용되는데, 블로우 파이프보다 더욱 숙달이 필요한 전투수단이기도 하다. 왜냐하면 전투 중에 대화를 할 수 없을 뿐아니라, 실수로 삼켜버리면 큰일이기 때문이다. 후쿠미바리를 쓰는 사람이라면 버찌의 줄기를 입 속에서 묶을 수 있을 정도의 솜씨는 되어야 할 것이다.

사정거리와 명중의 정밀도는 폐활량에 좌우된다

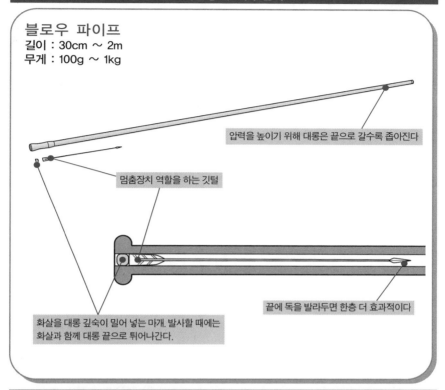

블로우 파이프
길이 : 30cm ～ 2m
무게 : 100g ～ 1kg

압력을 높이기 위해 대롱은 끝으로 갈수록 좁아진다

멈춤장치 역할을 하는 깃털

화살을 대롱 깊숙이 밀어 넣는 마개. 발사할 때에는 화살과 함께 대롱 끝으로 튀어나간다.

끝에 독을 발라두면 한층 더 효과적이다

블로우 파이프의 발사자세

실용적인 크기의 블로우 파이프는 "품 속에서 꺼내어 바로 발사하는" 형태는 아니지만, 정글과 같은 교전거리가 좁은 장소에서 잠복하고 있다가 공격을 할 때에는 큰 위력을 발휘했다.

장궁 ~ 롱 보우long bow

라지 보우(large bow), 대궁

가늘고 탄력이 있는 봉에 시위를 얹고, 그 장력을 이용하여 화살을 날리는 미사일 웨폰. 문자 그대로 긴 활로서, 중세 영국의 궁병이 사용했다. 크로스보우보다 뛰어난 유효사정거리를 지녔으나, 다루기 위해서는 체력과 요령을 필요로 했다.

원거리 공격의 대표주자

롱 보우는 오랜 옛날부터 수렵에 사용되어온 1m정도의 작은 활 = 숏 보우를 시조로, 사정거리와 위력을 강화한 전투용 활이다.

멀리 떨어진 상대방을 공격하는 데에는 창이나 도끼를 던져도 좋지만, 사정거리나 명중률은 그다지 기대하기 어렵다. 활이 일반화하기 전에 군용 투사 무기로 사용되었던 재블린은 명중했을 때의 타격은 컸지만, 병사 한 명당 운반할 수 있는 개수가 적고, 전선에서 보충하기도 어렵다는 문제점이 있었다. 롱 보우는 들고 다니기에 짐이 된다는 점은 재블린과 다를 바 없지만, 예비 화살을 많이 들고 다닐 수 있었기에, 거리낌 없이 쏘아 댈 수 있었다.

롱 보우는 그 크기 때문에, 시위를 당기는 데에 강한 힘이 필요하게 된다. 완력뿐 아니라 "온 몸의 탄력을 이용해서 당겨라"고 할 만큼 이 활은, 영국인이나 웨일즈 인의 강인한 육체가 갖춰졌을 때 비로소 효과적으로 다룰 수 있었다. 14~15세기의 백년전쟁-잔 다르크의 시대에 그들과 싸웠던 프랑스 병사는 롱 보우와 같은 활을 잘 다룰 수 없어서, 유효 사정거리 면에서 뒤떨어지는 크로스보우를 주력장비로 사용했기 때문에 고전을 면치 못했다.

일본의 활도 롱 보우의 범주에 포함되지만, 이쪽은 하나의 소재로 만들어진 『단궁』이 아니고, 다양한 소재를 조합해서 만든 『복합궁컴포짓 보우, composite bow』이다. 또한 롱 보우는 지상에서만 사용되었던 데에 반해, 일본의 기마무사는 말 위에서도 활을 사용했다. 일본의 활이 마상사격용으로 개량된 형태를 하고 있다고는 해도, 말 위에서 활을 사용할 경우에는 작고 시위를 당기는 거리가 짧은 숏 보우나, 소총처럼 조준하여 사격할 수 있는 크로스보우를 사용하는 것이 일반적이다. 일본에서처럼 말 위에서 대형 활을 다루는 경우는 전술적으로도 드문 경우라 할 수 있다.

전투용 활

롱 보우
길이 : 1.5 ~ 1.8m
무게 : 600 ~ 800g

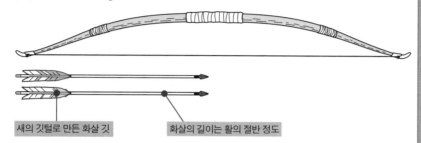

새의 깃털로 만든 화살 깃

화살의 길이는 활의 절반 정도

일본궁(和弓)
길이 : 1.7 ~ 2.2m
무게 : 200 ~ 300g

화살과 화살통

화살은 물푸레나무나 느릅나무로 만들어지고 가장 뛰어난 소재로서 비자나무가 애용되기도 했다.
화살촉으로는 한 번 쓰고 버리기엔 귀중했던 강철이 쓰였으나 그 점을 감안해도 무기 자체를 던져버리는 재블린이나 스로잉나이프에 비하면 가격 면에서 유리하다.

화살통은 허리띠나 벨트에 매단다

관련항목

- 도끼는 야만족의 무기? → No.010
- 창은 기병의 무기? 보병의 무기? → No.015
- 원거리 공격용 무기『미사일 웨폰』→ No.019
- 석궁 ~ 크로스 보우(crossbow) → No.050
- 투척창 ~ 재블린(javelin) → No.073

궁병의 전술

이 데미지를 입을 염려를 하지 않아도 된다. 그렇다면 그 이점을 최대한 활용하여, 상대방이 다가오기 전에 승부를 내는 것이 현명하다.

속사성과 기동성

궁병의 역할은, 우선 첫 번째로 "적의 전력을 깎아내는" 것이다. 중세의 전투는 동서양을 막론하고 『기병의 돌격』에 의해 승패가 결정 나는 일이 많았기 때문에, 그 전에 가능한 한 상대방의 전력을 줄여둘 필요가 있었던 것이다. 기병 한 명당의 전투력이 같다면, 수가 많은 쪽이 이기는 것은 자명한 논리다.

최강의 롱 보우 달인으로 유명한 영국·웨일즈의 궁병부대는, 1분 당 10~12발에 달하는 속도로 화살을 발사할 수 있었다. 그것도 밀집대형으로 병사들을 세운 채, 원거리에서 앙각을 주어 쏘는 것이다. 이 "롱 보우에 의한 탄막"이라고도 할 수 있는 전술에서는 화살이 소위 『곡사 탄도』로 발사되기 때문에, 화살은 상대 부대의 머리 위로 빗발치듯이 쏟아져 내리게 된다.

현대의 군대로 말하자면 『포병부대』에 해당하는 운용법인 셈인데, 그 약점도 같았다. 즉, 상대방이 근접하여 치고 들어오는 데 약했던 것이다. "탄막"이라고 하면 현대에는 『기관총』이나 『기관단총submachine gun』 등을 사용한 비교적 근거리에서 이뤄지는 것을 상상하게 되지만, 아무래도 활은 그 정도의 연사성능은 갖추기 어려워, "접근을 허용하면 끝장"이기 때문에, 롱 보우 사수들은 철저히 원거리 공격에 집중하였던 것이다.

그렇다고 해도 상대방이 치고 들어오는 것을 방어할 수만 있으면, 궁병은 상대방의 전력을 깎아내는 것에 집중할 수 있다. 때문에 발사지점 주변에 장애물을 설치하는 등의 대처법이 이용되기도 했지만, 준비하는 데 어느 정도 시간이 필요할뿐더러, 장애물을 피해 갈 수 없도록 하는 장소의 선정도 중요했다.

부대단위이거나 개인이거나, 궁병은 필요한 때에 적절한 장소를 확보하여 가장 효과적인 타이밍에 화살의 비를 내리게 한 후, 재빨리 이동해서 상대방이 치고 들어오는 것을 피하는 "기동력"이 요구되는 직종이라 할 수 있다. 물론 양 쪽 모두, 상대방의 궁병을 방해하기 위해 야습이나 기습 등 다양한 뒷 공작을 할 것이기 때문에, 궁병을 투입할 때에는 신중하고도 대담한 판단이 요구된다.

수평으로 쏘는 것 보다 각도를 줘서
발사하는 편이 멀리까지 화살을
날려보낼 수 있다.

화살통은 이동할 때 사용하는 것으로,
실제 쏠 때는 미리 지면에 화살을
꽂아두었다.

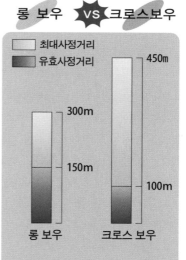

롱 보우 **VS** 크로스보우

□ 최대사정거리
■ 유효사정거리

450m

300m

150m

100m

롱 보우

크로스 보우

최대사정거리에서는 크로스 보우가 더
앞서있지만, 크로스 보우의 화살은
100m를 넘어가면 흔들려서 데미지를
줄 수 없다. 이에 반해 롱 보우는
150m까지라면 안정적으로 화살을
날려보낼 수 있다.

무기의 수명이 다했습니다….

옛날에 『모든 무기에는 사용 횟수가 정해져 있고, 이게 다하면 망가진다』는 규칙이 있는 컴퓨터 게임이 있었다. 말로 해보면 약간 위화감이 있으나, 사실 이 규칙은 그렇게 기이한 것은 아니다.

검의 수명은 도신의 수명

　강철의 제련법이 보급되기 전에는 검 따위에 사용되는 금속의 강화는 『담금질』을 통해 이뤄지고 있었다. 그러나 이 방법으로는 검의 표면밖에 강화할 수 없어서, 내부의 심은 부드러운 채로 둘 수밖에 없었다. 그 검으로 계속 두들기다 보면, 표면의 담금질한 피막은 충격에 의해 점점 약해지고, 결국에는 부러지고(=휘어지고) 마는 것이다.

　그러나 이 경우, 신경을 쓰고 있다면 『왠지 이상하게 휘어지기 시작했네』 『슬슬 위험하겠는걸』 하는 타이밍에 다시 담금질을 하는 등 연명책을 취할 수가 있는데, 개중에는 갑작스레 『돌연사』해버리는 검도 있다. 특히 강철이 소재로서 일반화된 후에는 검의 수명을 재는 것이 어려워져서, 이러한 시기에 정리된 신화나 일화들을 보면 "목숨을 건 승부!" 같은 장면에서 꼭 검이 뚝하고 부러져 버린다. 상대방의 무기파괴에 의해 파괴된다면 모를까, 이런 식으로 패해서야 맘 편히 잠들 수도 없다.

　이러한 사고를 피하는 방법이 있는고 하면, 안타깝지만 없다. 지식과 경험에 의해 부지런히 정비하고 교환하는 수 밖에 없는 것이다. 다시 말하자면, 숙련된 전사일수록 "슬슬 위험할 것 같다" 하는 감이 작용해서, 목숨을 구한다고 할 수 있겠다. 수명이 다 된 검을 재생하는 방법도, 기본적으로는 『불가사의한 초자연현상』에 의존하는 것 외에는 없다. 부러진 검의 자루와 도신을 대장간에 가져가 봤자, 그것을 소재로 새로운 검을 다시 만드는 것은 할 수 있어도 원래대로 깨끗하게 이어서 고치는 것은 무리이다.

　도끼나 해머, 창 등의 무기는 다양한 소재를 조합해서 만드는 경우가 많아서 검과 같이 도신의 소재와 무기로서의 수명이 밀접한 관계가 있는 것은 아니다. 도끼머리나 창 끝과 같은 금속부분은, 상대방의 무기나 방패 등 "단단한 것"을 계속해서 때리다 보면 강도 면에서 한계가 와서 파괴되지만, 이쪽도 역시 대부분은 돌연사이다.

무기의 수명

검의 수명

이상한 모양으로 휘어지기 시작했네?

↓

다시 담금질해서 연명시키자!

↓

강철의 출현과
일반화

강도가 향상된 대신 금속피로의
진행 정도를 파악하기 어려워졌다

↓

돌 연 사

왠지 꼭 부러지지 않았으면
하는 타이밍에 부러진다

수명이 다한 검을 재생시키는 방법

초자연현상에 의지한다

죄다 녹여서
다시 만든다

관련항목

- ◆ 검이라는 무기의 특징이란? → No.007
- ◆ 도끼는 야만족의 무기? → No.010
- ◆ 다양한 종류의 해머 → No.012
- ◆ 창은 기병의 무기? 보병의 무기? → No.015
- ◆ 무기 파괴 → No.041

무기가 없다! 이럴 때 어떡하지?

당장 무기를 가지고 있지 않거나, 상대방에게 무기를 파괴당하거나 빼앗겼을 때, 가장 현명한 것은 "싸우지 않고 도망치는" 것이다. 그러나 반드시 싸워야만 하는 상황에서는, 서둘러 뭔가 다른 무기를 찾아내야 한다.

곤란할 때는 일상용품을

아무리 허접한 무기라도, 맨손으로 싸우는 것보다는 낫다. 그 중에서도 가장 원시적이라고 일컬어지는 "타격계의 무기"는, 손쉽게 손에 넣을 수 있는 믿음직한 대용무기라 할 수 있다. 단단하기만 하면 무엇을 쓰더라도 둔기가 되기 때문이다.

긴 자루의 끝에 단단한 머리부분이 있는 『골프채』는 즉석 메이스로 사용할 수 있고, 못을 박은 야구배트 등은 모닝스타 그 자체이다. 『자전거의 체인』은 휘두르기만 해도 강력한데, 주먹에 감아서 사용하면 아이언 너클로 사용할 수 있다. 또 영화 『데스위시death wish, 1974』에서는 찰스 브론슨이 연기하는 폴 카지가 거슬러받은 25센트 동전뭉치를 양말에 넣어서 즉석 블랙 잭을 만드는 모습이 나왔고, 일본의 형사 중에서도 『나무 옷걸이』를 쌍절곤처럼 다루는 강자가 존재한다.

일상적으로 사용하는 도구에 눈을 돌려도 다양한 무기가 뒹굴고 있다. 농사용 『낫』은 그 자체로도 무기로 사용할 수 있고, 『식칼』은 대거 대용으로, 『테이블 나이프』나 『소시지용 꼬치』는 스로잉 나이프나 수리검처럼 던질 수 있다. 『연필』조차도 침 대용품이 될 수 있다. 『바지랑대』처럼 길고 단단한 봉은 쿼터 스태프로 사용할 수 있고, 그 끝에 철사 등으로 나이프를 달아주면 창처럼 쓸 수 있다. 가지를 치고 끝을 비스듬하게 잘라낸 대나무는 『죽창』이라는 이름의 훌륭한 무기이다.

그러나 의외로 검 대신에 쓸 수 있는 것은 얼마 없다. 『죽도』나 『목도』는 도나 검처럼 사용할 수 있으나, 결국 "날이 달려있지 않기" 때문에 끝부분으로 찌르거나 때리는 식으로 사용하게 된다. 이것은 『스테인리스 재질의 자』를 갈아서 사용하는 것 같은 특수한 케이스를 제외하고는, 도신을 대신할 수 있는 "튼튼하고 긴 판형 소재"가 일상용품으로는 적기 때문일 것이다.

무기를 들어라

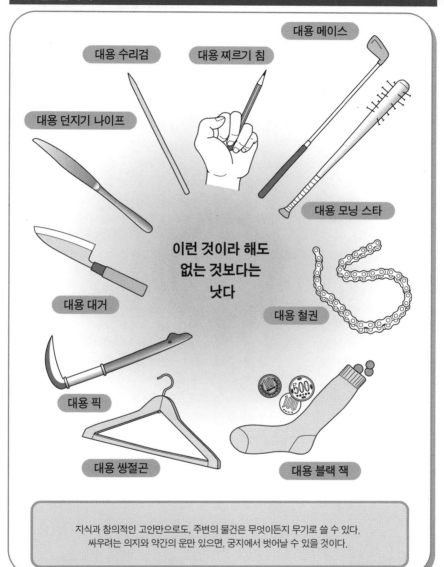

대용 메이스

대용 수리검

대용 찌르기 침

대용 던지기 나이프

이런 것이라 해도
없는 것보다는
낫다

대용 모닝 스타

대용 대거

대용 철권

대용 픽

대용 쌍절곤

대용 블랙 잭

지식과 창의적인 고안만으로도, 주변의 물건은 무엇이든지 무기로 쓸 수 있다.
싸우려는 의지와 약간의 운만 있으면, 궁지에서 벗어날 수 있을 것이다.

무장 메이드의 존재의의와 그 유효성

『메이드 복』과 『무기』의 조합은 본래 있을 수 없는 것이기 때문에, 더욱 일부 팬의 마음을 강하게 울리는 듯 하다. 메이드라고 하는 "정"의 이미지와, 무기가 주는 "동"의 이미지의 고도의 융합… 청초하고 정숙한 여성이, 사람을 죽이기 위한 흉악한 장비인 무기를 지니고 있는 미스매치… 다양한 이론적 접근을 시도해 보아도, 결국 무장 메이드라는 것이 성립하게 된 최대의 이유는 『그림으로 그렸을 때의 임팩트』가 강하기 때문이 아닐까 하는 생각이다.

무장 메이드의 존재를 검증할 경우, 두 가지 사항을 확인할 필요가 있다. 즉, "무장이 먼저냐, 메이드가 먼저냐" 하는 점이다.

무장하는 것 = 싸우는 것이 우선되는 무장 메이드일 경우, 그 실체는 "메이드 복을 입은 전투요원"이다. 실제로 메이드일 필요는 없고, 최근에는 심지어 여성이 아닌 경우조차 있다. 극단적으로 말하자면 퇴역군인이나 첩보원이 임무를 위해 코스프레를 하고 있는 것이나 마찬가지로, 현장에 따라서는 메이드 복은 적을 방심시키기 위한 수단이면서 동시에 전투복이며, 특수소재로 만들어진 방탄(防彈)·방검(防劍)사양인 경우도 있다. 대부분의 경우 전문적인 조직에서 전문적인 훈련을 받은 프로페셔널리스트로, 호위나 조사를 위해 파견되는 패턴이 기본이 된다.

"메이드 일 것" 이야말로 전부인 무장 메이드의 경우, 우선시 되는 것은 고용주(주인님)의 취향이나 미적 관점으로, 무장해서 싸우는 것은 그것을 실현하기 위한 수단인 경우이다. 이 경우가 아름답게 보이기 위해서는 "고용주 측의 취향"과 "메이드 측의 소망"이 완전하게 일치할 필요가 있으며, 만약 그렇지 않다면 단박에 코미디로 전락하는 수가 있다. 또한 이러한 소망을 가지고 무장하는 메이드 들은 뼛속까지 메이드 라고 할 수 있다. 청소나 요리를 할 때에도 메이드 나름의 관례나 순서, 불문율이 존재하는 것처럼, 싸움도 우아하게, 기품 있게 하지 않으면 곤란한 것이다. 고용주에게 쓸데없는 걱정을 끼치지 않도록, 무기도 검이나 소총 같은 살벌한 물건이 아닌, 특수합금으로 만들어진 밀대 걸레나, 페티 나이프처럼 일상적으로 사용하는 도구의 연장선에 있는 것을 쓰는 경우가 많다.

어느 타입의 무장 메이드도, 적에게는 크게 놀랄 만한 대상이다. 무장 메이드가 사회적으로 인지되고 있는 세계가 아닌 이상, 메이드복을 입은 상대방을 경계하여 선제공격을 감행하는 자는 없을 것이다. "고작해야 메이드…." 라고 생각했던 상대가 갑자기 무기를 들고 덮쳐오는 것이다. 치마 속에서 침이나 나이프, 소총이나 수류탄 등 다양한 무기가 계속해서 나오더니, 실력을 발휘할 틈도 없이 제압당해서는 『그럼 안녕히 가십시오』라거나 『돌아가시는 길은 저 쪽입니다』라는 소리를 듣는 날에는, 기습한 쪽도 울고 싶어질 것이 분명하다. 무장 메이드를 고용하는 이유중 하나로, 자신을 공격해온 상대방에게 "굴욕감"을 줄 수 있기 때문이라고 생각하는 것은 지나친 비약일까?

제 4 장
특수한 무기

경 고

여기부터 뒤를 읽기 전에!

이 장에서 해설하는 『특수한 무기』란,
고금의 이야기나 전설에 등장하는
"근접무기의 상식이 통하지 않는" 물건 들이다.
우리들이 잘 알고 있는 무기나 도구도 많이 보이지만,
모두 "픽션의 세계에 한정된 사용법"인 것을
이해한 후에 읽기를 권한다.

용 잡이용 무기 ~ 드래곤 슬레이어

드래곤 = 용을 물리치거나 죽일 수 있는 무기. 처음부터 용을 죽이기 위해 만들어진 것과, 용을 퇴치할 때 사용된 무기가 그렇게 불리게 된 패턴이 있다. 때문에 "이것이야말로 드래곤 슬레이어!" 라고 하는 정해진 형태는 없다.

슬레이어 = 죽이는 것

아더 왕의 『엑스칼리버excalibur』는 양손으로 드는 장검, 사사키 코지로의 『모노호시자오物干し竿:바지랑대』는 3척(약 90㎝)이 넘는 오다치大太刀:대태도. 이와 같이 저명한 무기는 그 모양 또한 정해져 있는 것이 일반적이나, 『드래곤 슬레이어』라는 이름을 가진 무기는 장검, 만도灣刀, 창이나 폴 암 등 다양한 모양이 있다. 왜냐하면 드래곤 슬레이어란 무기의 고유명사가 아니라, 용을 퇴치한 영웅이 사용했던 『드래곤 슬레이어의 검』『드래곤 슬레이어의 창』이 후세에 시적으로 칭송된 것이기 때문이다. 말하자면 무기의 칭호와 같은 것으로, 그것이 검이던 창이건 상관없다. 마찬가지로 『드래곤 버스터』라는 이름을 가진 무기도 존재하는데, 이것은 무기의 사용자를 칭하는 데 쓰이는 경우가 많다.

그러면 용 퇴치에 사용되면 보통 검이라도 드래곤 슬레이어라 불리는가 하면, 꼭 그렇게 간단한 것만은 아닌 모양이다. 『성 게오르기우스Georgius, ?-303의 드래곤 퇴치』를 그린 고대화에서 볼 수 있는 도마뱀 같은 용이라면 또 모를까, 신화나 설화에 등장하는 괴물을 쓰러뜨릴 수 있는 무기라고 한다면, 역시 "특수한 명공의 검"에 한정되기 때문이다. 가령 보통 검으로 용을 쓰러뜨릴 수 있었다고 하더라도, 그 무기가 드래곤 슬레이어라고 불리기 전에 "보통 무기로 용을 무찌른 용자님의 위대함"이 필요 이상으로 선전되고 말 것이다. 후에 용자의 전설과 함께 신격화되어, 그 무기가 드래곤 슬레이어의 범주에 포함되는 일이 되었다 하더라도, 그것은 이미 다른 물건이다.

역대 드래곤 슬레이어를 살펴보면 검과 창이 압도적으로 많고, 용을 죽인 도끼나 용 퇴치용 메이스 같은 것은 극히 드물다. 용을 무찌르기 위한 무기로 "권력과 정신성의 상징"인 검과, 멀리서 큰 데미지를 줄 수 있는 창이 함께 있는 것은 흥미롭다. 용이 멸종하는 것이 조금 더 늦었더라면 용을 죽인 크로스보우나 드래곤 슬레이어 핸드 캐논 같은 것도 나타났을 것이다.

드래곤 슬레이어란

이 경우의 용이란 『서양의 공주님을 납치하여 악행을 저지르는』것 같은 녀석들로, 만화『드래곤 볼』에 나오는 신룡처럼 생긴 용은 포함되지 않는다.

상처를 입힐 수 있다

검   창   그 외의 다양한 무기들

『드래곤 슬레이어』라 불리는 무기

『드래곤 랜스』

소설『드래곤 랜스』시리즈에 등장하는 스피어 타입의 드래곤 슬레이어.
선한 용과 사악한 용이 다투는 세계에서의 기병창으로, 용에 타기 위한 안장과 조합하면 기사의 돌격창(=랜스)처럼 운용할 수 있다.
용의 돌격력을 이용한 랜스 챠지외에도, 접속부에 설치된 가동식 힌지를 사용하여 좌우의 적에도 대응할 수 있고, 또한 용에서 내려서 싸울 때에는 안장과의 연결을 해제하여 도보전투용 근접무기로도 사용할 수 있다.

대검 ~ 그레이트 소드 great sword

키를 훌쩍 넘는 크기의 거대한 검. 길이도 무게도 엄청나서, 신화나 판타지 세계의 거인이나 사용할 법한 크기이다. 양 손으로 휘두르는 듯한 전법 밖에 취할 수 없기 때문에, 도신의 디자인도 대부분이 양날의 직도이다.

보통사람은 다룰 수 없는 거대한 검

대검 = 그레이트 소드란 상식을 벗어난 길이와 폭과 두께를 갖춘 검이다. 클레이모어나 츠바이핸더라는 별명으로 불리는 일도 있으나, 그레이트 소드라고 하는 명칭은 『긴 검 = 롱 소드』 『다치, 가타나 = 일본도』처럼 카테고리를 나타내는 편의상의 것으로, 소위 "큰 검"이라는 의미에 지나지 않는다. 상식을 벗어나는 만큼 이러한 크기의 검이 실제 전장에서 사용되었다는 기록은 찾아볼 수 없으나, 화기가 등장한 타이밍에 따라서는 그레이트 소드를 짊어진 "용자"가 전장에 등장했을…지도 모른다.*

그레이트 소드는 투 핸드 소드를 초월하는 사이즈와 무게로 인해, 비 전투시에는 물론이고, 전장에 있어서도 "등에 짊어지듯이" 해서 이동한다. 공격을 할 때에는 그대로 어깨부터 수평으로 후려치거나, 머리 위에서 높이 내려쳐서 엄청난 중량을 이용한 일격을 날리는 패턴이 되는데, 도신을 지면에 때려 박아버리면 다음 공격으로 이어지지가 않으므로 주의할 필요가 있다.

양손 전용인 대형무기에는 할버드로 대표할 수 있는 폴 암이 있는데, 그레이트 소드는 폴 암과 같이 양 손의 폭을 널찍하게 잡고 무기의 균형을 잡을 수가 없어서, 조작하기 어렵다. 검이기 때문에 쥘 만한 곳이 말단의 손잡이 부분뿐인 관계로 이 무기로 상대방을 『찌르는』것은 현실적이지 않다. 반면에, 무기가 명중했을 때 데미지를 줄 수 있는 부분이 폴 암처럼 한정적이지 않기 때문에, 마음대로 휘두를 수 있는 근력과 기량만 있다면, 폴 암보다 응용의 폭이 넓은 전술을 구사할 수 있다. 이 경우에는, 검의 무게와 가속도를 얼마나 잘 조절하느냐가 관건이 되므로, 그레이트 소드를 다룰 수 있는 것은 체격과 근력 모두를 갖춘 축복받은 체구의 인간이거나, 무거운 물체의 운동법칙을 신이라고도 할 수 있는 수준의 감으로 파악할 수 있는 인간이거나 둘 중에 하나일 것이다.

*편집부 주 : 만화 「베르세르크」의 주인공 가츠.

그야말로 쇳덩어리

그레이트 소드

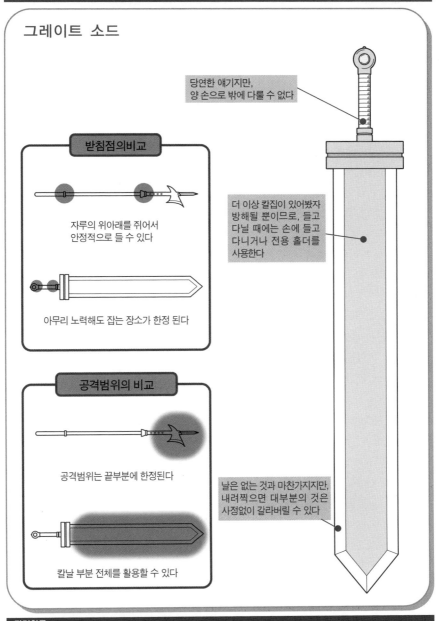

당연한 얘기지만,
양 손으로 밖에 다룰 수 없다

받침점의비교

자루의 위아래를 쥐어서
안정적으로 들 수 있다

아무리 노력해도 잡는 장소가 한정 된다

더 이상 칼집이 있어봤자
방해될 뿐이므로, 들고
다닐 때에는 손에 들고
다니거나 전용 홀더를
사용한다

공격범위의 비교

공격범위는 끝부분에 한정된다

칼날 부분 전체를 활용할 수 있다

날은 없는 것과 마찬가지지만,
내려찍으면 대부분의 것은
사정없이 갈라버릴 수 있다

관련항목

- ◆ 폴 암(pole arm)이라는 무기 → No.017
- ◆ 겐페이(元平) 시기의 일본도 ~ 다치 → No.028
- ◆ 양손검 ~ 투 핸드 소드(two-hand sword) → No.042
- ◆ 미늘창 ~ 할버드(halberd) → No.047
- ◆ 장검 ~ 롱 소드(long sword) → No.056
- ◆ 일본 사무라이의 칼 ~ 가타나 → No.059

참마도

길고 커다란 다치는 『오다치(大太刀)』 라는 분류에 속하는데, 그 중에서도 특히 말을 노려서 공격하기 위한 칼을 참마도라고 불렀다. 이 명칭은 특히 픽션 속에서 애용되는데, 문헌에 따라서는 『노다치(野太刀)』 라고 하기도 한다.

비겁하지만 "용자"의 무기

참마도는 그 이름 그대로 "말을 베는" 것이 가능한 도이다. 이러한 무기는 참마도만 있는 것이 아닌데, 예를 들어 나기나타만 봐도 "말의 다리를 후린다"는 뜻에서 왔다는 설이 있다. 그러나 전장에서 사용되는 군마는 귀중한 재산이다. 인간과 달라서 말은 적군도 아군도 관계 없으므로, 빼앗기만 하면 아군의 전력으로 활용할 수 있다. 무장들 사이에서도 "말을 노려서 이겨봤자 자랑거리가 못 된다"라는 공통적인 인식이 있어서, 말을 공격하는 것은 금기시되었었다.

그러나 보병(잡병)이나 용병(낭인)에게 있어서는 살아남는 것과 적의 대장의 목을 따는 것 만이 중요한 것이지, 그러한 사정이나 불문율 따위 알 바 아니다. 『장수를 노린다면 우선 타고 있는 말을 노려라』라는 것은 이러한 사람들을 위해 있는 것이나 다름없는 말로, 한 군을 통솔하는 장수나 이름있는 사무라이가 할 수 없는 일을, 그들은 아무렇지 않게 해낼 수 있는 것이다. 또, 참마도와 같은 무기를 자유자재로 다룰 수 있다는 것은 그만큼 근력도 체력도 뛰어나다는 것의 증명이기도 하므로, 그들에게 있어서는 일종의 "스펙"이기도 했다.

다치를 바탕으로 한 무기인 참마도에는 당연히 일본도의 날이 달려있는데, 그 크기 때문에 보통 칼처럼 "당겨서 베기"가 어렵다. 그래서 두꺼운 도신과 무거운 중량을 이용한, 서양검에 버금가는 『끊어 내는』식으로 사용한다. 그렇다고는 해도 투 핸드 소드나 그레이트 소드만큼의 도신강도가 있는 것은 아니므로, 일반적인 이미지처럼 『다가오는 기마무사를 말과 함께 한 방에 일도양단』 내는 전법을 써서는 목숨이 몇 개라도 모자랄 것이다. 튼튼한 목이나 동체를 노린다면 멀리서부터 찌르기를 감행하여 말을 날뛰게 하거나, 그렇지 않다면 약점인 다리를 후려치거나 둘 중에 하나일 것이다. 대인전투에 적합한 무기는 아니기 때문에 "말사냥 외길"을 내달릴 게 아니라면 좀 더 작은 도검을 별도로 준비해두는 것이 현명하다.

슈퍼 사이즈의 일본도

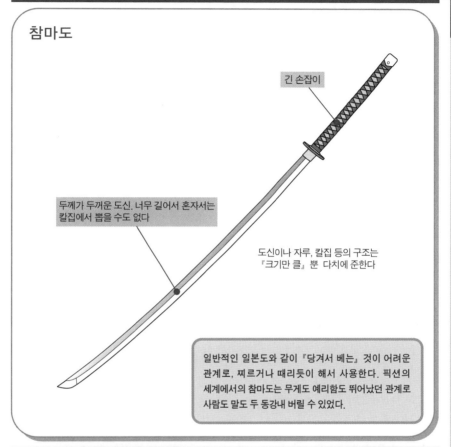

참마도

긴 손잡이

두께가 두꺼운 도신. 너무 길어서 혼자서는
칼집에서 뽑을 수도 없다

도신이나 자루, 칼집 등의 구조는
『크기만 클』 뿐 다치에 준한다

일반적인 일본도와 같이 『당겨서 베는』 것이 어려운
관계로, 찌르거나 때리듯이 해서 사용한다. 픽션의
세계에서의 참마도는 무게도 예리함도 뛰어났던 관계로
사람도 말도 두 동강내 버릴 수 있었다.

가타나와의 사이즈 비교

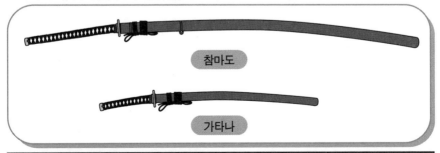

참마도

가타나

관련항목
♦ 양손검 ～ 투 핸드 소드(two-hand sword) → No.042　　♦ 대검 ～ 그레이트 소드(great sword) → No.087
♦ 일본의 월도(月刀) ～ 나기나타 → No.075

입자의 칼날 ~ 광선검

붉은색이나 노란색으로 빛나는 빛의 날을 가진 도검형태의 무기. 20~30㎝정도의 손잡이 부분만으로 구성되어 있고, 스위치 등을 조작하여 기동하면 에너지로 뭉친 블레이드가 형성된다.

 ## 블레이드는 사용시에만 생겨난다

광선검의 특징은 『빛의 칼날』『빔으로 된 칼날』『에너지 도신』등으로 불리는 날로 대상을 절단하는 것인데, 블레이드는 그 형성방법에 따라 두 가지로 구분할 수 있다. 즉, 역장계열의 블레이드와 방출계열의 블레이드이다.

역장계열의 블레이드는 에너지를 순환시켜서 빛의 날을 형성하는 타입이다. 도신의 무게는 거의 없으며, 휘두르고 공격하는 속도는 실체가 있는 검에 비하면 비교할 수 없을 만큼 빠르다. 에너지의 순환에 의해 만들어진 도신에는 "역장에 의한 독특한 모멘트"가 발생하고 있어서, 자유자재로 다루기 위해서는 훈련과 숙달이 필요하다. 역장에는 반발력이 있기 때문에, 이러한 형태의 블레이드는 같은 형태의 광선검과 서로 칼날을 맞대는 일이 가능하다. 소위 말하는 "빔"과 같은 광학병기를 튕겨내거나 할 수 있는 것도 역장계열 블레이드의 강점이다.

방출계 블레이드는 에너지를 방출해서 빛의 날을 형성한다. 블레이드는 "버너나 토치에서 나오는 불꽃" 같은 것이므로, 이 타입의 검으로는 서로 날을 맞댈 수 없다. 또 역장계열의 블레이드가 "무언가를 벨 때에만 에너지를 소비하는"데 반해, 이쪽은 항상 에너지를 방출하고 있으므로 사용 가능한 시간이 제한되게 된다. 그러나 최대출력 면에서는 이쪽이 더 큰 모양이다.

광선검의 블레이드에는 중량이 없기 때문에, 타격에 의한 데미지는 기대하기 어렵다. 때문에 상대방이 "빛의 날을 막는 갑옷"을 착용하고 나오면 완전히 무력해진다. 물론 그렇게 엄청난 장비가 그리 흔하게 존재하는 것은 아니지만, 그러한 사태에도 대처할 수 있도록 존재하는 것이 『실체가 있는 검과 광선검을 조합한 무기』이다. 이것은 검의 "칼날 부분"만을 입자화 시킨 것으로, 보통 때에는 입자로 된 칼날로 절단하지만, 필요하다면 도신 끝으로 찌르거나 때릴 수 있다. 그러나 빛의 날이 발생하는 곳이 도신−즉 충격이 가장 많이 가해지는 부분에 설치되게 되므로, 고장 등으로 인한 트러블에 주의해야 한다.

빛의 날이 형성되는 패턴

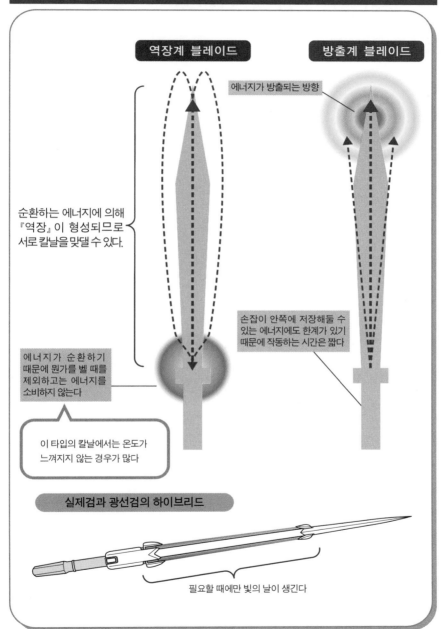

역장계 블레이드

방출계 블레이드

에너지가 방출되는 방향

순환하는 에너지에 의해
『역장』이 형성되므로
서로 칼날을 맞댈 수 있다.

손잡이 안쪽에 저장해둘 수
있는 에너지에도 한계가 있기
때문에 작동하는 시간은 짧다

에너지가 순환하기
때문에 뭔가를 벨 때를
제외하고는 에너지를
소비하지 않는다

이 타입의 칼날에서는 온도가
느껴지지 않는 경우가 많다

실제검과 광선검의 하이브리드

필요할 때에만 빛의 날이 생긴다

신축자재 ~ 블레이드 윕

채찍과 검의 형태를 상황에 따라 구분해서 사용할 수 있는 무기로, 간격에 따라 싸우는 법을 바꿀 수 있다. 검의 상태에서는 롱 소드나 숏 소드 등 『가늘고 양날인 직도』 디자인을 따르는 경우가 많다.

근거리에서도 원거리에서도

『사복검』이라고도 불리는 이 형태의 무기는, 채찍^{whip}과 검의 기능을 모두 지님으로서 "원근 자유자재의 간격"을 실현하고 있다. 구조적으로는 뱀의 배라고 하기보다는 도리어 『염주』에 가까워서, 중심을 꿰뚫는 와이어 같은 심과, 심을 앞뒤로 움직이는 칼날의 조합으로 구성된다.

보통 채찍이 "끝 부분으로 때리는 것으로 밖에 타격을 줄 수 없는"데 반해, 전체에 모두 날이 달린 블레이드 윕은 어디를 사용해도 유효타가 되는 점이 큰 장점이라 할 수 있다. 또한 상대방의 무기나 팔에 감아주는 것도 쉽고, 움직임을 봉한 다음에 블레이드를 있는 힘껏 잡아당겨주면 "파고든 칼날"로 인해 더 큰 데미지를 줄 수 있다.

그러나 이 무기는 끝부분에 채찍에서 볼 수 있는 『무게추』가 없는 관계로, 조작하는 데에 있어 초인적인 기량이 요구된다. 일부 블레이드 윕에는 채찍의 끝부분—도신으로 말할 것 같으면 날 끝의 부분에 비중이 무거운 금속을 사용함으로서 『채찍 형태』에서의 조작성 향상을 노린 것도 있으나, 그래도 "보통 채찍보다 다루기 어려운" 것은 변함없다. 또 칼날이 잘못해서 자신에게 날아오지 않도록, 휘두를 때에는 세심한 주의를 할 필요가 있다.

검 상태로 싸우는 경우에도, 양손검이나 배틀 액스와 같은 "쇳덩이"와 정면에서 대결하는 것은 피하는 것이 현명하다. 따로따로 분리되는 블레이드 윕의 도신은, 말하자면 "금이 간" 상태나 마찬가지다. 심 덕분에 부러지고 깨지는 일 까지는 없겠지만, 굳이 내려치거나 후려치기, 무기방어와 같은 도신에 부담이 심한 방법을 고를 필요는 없다.

찌르기 계열의 공격이나 받아넘기기를 중심으로 전술을 세운 다음, 이 무기 최대의 이점인 『채찍에 의한 원거리 공격』 요소를 더해서, 세련된 싸움을 운용하도록 하자.

신축자재의 블레이드

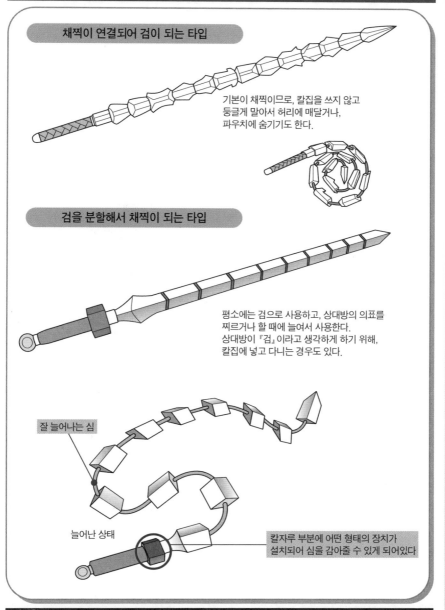

채찍이 연결되어 검이 되는 타입

기본이 채찍이므로, 칼집을 쓰지 않고
둥글게 말아서 허리에 매달거나,
파우치에 숨기기도 한다.

검을 분할해서 채찍이 되는 타입

평소에는 검으로 사용하고, 상대방의 의표를
찌르거나 할 때에 늘여서 사용한다.
상대방이 『검』이라고 생각하게 하기 위해,
칼집에 넣고 다니는 경우도 있다.

잘 늘어나는 심

늘어난 상태

칼자루 부분에 어떤 형태의 장치가
설치되어 심을 감아줄 수 있게 되어있다

관련항목

◆ 근접무기를 사용한 공격방법 → No.004
◆ 근접무기를 사용한 방어방법 → No.005
◆ 검이라는 무기의 특징이란? → No.007

◆ 전투용 도끼 ~ 배틀 액스(battle ax) → No.035
◆ 양손검 ~ 투 핸드 소드(two-hand sword) → No.042
◆ 채찍 ~ 웝(whip) → No.077

양날의 무기 ~ 더블 블레이드 웨폰

"두 개의 날"을 가진 무기. 보통 하나의 날 밖에 없는 무기가, 두 개의 날이 달려있을 때 이렇게 불린다. 날이 있는 무기에 대한 명칭이므로, 해머계열의 무기나 미사일 웨폰은 이 무기의 정의에 해당되지 않는다.

기량을 요구하는 달인용 무기

"더블 블레이드인 무기"라고 할 경우 『양날』과 『쌍날』이라는 두 개의 패턴을 생각해 볼 수 있다.

우선 외날이 일반적인 배틀 액스와 같은 무기를 "양날"로 만든 경우이다. 외날인 무기는 한번 휘둘러 버리면, 날을 뒤집거나 원래 자리까지 되돌려서 다시 자세를 취할 필요가 있으나, 양날의 무기라면 끝까지 휘두른 다음에도 "뒤집지" 않은 채로 그대로 공격을 계속 할 수 있다. 또 도끼처럼 머리 부분이 있는 무기는, 양날 타입인 편이 무게중심을 잡기 쉽다. 일본도와 같은 환도는 휘어짐의 등 부분까지 칼날로 만들어 버리면 순식간에 부러져 버리고, 롱 소드나 대거와 같은 직검은 양날 사양인 것이 일반적으로 존재하기 때문에, 굳이 『더블 블레이드』라고 부르지 않는다.

또 하나의 쌍날이란, "자루 끝에 또 하나의 도신이 달린" 타입으로, 양날의 무기와 구별하는 뜻에서 『투 블레이디드 소드two bladed sword』『더블 헤드 액스double head ax』와 같이 불린다.

쌍날 타입의 더블 블레이드 웨폰은 카누의 일종인 카약의 패들오어, paddle/oar처럼 중심부분을 쥐고 휘두른다. 얼핏 보기에 쿼터 스태프를 사용한 전술과 닮았으나, 양 끝이 『칼날』로 되어 있으므로 봉술과 같이 "필요에 따라 봉의 끝을 창처럼 사용하는" 것은 할 수 없다. 또 한 쪽 날 끝이 상대방을 향하고 있을 때 또 한 쪽은 자기 자신을 향하고 있는 셈이므로, 똑바로 하지 않으면 "상대방을 벤다는 것이 그만 자기 다리나 배를 가르고 있더라" 하는 실패를 범할 위험도 있다.

그러나 이 "자기 자신을 향하고 있는 칼날"은 겨드랑이 밑을 통해서 등 뒤에서 다가오는 적을 찌르거나, 뒤에서부터의 공격을 방어하는 등, 능숙하게 다룰 수만 있다면 효과적이면서도 의표를 찌르는 액션으로 전투의 주도권을 쥘 수 있다.

두 개의 칼날을 효과적으로 활용

양날의 무기

보통 도끼
한번 휘두르고 나면

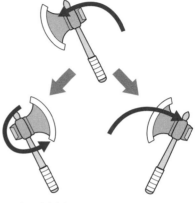

양쪽에 날이 달려 있기 때문에 끝까지
휘두른 다음에 날을 뒤집을 필요가 없다

① 날을 뒤집거나   ② 휘두르기 전의 위치로
되돌리는 수밖에 없다

쌍날의 무기

좌우나 전후에 있는 상대에 대해 효과적이다

회전시키며 휘둘렀을 때 가장 위력을 발휘한다

쌍날 타입은 풀 사이즈의 무기를 사용하기 때문에, 이도류에 가까운 상태로 싸울 수 있다. 그것도
기본적으로는 양손으로 사용하기 때문에, 근력으로 인한 페널티도 없다

관련항목

- ◆ 도라는 것은 어떤 무기인가? → No.008
- ◆ 전투용 도끼 ~ 배틀 액스(battle ax) → No.035
- ◆ 장검 ~ 롱 소드(long sword) → No.056
- ◆ 단검 ~ 대거(dagger) → No.062
- ◆ 곤봉 ~ 쿼터스태프(quarterstaff) → No.072

보이지 않는 실 ~ 스틸 스트링

무기로서의 실의 진수는 절단에 있다. 종이 끝으로도 손이 베이는 것처럼, 가늘고 튼튼한 실이라면 절단력을 갖게 되는 것이다. 픽션 세계에서는 강철조차도 점토처럼 절단하는 실마저 존재하여 그 위력을 떨치고 있다.

보이지 않는 날붙이

무기로서 실을 볼 때 주목해야 할 점은, 닿은 부분 모두가 『칼날』이 될 수 있다는 점이다. 날붙이는 그냥 눌렀을 때보다, 당기는 힘이 가해졌을 때 더 잘 잘린다. 실도 마찬가지여서, 상대방을 감아서 자유를 빼앗고, 맘에 안 들 경우에는 실을 잡아당겨서 둥글게 썰어버리는 전법이 기본이 될 것이다.

살이라면 모를까 뼈까지는 잘리지 않을 거라는 걱정은 할 필요가 없다. 단일분자나 나노필라멘트nano-filament와 같은 소재를 사용하면, 실은 대상의 분자 사이를 통과하여, 그 접합을 분리시켜준다. 즉, 뼈뿐만이 아니라, 금속으로 된 갑옷 까지도 절단할 수 있는 것이다. 가는 실은 눈으로 보기조차도 어려워서, 상대방은 "보이지 않는 칼날에 공격받고 있다" 는 착각에 빠져들 것이다. 그러나 팽팽하게 펴져있을 때에 밖에는 잘리지 않고, 또 일정속도 이상으로 당겨주지 않으면 안되기 때문에, 실을 다룰 때에는 그 점을 잊어서는 안 된다.

또 실을 당길 때에는 "손의 보호" 에 세심한 주의를 기울여야 한다. 상대방을 썰어버리기 전에 본인의 손이 썰려버려서는 본말전도이기 때문이다. 사용자가 『현술사』 라고 불릴 정도의 예술적인 전문직이라면 "오래 전부터 전해져 내려오는 비전"이나 "오랜 훈련을 통해 얻은 특이체질" 을 사용하여 해결할 수 있겠지만, 일반적으로는 특수한 소재로 만들어진 글러브를 착용하는 등의 보호책을 취하는 것이 현명할 것이다. 실의 소재가 피아노선과 같은 흔한 것이라면, 주먹에 몇 겹씩 감는 것을 통해 실의 움직임을 고정시킬 수 있다. 암기의 일종인 『가로테garrote』 는 지근거리에서의 전투에 특화된 교살용 무기인데, 양쪽에 "손잡이" 를 장착하여 손을 보호하면서도 와이어에 힘을 줄 수 있게 되어있다. 손잡이를 쥐고, 손가락 사이로 와이어를 꺼내어 상대방의 목에 감는 것이다. 이 무기는 절단이 아니라 조이는 것이 목적이기 때문에, 와이어에는 동선이나 낚시줄 등이 사용된다.

무기로서의 실

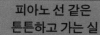

피아노 선 같은
튼튼하고 가는 실

잘 보이지 않는다
보이지 않으므로
피할 수 없다

가공할 절단병기의 탄생

함정(트랩)에도 자주 사용된다

『단일분자』나 『나노 필라멘트』재질의
와이어를 손에 넣을 수 있다면 최고

가로테

지근거리용 교살도구

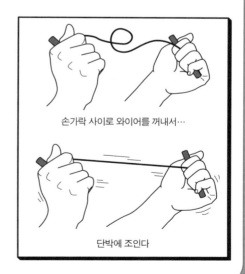

손가락 사이로 와이어를 꺼내서…

단박에 조인다

사슬채찍 ~ 체인 웨폰

로프나 채찍, 와이어 등의 무기는 모두 강도 면에서 불안한 감이 있어, 상대방의 몸을 감아서 움직임을 봉하더라도 끊어져버리는 일이 발생한다. 그러나 금속으로 된 사슬은 충분한 강도를 가졌기 때문에, 그리 쉽게 끊어지거나 하지 않는다.

잡히면 벗어날 수 없다

사슬은 그 자체가 무겁고, 단단하여, 휘둘러서 때리기만 해도 데미지를 줄 수 있다. 상대방을 때려서 공격하는 것은 물론이고, 튼튼한 사슬을 팔 등에 감아서 방어구 대신 사용하는 것도 가능하다.

이 "튼튼함"이야말로 체인 웨폰 최대의 특징으로, 전술의 폭을 넓혀주고 있다. 끝 부분에 비중이 큰 금속을 사용한 무게추를 달아두면, 휘둘렀을 때의 원심력으로 체인에 팽팽한 장력이 발생하여, 상대방의 다리를 감아서 넘어뜨리는 등 채찍처럼 사용할 수 있다. 또한 상대방이 무기방어나 쳐내기, 받아넘기기를 시도하더라도, 로프처럼 유연한 성질이 있는 체인 웨폰한테는 통하지 않는다. 사슬이 팔이나 무기에 휘감겨서, 공격수단을 봉인당하는 결과가 기다릴 뿐이다. 사슬을 끊고 벗어나려고 해도, 체인 웨폰의 사슬을 파괴할 수 있는 무기는 그리 많지 않다.

웝 대거의 사슬판이라고도 할 수 있는 『체인 대거chain dagger』는, 양 끝에 단검이 장착된 사슬이다. "채찍에 보다 강한 공격력을"이라는 컨셉 아래, 사슬에 의한 타격과 단검에 의한 찌르기 공격 양쪽이 가능하게 되었다. 사슬의 무게와 단검의 예리함으로 인해, 갑옷을 껴입은 상대방에게도 데미지를 입힐 수 있다.

강도가 충분한 체인 웨폰은 무게가 제법 나가는 관계로, 체력이 뛰어난 사람밖에 다룰 수 없다. 가는 사슬을 사용하는 것도 가능하지만, 그만큼 강도는 떨어지게 된다. 그러나 픽션에 등장하는 체인웨폰의 대다수는 "가벼우면서도 강인한" 소재로 만들어져 있고, 힘이 약한 여성이 아주 쉽게 다루고 있다. 그 경우, 사슬을 조작하는 데에 뭔가 초자연현상에 가까운 신비한 힘을 사용하는 경우가 대부분으로, 마치 살아있는 생물처럼 움직이는 사슬을 볼 수 있을 것이다. 공중에서 사슬이 방향을 바꾸거나, 원격무기를 쳐내거나 하는 사용법은 기본이고, 땅바닥에 깔린 사슬을 결계처럼 사용하는 고수마저 존재한다.

최대의 특징은 "튼튼함"

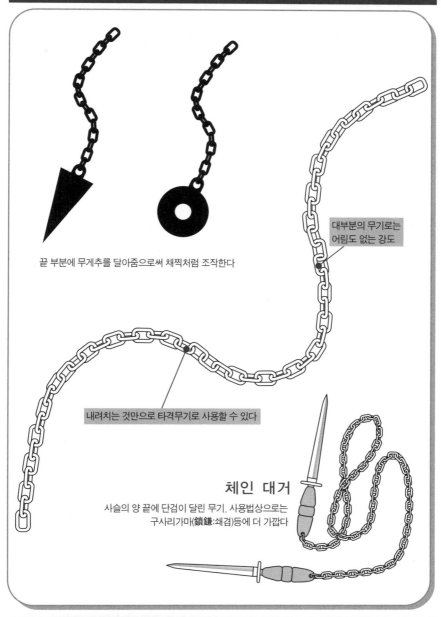

끝 부분에 무게추를 달아줌으로써 채찍처럼 조작한다

대부분의 무기로는 어림도 없는 강도

내려치는 것만으로 타격무기로 사용할 수 있다

체인 대거

사슬의 양 끝에 단검이 달린 무기. 사용법상으로는 구사리가마(鎖鎌:쇄겸)등에 더 가깝다

관련항목

◆ 근접무기를 사용한 방어방법 → No.005

◆ 단검 ~ 대거(dagger) → No.062

◆ 채찍 ~ 윕(whip) → No.077

전기 톱 ~ 체인 소우 chain saw

톱이란 자르고 싶은 것에 날을 대고, 밀고 당기는 것으로 절단하는 날붙이이다. 체인 소우는 이 전후왕복운동을 자동화한 것으로, 날을 가져다 대기만 해도 대상을 절단할 수 있다.

무기로 진화한 톱

체인 소우의 『체인』 이란 사슬을 뜻하는 것이 아니라 "자전거의 체인"과 같은 모양을 하고 있다. 손도끼가 배틀액스가 되고, 도리깨가 플레일로 모습을 바꾸었듯이, 생활의 도구인 톱이 발동기 = 엔진이나 전동 모터의 힘을 통해 강력한 무기로 재탄생한 것이다. 블레이드 형의 가이드 바 주변에 장착된 체인의 날이 고속으로 회전하여, 닿은 물건을 너무도 쉽게 썰어버린다.

이 무기에서 가장 주목해야 할 특징은, 체인의 회전과 발동기의 구동에 의해 생겨나는 커다란 『소리』이다. 커다란 소리라는 것은 그것만으로도 몸을 위축시켜서, 판단을 둔하게 한다. 체인 소우의 일격을 제대로 받아낼 수 있는 무기는 얼마 없기 때문에, 구동하는 소리를 들려주는 것 만으로, 상대방의 전의를 상실시키는 것도 가능하다. 게다가 그 소리로, 대치중인 상대뿐 아니라 "주위에 대한 심리적인 위압감"을 주는 것도 기대할 수 있을 것이다. 그 반면에, 소리를 내지 않고 사용하는 것은 불가능한 무기이므로, 암살이나 의표를 찌르는 것은 아무리 노력해봐야 헛일이다.

동력부분은 블레이드와 일체형인 것이 대부분이라서, 중심이 극단적으로 손목 근처에 온다. 기본적으로는 양손으로 사용하는데, 날이 단단한 물건에 닿거나, 뭔가가 끼었을 경우, 갑작스런 반발력이 생겨나서 블레이드가 예상치 못한 곳으로 튕겨져 나갈 위험이 있다.

체인을 구동시키는 동력원인 발동기나 전동 모터는, 연속 구동 시키고 있으면 연료가 떨어지거나 배터리가 다 되어서 사용할 수 없게 된다. 움직이지 않는 체인 소우는 더 이상 상대방에게 던지는 정도 밖에는 쓸모가 없고, 멈춰버린 블레이드로 베려고 해 봤자 체인이 끊어지거나, 블레이드가 휘어서 두 번 다시 움직이지 않게 되어버린다. 게다가 물에 잠기거나, 오랜 기간 방치하거나 해도 만족스럽게 움직이지 않게 되어버리는 섬세한 무기이기도 하다.

체인 소우의 특징

보통 톱

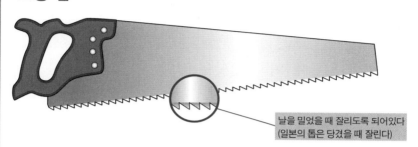

날을 밀었을 때 잘리도록 되어있다
(일본의 톱은 당겼을 때 잘린다)

체인소우(엔진식)

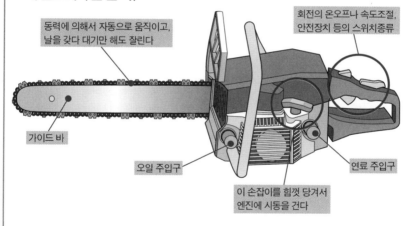

동력에 의해서 자동으로 움직이고,
날을 갖다 대기만 해도 잘린다

회전의 온오프나 속도조절,
안전장치 등의 스위치종류

가이드 바

오일 주입구

이 손잡이를 힘껏 당겨서
엔진에 시동을 건다

연료 주입구

사용시의 주의점

• 어깨보다 높이 들지 않는다
• 반드시 양손으로 든다.
• 블레이드의 끝부분이나 윗부분은 사용하지 않는다
• 나무보다 딱딱한 것을 자를 때는 기합을 넣고 자른다.
• 사용할 때는 하루 2시간까지만!

관련항목

◆ 연접곤봉 ~ 플레일(flail) → No.030　　　　◆ 전투용 도끼 ~ 배틀 액스(battle ax) → No.035

진동하는 칼날 ~ 고주파 블레이드

칼날에 고주파 진동을 발생시켜서, 닿은 대상을 절단하는 무기. 『고주파 + 도신(블레이드)』라는의미에서 파생된 단어로, 칼날의 구조나 기능에 대한 명칭이다. 주로 검이나 대거와 같은 도검류의 칼날에 대해 사용된다.

미세한 진동에 의해 대상을 절단

　일반적인 도검의 칼날이 "물리적인 강도와 칼 끝의 예리함"에 의해 대상을 베는데 반해, 고주파 블레이드는 칼날을 형성하는 고진동입자가 "접촉하는 물질을 분자수준으로 분리하는" 것을 통해 절단한다. 『고주파 블레이드』란 도신부분의 사양을 나타내는 말이면서 동시에, 그 기능을 갖춘 무기 전반을 가리키는 말이기도 하다.

　일반적인 날붙이는 절단력에 반비례하여 도신(칼날)의 강도가 떨어지지만, 고주파 블레이드에는 그 정의가 해당되지 않는다. 일본도를 웃도는 날카로움을 가졌으면서, 서양검 수준의 강도를 갖추고 있는 것이 고주파 블레이드이다. 날카로움의 원천인 "고주파 진동"을 실현하는 데에는 높은 수준의 과학기술이 필요한데, 이를 위한 지식이나 노하우는 일반인에게는 감춰져 있는 경우가 많아서, 필연적으로 고주파 블레이드를 사용하는 사람도 적어지게 된다.

　진동을 발생시키기 위한 스위치는 칼자루에 장치되어 있으며, 버튼이나 레버를 조작하거나, 손잡이를 돌리는 것을 통해 기동한다. 기동하고 있지 않은 고주파 블레이드는 그저 무딘 칼이므로 칼집 없이도 다닐 수 있다고 하는 이도 있으나, 오작동의 위험성을 생각하면 역시 칼집이 있는 편이 좋다. 또한 기동하기 전에도 일반 도검처럼 사용할 수 있도록 "날이 달린 고주파 블레이드"도 적지 않다.

　기동시킨 고주파 블레이드는 비할 데 없이 날카로운 도검이 된다. 광선검과 같은 에너지로 된 칼날이나, 어떠한 역장으로 보호받고 있는 물체가 아닌 이상은, 고주파 블레이드를 상대하게 되었을 경우에는 무기방어는커녕 받아내거나 받아넘기기도 불가능한 관계로 체술을 구사하여 계속 피하는 수밖에 없다. 같은 고주파 블레이드로 대항하는 것도 하나의 방법이기는 하지만, 그 경우에 서로 맞부딪혔을 때의 승패는 블레이드의 출력싸움이 되어버리므로, 사용자의 기량이 반영될 여지는 적다.

진동날을 가진 무기

고주파 액스   고주파 롱 소드

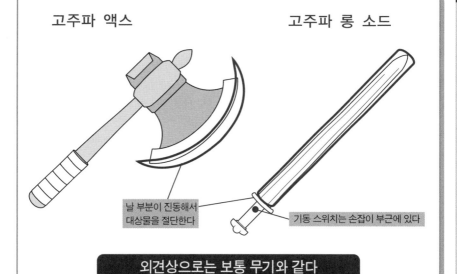

날 부분이 진동해서 대상물을 절단한다

기동 스위치는 손잡이 부근에 있다

외견상으로는 보통 무기와 같다

X 고주파 메이스

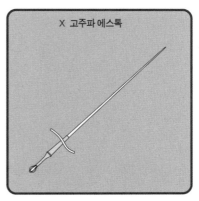

X 고주파 에스톡

블레이드의 "절단" 기능을 강화하는 물건이므로, 날이 없는 에스톡이나
해머 등의 무기가 고주파 블레이드로 다루어지는 일은 없다.

전투용 부채 ~ 배틀 팬 battle fan

전투용 부채. 스모의 심판이 사용하는 부채나 서유기에 등장하는 『파초선』과 같은 모양이 아니라, 펼치거나 접을 수 있는 쥘부채형태의 디자인이다. 그 모양으로 인해 절단을 주된 용도로 하기 때문에, 서양에서는 거의 찾아볼 수 없다.

펼쳐서 절단, 접으면 구타

부채 = 접선을 무기로서 생각한다면 도무지 쓸모가 없을 것 같으나, 대나무나 종이로 만들어진 부분을 금속으로 대체하는 것으로 충분히 실용적인 무기로서 통용되었다. 아무래도 금속이다 보니 진짜 쥘부채처럼 뱀의 배 모양이 되도록 접을 수는 없었으나, 트럼프의 카드를 손으로 펼치듯이, 금속판을 부채모양으로 슬라이드 시켜 줌으로서 부채의 형태로 펼칠 수 있다.

금속판의 겉 테두리는 면도칼처럼 예리하게 다듬어져 있어서, 닿은 물건을 자를 수 있게 되어있다. 길이는 30~60cm정도, 무게는 2~3kg정도의 것이 일반적으로, 멀리서부터 날아온 화살이라면 쳐내는 것도 불가능하지 않다. 접힌 상태로는 곤봉처럼 쓸 수도 있다.

아무래도 픽션 세계 밖에서는 전투용 부채를 주무기로 삼고서 전장에서 마구 날 뛸 수는 없겠지만, "허세"와 "뻔뻔함"이야말로 이 무기를 사용하는 데 있어 중요한 자질이다. 본디 정공법으로 싸우는 무기는 아니기 때문에, 상대방이 "부채 따위"라고 생각하는 틈에 접근하여, 단숨에 승부를 내버리는 것이다. 펼쳐서 급소를 힘껏 베어버리거나, 접어서 뒷통수를 날려버리는 것은 상황에 따르지만, 전투용 부채를 사용하는 이들은 "상대방 앞에서 부채춤이라도 춰 보이겠다"고 하는 정도의 마음가짐을 가질 필요가 있을 것이다.

그 뿌리라 일컬어지는 일본의 『철선』은 주로 타격무기로서 사용되었다. 겉살이라고 하는 양 끝의 굵은 뼈대부분이 금속으로 되어있어서, 기본적으로는 접은 상태로만 사용한다. 전투용 부채와는 달리 종이 부분은 그대로이므로, 펼친 상태로는 군사 지휘용으로 사용될 뿐 뭔가를 자르거나 하는 것은 불가능하다. 또 "접은 상태의 쥘부채"를 본 딴 모양새의 철이나 놋쇠재질의 철선도 있어서, 누군가가 칼로 공격해 왔을 때를 대비한 호신용으로 많이 사용되었다.

전투용 부채

끝 부분을 예리하게 갈아두었기
때문에 벨 수도 있다

접으면 곤봉처럼
사용할 수도 있다

금속 판

전투용 부채의 뿌리 『철선』

이 부분만 금속재질

종이를 그대로 사용했기 때문에
뭔가를 베거나 할 수는 없다

접은 모양으로 일체성형 되었다.
이대로 찌르거나 때리는 용도로 사용한다.

복합무기~ 컴포짓 웨폰composite weapon

복수의 무기를 조합한, 일종의 복합무기. 검이나 도끼 등의 접근전용 무기와 미사일 웨폰을 조합한 것이 많은데, 양자 사이에는 요구되는 강도나 정밀도 면의 차이가 있어서, 실제로는 잘 사용할 수 없는 경우도 있다.

 ## 서로다른 기능의 무기를 하나로

　엄밀하게 구분하자면, 창과 도끼와 갈고리를 조합한 할버드도 컴포짓 웨폰의 범주에 포함되는데, 그렇게 하면 거의 대부분의 해머나 폴 암으로 끝없이 그 대상이 확대되어 버리기 때문에, 이 책에서는 『접근전투용 무기와 미사일 웨폰』이나 『무기와 방어구』와 같은 "운용 방법상 서로 다른 것을 일체화한 무기"를 복합무기의 정의로 삼으려 한다.

　컴포짓 웨폰의 기본이자 꽃은, 역시 총과 검의 조합일 것이다. 멀리 있는 적은 총으로 저격하고, 접근해 오면 검으로 베어버린다. 논리적이면서도 효율적으로 보이지만, 이 때 조심해야 할 것은 무기의 강도이다.

　보통 접근전 용 무기는 서로 때리고 부딪히는 것을 전제로 만들어져 있기 때문에, 단순하고 튼튼한 구조를 갖추고 있다. 그러나 복합무기의 경우, 조합에 따라서는 그 강도를 유지할 수 없는 경우도 있어서, 전투 중에 뚝하고 부러질 수도 있다. 게다가 총알이나 화살을 이용한 미사일 웨폰은 뒤틀림에 약하기 때문에, 접근전에서 마구 두들기는 사이에 조준점이 틀어질 우려도 있다.

　그것이 어떠한 무기라 해도, 필요한 타이밍에 "망가져버릴지도 몰라, 뒤틀려버릴지도 몰라"하고 주저하게 되어서는 안 된다. 실용적인 컴포짓 웨폰이란, 내구성이 아주 뛰어난 획기적인 신소재를 사용하여 강도 면의 불안을 없앤 것이거나, 조합하는 무기 중 한 가지를 "옵션"으로 취급해서 운용하거나 둘 중에 하나이다.

　무기와 방어구의 조합이라면 강도 면의 문제를 해결할 수 있을 것이다. 총과 방패가 일체화된 『건 실드』나, 검과 건틀릿의 조합인 『파타pata』등은 훌륭한 컴포짓 웨폰이라 할 수 있는데, 일반적인 방어구에 비하면 아무래도 부피가 커지게 되는 것이 난점이다.

다양한 컴포짓 웨폰

접근전용 무기 + 미사일 웨폰

스태프 슬링(staff sling)
복합무기의 원조

건블레이드
검과 총이 일체화한 무기.
이후에 연사식이 등장한다

접근전에서는 『곤봉』으로, 원거리에서는
『원심력을 이용해 사정거리와 위력이 증가한 슬링』으로 사용한다.

방어구와 일체화한 무기

건 실드

파타 자마다하르의 계보를 잇는 근접무기

장탄수는 단 한발이지만
영거리 사격으로 상대방을
제압할 수 있다.

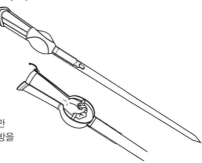

관련항목
- 도끼는 야만족의 무기? → No.010
- 다양한 종류의 해머 → No.012
- 창은 기병의 무기? 보병의 무기? → No.015
- 폴 암(pole arm)이라는 무기 → No.017
- 원거리 공격용 무기 『미사일 웨폰』 → No.019
- 미늘창 ~ 할버드(halberd) → No.047

나의 손으로 돌아오라 ~ 부메랑 웨폰

멀리 있는 목표물을 향해 던진 다음, 다시 내 손으로 돌아오는 무기. 어원이 된 투척 곤봉 『부메랑』은 "빗나갔을 때에 한해" 되돌아 오지만, 픽션의 세계에서는 "상대방에 명중하여 데미지를 입혔을 때도 되돌아오는" 타입이 많다.

명중할 때까지 몇 번이고 공격할 수 있다

부메랑은 "ㄱ자 모양"으로 굽어진 평평한 무기로, 수평으로 회전하면서 비행한다. 비행 중에, 평평한 모양 주변에 발생한 풍압차로 인해서 회전에 일그러짐이 발생하여, 궤도를 바꿔 되돌아오는 것이다. 이 성질이 인상적이었기 때문인지, 투척 곤봉도 판형도 아닌데, 단지 "되돌아오는" 기능을 갖춘 것 만으로 『부메랑』이라는 이름을 갖는 무기가 증가하게 되었다.

부메랑 웨폰의 특징은, 무기 그 자체가 "회전해서 날아가는" 데에 있다. 이것은 헬리콥터의 로터가 회전에 의해 양력을 얻고 있는 것과 같은 원리로, 자이로 효과에 의해 안정적으로 비행하는 것이다. 따라서, 부메랑 웨폰이 될 수 있는 것은 『검이나 도끼와 같이 평평하면서 회전이 가능한 무기』라고 봐야 한다. 물론 원조 부메랑은 나무로 만들어져 가볍고, 비행기의 날개 같은 양력이 잘 발생하는 구조이기 때문에 날아갔다가 되돌아 올 수 있는 것이지, 무겁고 복잡한 모양새의 검이나 도끼가 양력을 발생시키는 것은 아주 어렵다. 그러나 그 과제를 해결할 수 있다면, 목표물을 절단하고 분쇄하여 되돌아오는 강력한 부메랑 웨폰을 탄생시킬 수 있을 것이다.

부메랑 웨폰의 최대의 문제점은, 회전에 의한 양력으로 비행하는 성질상, 제자리로 되돌아 올 때에도 "던졌을 때와 같은 회전과 관성"이 더해져 있다는 것이다. 누구나 간단히 잡아챌 수 있는 수준이어서야 상대방이 낚아채 버릴 것이고, 무엇보다 잘 날아가지조차 않는다. 충분한 위력은 유지한 채로 되돌아오는 부메랑 웨폰을 잘 잡아내기 위해서는, 일반인을 훨씬 뛰어넘는 동체시력과 민첩성이 요구된다. 또, 수리검 크기의 소형 부메랑 웨폰을 여러 개, 저글링하듯이 던져서 상대방을 혼란스럽게 하는 전술도 효과적이다. 이 경우, 던질 때의 기세는 약한 편이기 때문에 상대방이 잡아낼 위험은 있으나, 그 수가 많아서 자잘한 피해를 주어 상대방을 지치게 만들 수 있다.

뒤! 뒤!

부메랑 웨폰의 궤적

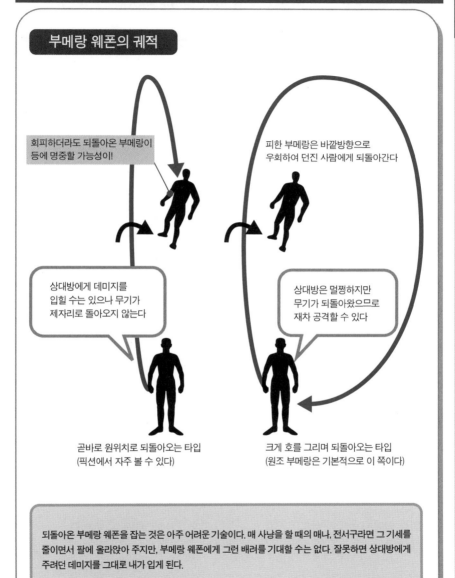

회피하더라도 되돌아온 부메랑이
등에 명중할 가능성이!

피한 부메랑은 바깥방향으로
우회하여 던진 사람에게 되돌아간다

상대방에게 데미지를
입힐 수는 있으나 무기가
제자리로 돌아오지 않는다

상대방은 멀쩡하지만
무기가 되돌아왔으므로
재차 공격할 수 있다

곧바로 원위치로 되돌아오는 타입
(픽션에서 자주 볼 수 있다)

크게 호를 그리며 되돌아오는 타입
(원조 부메랑은 기본적으로 이 쪽이다)

되돌아온 부메랑 웨폰을 잡는 것은 아주 어려운 기술이다. 매 사냥을 할 때의 매나, 전서구라면 그 기세를
줄이면서 팔에 올라앉아 주지만, 부메랑 웨폰에게 그런 배려를 기대할 수는 없다. 잘못하면 상대방에게
주려던 데미지를 그대로 내가 입게 된다.

관련항목
◆ 검이라는 무기의 특징이란? → No.007   ◆ 도끼는 야만족의 무기? → No.010

일격필살 ~ 파일 웨폰^{pile weapon}

목표물에 말뚝 = 파일(pile)을 박아 넣는 동력 무기. 말뚝은 대부분 창과 같은 모양을 하고 있고, 사출할 때에는 액체화약을 채운 약협이나, 전자기 유도를 이용한 가속을 사용하는 것이 일반적이다. 창의 위력은 근접무기의 상식을 초월하여, 금속재질의 방패나 갑옷도 쉽게 관통한다.

찌르기 공격의 최고봉

이 무기는 창이나 에스톡이 행하는 찌르기 공격을 자동화 & 파워 업 한 것이다. 발사기에 세팅 된 창은 일반적인 『찌르기』와는 비교할 수 없는 속도와 위력으로 발사되어, 상대방의 장갑을 손쉽게 관통한다. 표적이 된 상대로서는 "30㎝간격에서 크로스 보우로 공격당하는" 것이나 마찬가지이므로, 회피하는 것은 거의 불가능하다. 창을 쏘기 위해 가스의 압력이나 전자기유도를 이용하는 만큼 총이나 바주카 포에 가까운 구조인데, 창의 무게가 지나치게 무거운 점과 비행시의 안정장치가 없어서, 미사일 웨폰으로서의 능력은 그다지 기대할 수 없다. 이 무기의 원형으로 볼 수 있는 것이 80년대 일본의 애니메이션에 등장했었던 연유로, 이와 같은 기능을 가진 무기를 『파일벙커』라고 통틀어 부르게 되었다.*

파일 벙커의 사용법은 "강력한 스프링을 장착한 잭 나이프의 스위치를 지근거리에서 누르는" 것과 같다고 보면 된다. 나이프의 경우는 튀어나온 상태에서 멈추지만, 파일 벙커의 창은 피하거나 튕겨낼 경우 그대로 날아가 버린다. 이 때문에 절대로 표적에서 빗나가지 않는-상대방이 피할 수없는 거리까지 간격을 좁혀서, 필살의 타이밍으로 쏘아야 한다. 그야말로 근접전투에 있어서만 위력을 발휘하는, 일격필살을 체현한 듯한 무기인 것이다.

끝까지 뻗은 상태에서 창을 멈추게 해서, 빗나가더라도 날아가지 않게 설계된 "신축식" 파일 벙커도 존재하지만, 이 타입의 것은 사출식에 비해서 작동하는 부위에 가해지는 부담이 커지기 때문에, 전장에서 사용하는 횟수가 제한적이다.

파일 벙커는 체격과 근력이 뛰어난 자가 아니라면 다룰 수가 없고, 또 창을 제 위치로 되돌리는 사이에 무방비 상태가 된다는 약점이 있다. 게다가 쏴야 할 탄이 부족해지거나 기계적인 문제가 발생할 위험이 있는 것도 이러한 동력무기의 숙명이라 할 수 있다.

*편집부 주 : 장갑기병 보톰즈에 등장하는 AT(Armored Trooper)인 청기사 벨젤가에 탑재된 것이 유명하다.

혼을 담아 쏴라

실드 일체형

방어와 공격이 일체화된 타입. 창은 빗나가서 멀리 날아가지 않는 이상 재장전하여 다시 쓸 수 있다

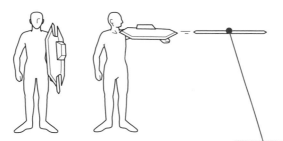

손으로 드는 타입

이 타입은 『신축식』이 기본이다. 양 손으로 들 수 있기 때문에 유연하게 운용할 수 있다

창은 일반적으로 손에 넣을 수 없는 특수소재를 이용해 만들어지는 경우가 많다

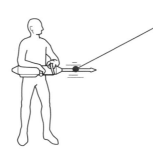

드라이버 타입

『도로공사용 콘크리트 해머』와 같이, 짧은 강철 끝 모양의 정을 슬라이드 시키는 것

보다 경제적인 형태의 파일 벙커. 반동이나 무게 면에서 다소 쓰기 쉽다

관련항목

- 창은 기병의 무기? 보병의 무기? → No.015
- 석궁 ~ 크로스 보우(crossbow) → No.050
- 찌르는 검 ~ 에스톡(estoc) → No.057

최강의 회전병기 ~ 드릴

원뿔모양의 자동회전식 송곳. 기능을 발휘하기 위해서는 엔진이나 전동 모터 등의 동력원이 필요한데, 같은 동력 무기인 전기톱에 비해 튼튼하게 만들어져 있으므로, 최악의 경우라도 곤봉 대신 사용할 수 있다.

 ## 지혜와 기술의 결정체인 근접무기

드릴은 본래 "물건에 구멍을 내기 위한 절삭공구" 이며, 송곳처럼 가늘고 긴 물건이었다. 에스톡이나 침(니들)의 예를 들 것도 없이 가늘고 긴 날은 찌르기에 적합했고, 구멍 뚫기 용인 비트 드릴에 있어서는 회전력마저 더해져서 칼날이 파고 들게 하는데 더욱 심혈을 기울인 모습을 볼 수 있다. 이 정도만 되어도 충분히 훌륭한 무기로서 통했는데, 체인소우와 마찬가지로 동력무기인 점이 드릴의 취약점이 되었다. 무겁고, 정비하는데 손이 많이 가고, 연료가 다 되거나 기계적인 문제가 생길 우려가 있었던 것도 간과할 수 없었다.

드릴을 무기로서 사용하려고 생각한 일부 강자들은, 이 시점에서 발상의 전환을 이뤄냈다. 동력무기이기 때문에 떠안게 된 약점은 받아들이되, 역으로 그 장점을 최대할 활용하여 그것을 보완하려고 한 것이다.

동력무기의 장점이란 "거대한 힘을 계속해서 발휘할 수 있는" 점이다. 즉, 소재나 부품의 강도가 허락하는 한, 인간을 한참 능가하는 힘을 드릴 끝에 집중시킬 수 있는 것이다. 이 장점을 활용하기 위해, 동력원은 기술수준이 허락하는 한계까지 강력해지고, 그 힘을 견뎌낼 수 있도록 송곳머리부분의 모양은 『굵은 원뿔형』이 되었다. 보다 커다란 구멍을 뚫을 수 있는, 갱도굴삭용 드릴과 같은 모양으로 진화한 것이다.

드릴 주변에 있는 나선형 홈은 칼날과 같은 역할을 해서, 공격 대상의 소재를 깎아내고, 깎아낸 찌꺼기를 배출하는 역할을 담당하고 있다. 드릴이라고 하면 "구멍을 뚫는 것" 이외에 쓸모없다고 생각하기 쉽지만, 이 홈이 있는 덕분에 드릴은 그 주변에도 절삭면을 가지게 되었다.

파일 벙커가 공격, 그것도 찌르기에 특화한 무기인 데에 반해, 드릴은 상대방을 찌를 뿐 아니라 절삭면의 바깥둘레를 이용하여 쳐내거나 무기방어를 하며 임기응변에 능한 전술에도 대응할 수 있다.

선인이 말하길 『남자의 무기』라 하였다

구멍 뚫기 용 비트 드릴

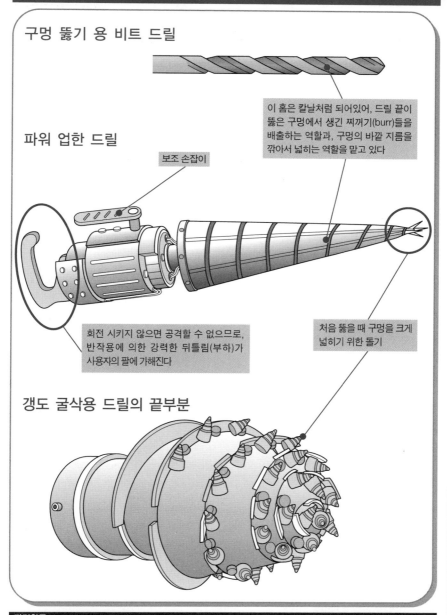

이 홈은 칼날처럼 되어있어, 드릴 끝이 뚫은 구멍에서 생긴 찌꺼기(burr)들을 배출하는 역할과, 구멍의 바깥 지름을 깎아서 넓히는 역할을 맡고 있다

파워 업한 드릴

보조 손잡이

회전 시키지 않으면 공격할 수 없으므로, 반작용에 의한 강력한 뒤틀림(부하)가 사용자의 팔에 가해진다

처음 뚫을 때 구멍을 크게 넓히기 위한 돌기

갱도 굴삭용 드릴의 끝부분

의지를 가진 무기들

의지를 가진 무기는, 보통 무기로는 피해를 줄 수 없는 『사람이 아닌 마물』을 베는 힘을 지니고 있는 등, 어떠한 형태의 특수한 능력을 소유하고 있는 경우가 많다. 이러한 무기는 사용자에게 힘을 더해주는 한편, 불행의 시작이 되기도….

사물에는 마음이 깃드는 법이다

무기가 스스로 사고를 하는 것과 같은 일은 상식적으로는 있을 수 없는 일이다. 『…이 칼날이 피를 원하고 있다』부터 시작해서, 『당신과 같은 고수를 만나게 되어 나의 검도 기뻐하는 모양이군』 『네 녀석의 검이 울고 있다』 따위의 패턴도, 결국에는 사용자의 생각을 무기에 투영하고 있는 것에 지나지 않는다.

그러나 세상에는 신기한 일도 참 많은 법이어서, 어떤 일정한 주기를 지나면 "무기 그 자체가 사고능력을 지니고 있다"고 밖에는 생각할 수 없는 일이 벌어지기도 한다. 도신이 빛나며 사용자를 고무시키거나, 날카로운 금속음을 내면서 형제검과 공명하는 것은 기본이요, 사용자의 내면세계에 까지 들어와서 "죽여라 죽여라"라고 속삭이는 경우도 드물지 않다.

이러한 무기의 "어느 곳에 『의지』가 깃들어 있는 것인가" 하는 문제는 연구자들을 고민하게 만드는 문제이다. 딱히 정해진 것이 아니라면 무기전체가 『신체』라고 생각되며, 칼날이 망가지는 것 = 상처를 입는 것이라고 볼 수 있을 것이다. 만약 도신이 부러지기라도 한다면, 검의 의지가 받게 되는 데미지는 "캐멀 크러치camel clutch*로 몸이 두 동강 나는 것이나 다름없다. 이것이 자연발생적으로 의지를 가지게 된 것이 아닌, 누군가에 의해 "만들어진" 무기일 경우, 자루 부분에 박힌 『보석』이나 『제어구』 등이 정신이 깃든 『핵』으로 작용하는 경우가 많은 모양이다. 제작자의 양심인 것인지, 단순히 그렇게 하는 편이 더 만들기 쉬웠기 때문인지는 모르지만, 이러한 타입의 경우, 무기가 망가졌을 때의 수리나 재생이 비교적 간단한 모양이다.

이러한 의지를 가진 무기는, 역시 압도적으로 『검』이 많다. 검이라는 무기의 정신성이랄까 존재의의가 『의지』라고 하는 요소와 잘 들어맞기 때문일 것이다. 특히 일본에서는 "오래된 도구에는 영혼이 깃든다"라고 하는 생각이 있기 때문인지, 검의 정신체라고 칭하며 젊은 반라의 여인이 빛과 함께 검으로 변한다던가 하는, 부끄러우면서도 기쁜 상황이 매우 자연스럽게 존재하곤 한다.

*편집부 주 : 프로레슬링에 사용하는 기술의 하나. 슬리퍼 홀드(sleeper hold)의 일종.

인텔리전스 소드(intelligence sword)

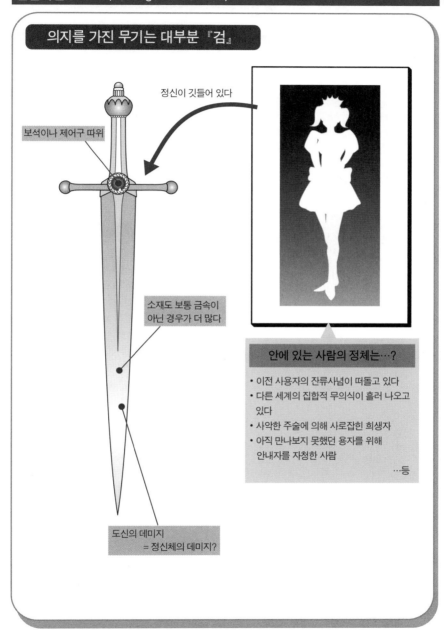

의지를 가진 무기는 대부분 『검』

정신이 깃들어 있다

보석이나 제어구 따위

소재도 보통 금속이
아닌 경우가 더 많다

도신의 데미지
= 정신체의 데미지?

안에 있는 사람의 정체는…?

- 이전 사용자의 잔류사념이 떠돌고 있다
- 다른 세계의 집합적 무의식이 흘러 나오고
  있다
- 사악한 주술에 의해 사로잡힌 희생자
- 아직 만나보지 못했던 용자를 위해
  안내자를 자청한 사람

…등

색 인

색 인

용어 해설

갤러틴(Galatine)

원탁의 기사 가웨인 경의 검. 요정의 손에 의해 단련된 마검으로, 엑스칼리버와 마찬가지로 칼이 무뎌지는 일이 없었다고 한다.

건틀렛(gauntlet)

손이나 손목을 보호하는 방어구. 검도의 호완 같은 『벙어리 장갑형』과, 다섯 손가락이 독립된 『손가락 장갑형』이 있다.

구르카 병사

네팔의 산악 민족인 구르카족 출신으로 구성된 전투 집단. 주로 영국군에 복무하며 매우 용맹한 사람들로, 구르카 나이프(쿠크리)를 즐겨 사용한다.

궁그닐(Gungnir)

북구신화의 주신 오딘이 가진 창. 드워프 들에 의해 만들어진 무기로, 표적에 반드시 명중하는 특성을 가진다.

궁병

투사 무기를 장비하고 싸우는 병사로 『아처(archer)』 『보우맨(bow-man)』이라고도 불린다. 롱 보우나 크로스 보우 등 "활"을 사용하여 원거리에서 상대방을 공격한다. 중세 영국이나 웨일즈의 장궁병이 유명하다.

그물

튼튼한 그물 끝에 무거운 추가 달린 무기. 던져서 상대방을 잡는 것 보다, 때려서 땅바닥에 쓰러뜨리거나, 발에 감아서 움직임의 자유를 빼앗는데 사용한다. 작은 갈퀴가 설치되어 있어서, 상대방에게 휘감김과 동시에 출혈을 유도한다. 고대 로마의 검투사는 한 손에는 그물, 한 손에는 트라이던트를 들고 싸웠다.

글레이브(Glaive)

나기나타 같은 모양을 한 무기. 일반적으로는 15~17세기에 사용되었던 폴 암의 명칭이나, 14~16세기경의 창이나, 15~19세기에 사용되었던 폭 넓은 도신을 가진 검의 명칭을 포함하는 경우도 있다.

기병

말을 타고 싸우는 병사로 『호스맨(horseman)』 『라이더(rider)』라고도 불린다. 옛날에는 창이나 활을 사용하였고, 근대에는 총이나 사벨(기병도)가 주된 장비였다. 기동력은 뛰어나지만, 말을 조달하여 훈련시킬 필요가 있어서, 어느 정도 숫자를 갖추려면 꽤나 큰 자금이 들어갔다.

기사서임식

목에 손을 얹고 포옹하거나, 칼등으로 가볍게 어깨나 목덜미를 치는 것으로 성립된다. 『신의 이름 앞에, 성 마이클, 성 조지의 이름앞에, 검을 차는 권리와 정의를 행할 힘을 부여한다.』『그 의무를 따를 것을 맹세합니다.』 이것은 영화 『엑스칼리버』에서의 기사서임식의 내용이다.

녹커(knochar)

러시아나 폴란드의 찌르기용 검에 붙은 속칭

다마스커스 강(Damascus steel)

중동에서 제작된 강재로, 7세기부터 십자군 시대에 걸쳐 서구로 운반되었다. 두 종류의 금속을 겹쳐서 만드는 단조강으로, 표면에 떠오른 수면 같은 파문이 특징이다. 칼날이 잘 깨지지 않는 칼을 만들 수 있어서, 이 소재로 만든 검을 다마스커스 소드라고 한다.

더블렛(doublet)

갑옷 속에 받쳐 입는 옷(내피). 충격 흡수용 패드나 체인 메일과 일체화되어 있어, 초기의 플레이트 아머는 더블렛이 없으면 입을 수 없었다.

덴진자시(天神差し)

도의 날을 밑을 향하게 해서 차고 다니는 휴대방법. 무로마치시대 후기에 행해졌으나, 에도시대 이후에도 칼집 끝이 말에 닿는 것을 피하기 위해, 말을 탈 때는 이 방식으로 휴대하는 경우가 있었다.

도리깨

곡물 탈곡용 농기구. 긴 봉 끝에 짧은 봉이나 판을 매단 것.

드래곤 슬레이어

만화 『베르세르크』에 등장하는 무기로 검은 검사가 대장장이 고드에게 받은 거대한 대검. 용을 죽일 수 있을 만한 무기를 만들어달라고 하는 영주의 의뢰에 답하기 위해 고드가 만들어낸 무기로, 일반인의 힘으로는 휘두르기는커녕 들어 올리는 것조차 불가능할 만한 크기이다.

〈레〉

레더아머(leather armor)

동물의 가죽을 무두질해서 만든 방어구. 갑옷이라기 보다는 "방어용 겉옷" 이라고 하는 게 더 맞는 성질의 것으로, 소리가 많이 나지 않아서 은밀히 행동할 때 적합하다.

레드 뷰트(red bute)

비밀조직 이글의 실행부대 리더가 사용하는 무기. 평소에는 전투복의 일부로 휴대할 수 있고, 사용할 때에만 늘어나서 채찍이 된다.

롤리팝 나이프(Lollipop knife)

봉 사탕에 숨긴 침 형태의 무기. 캔디의 봉 부분이 튜브모양의 칼집이어서 잡아빼면 스테인리스 재질의 니들이 나타난다.

리버스 그립(reverse grip)

양손검의 도신을 쥐고(half swording), 자루를 해머처럼 내려치는 전법.

리피터 크로스 보우(repeater cross-bow)

중국을 그 기원으로 삼는 연사 가능한 크로스 보우로 『연노』『제갈노』라고도 불린다. 상자모양의 탄창을 장착하고, 레버를 앞뒤로 움직여서 장전-세트-발사를 한다. 연사가 가능한 대신 사정도 짧고 위력도 약했다.

〈마〉

메일 브레이커(mail breaker)

갑옷 뚫기라는 뜻. 갑옷의 방어가 불완전하던 시기에 등장한 단검의 명칭이었으나, 후에 『워 해머』 『워 픽』『에스톡』 등의 찌르기 계열 무기의 속칭처럼 되었다. 레더 아머나 체인 메일을 겉에서부터 꿰뚫듯이 사용했다.

모운 블레이드(Mourn blade)

소설 『엘릭 사가』에 등장하는 검은 마검. 스톰브링어와 쌍을 이루는 검으로, 역시 사악한 사념이 깃들어 있다.

묘르닐(Mjolnir)

북구신화에 등장하는 뇌신 토르의 무기. "분쇄하는 것" 이라는 뜻의 이름인데, 일부에서는 『토르 해머』 라고도 불린다. 던져도 반드시 되돌아오는 성질이 있다.

미세리코르데(misericorde)

칼날이 얇은 대거. 갑옷의 틈새로 쑤셔 넣듯이 찔러서, 적에 대한 마지막 일격을 가할 때 사용되었다. 도신은 직도지만, 단면은 마름모나 삼각형인 것도 있다. 어원은 "자비" 를 의미하는 프랑스어.

미스릴

『반지의 제왕』의 작가인 J.R.R 톨킨의 작품들에 등장하는 마법금속. 언뜻 은처럼 보이지만, 강철보다 튼튼하면서 구리처럼 가공성이 좋으며, 유리처럼 광을 낼 수도 있다. 심지어 색이 탁해지거나 거무스름해지지도 않는다.

미토코로모노(三所物)

일본도의 『고즈카(小柄 : 소병)』『고가이(笄 : 계)』 『메누키(目貫 : 목관)』 를 통틀어 부르는 명칭. 이들은 작은 소품이면서 장식적으로 중요한 요소이기 때문에 도의 전체적인 모양새에 맞춰 통일된 디자인을 택한다.

민메이쇼보(民明書房 : 민명서방)

미야시타 아키라(宮下あき ら)의 〈魁!! 男塾(국내명 : 돌격 남자 훈련소)〉라는 작품에 등장하는 가상의 출판사. 도쿄 칸다(神田)의 뒷골목에 위치한 출판사로 다이쇼 15년(大正15年 : 1926년)에 창업한 이래, 전문성 높은 독자적인 책들을 수없이 출판했다. 그 중에는 무기나 무술에 관한 것도 많고, 일부 연구가들에게 높은 평가를 받고 있다.

〈바〉

바곳

미나리아재비 과의 다년초. 오래 전부터 화살에 바르는 독으로 사용되었으며, 구토나 두통, 어지럼증, 호흡곤란 등을 일으켜 죽음에 이른다.

바젤라드(baselard)

대거의 일종이나, 『스토르타(storta)』라고 불리는 숏 소드 크기의 도신 길이를 가진 것도 존재한다. 봉 형태의 날밑과 칼자루 머리가 있으며, 옆에서 보면 『H』 자 모양인 것이 특징이다. 제2차 세계 대전에서 독일의 군용 단검으로 사용되었던 『스위스 풍 단검』의 시조라고도 하는데, 바젤라드 그 자체가 군용으로서 채택되었던 것은 아니라는 점에 주의하자.

베어 크로우(bear crow)

구 소련의 초인 레슬러가 사용했던 근접무기. 발톱부분이 독립된 분리형과 의수와 일체화된 타입이 있다.

벨라도나(belladonna)

가지과의 다년초. 눈이나 천식, 경련, 위통 등의 치료에도 사용되지만, 잘못 사용할 경우, 환각이나 호흡 곤란을 유발한다.

비수(匕首)

중국에서 사용되었던 대거 크기의 무기. 양날의 직도로 경우에 따라서는 던져서 사용할 수도 있었다. 암기였던 비수는 암살용 무기로 많이 사용되었고, 두루마리문서나 구운 생선 등 다양한 곳에 숨겨둘 수 있었다.

〈사〉

사리사(sarissa)

파이크의 원조라고도 불리는 장창. 고대 그리스의 알렉산더 대왕이 이끄는 마케도니아 팔랑스 전술(중장보병에 의한 밀집방진)에 사용되었던 무기. 창 끝과 버트캡(물미)는 소켓 방식이며, 5m나 되는 자루는 중간에 파이프 형태의 이음쇠로 이어져 있었다.

사이(釵)

오키나와 지방 특유의 짓테(十手: 십수). 갈퀴모양으로 뾰족하게 솟은 돌기는 좌우로 뻗으며 「山」 모양을 하고 있고, 도신은 봉형이다. 끝부분이 뾰족해서 공격성은 높다. 기본적으로는 양손에 하나씩 들고 싸운다.

서코트(surcoat)

기사가 갑옷 위로 입는 천. 『기사의 외투』라고도 불렸다. 십자군 시대에는 발목까지 오던 길이가, 백년전쟁을 할 때쯤에는 보다 짧고 몸에 딱 맞는 디자인으로 변형되었다. 갑옷의 보호와 추위에 대한 대비책이 그 목적이었으나, 점차 가문의 문장이나 사상 등을 새겨 넣게 된다.

성수 스프링쿨러

모닝 스타의 별칭

세스타스(cestas)

고대 로마의 권투사가 사용했던 가죽 글러브. 단단한 가죽 끈을 복싱의 밴드지처럼 손에 감고, 표면에 쇠못을 단

것이다. 아이언 너클 계열의 무기의 원조라 할 수 있다.

스몰 소드(small sword)

17세기 중반에 등장한 소형 검으로, 레이피어를 짧게 만든 것 같은 모양을 하고 있다. 도검이 귀족들의 장신구가 된 시대의 검으로, 화려한 장식과 보석이 박혀있는 것 등이 있었다.

스콜피온 테일(scorpion tail)

플레일 타입의 모닝스타의 일종. 머리 부분을 소형화하여 3개를 이어서, 삼절곤처럼 만든 것이다. 공격범위가 넓어지고 위력도 증가했다.

스크래머색스(scramasax)

암흑시대의 북구지역에서 사용되었던 도검. 벌목도 같은 이름의 도신을 가졌다. 크기는 숏 소드 급으로, 색스라는 이름은 검이나 나이프를 뜻하는 독일어에서 온 말이다. 색슨족이라는 호칭도 이 색스에서 유래되었다.

스크류 윕(screw whip)

드릴처럼 회전하는 채찍. 끝 부분만 회전하는 것과, 자루부터 끝까지 전부 다 회전하는 것이 있다.

스톰 브링어(storm bringer)

마이클 무어콕의 소설 『엘릭 사가(The Elric Saga)』에 등장하는 검. 칠흑의 도신에 룬 문자가 새겨져 있으며 『흑검』이라고도 불린다. 사악한 사념이 깃든 마검으로, 이 검에 의해 살해된 이는 그 영혼을 스톰 브링어에게 먹히고 만다.

스팅(sting)

『반지의 제왕』,『호빗』에 등장하는 검. 호빗인 빌보와 조카 프로도가 사용한다. 엘프의 손으로 만들어진 검으로, 숙적 오크가 다가오면 환하게 빛난다. 엘프나 인간에게는 대거 정도 길이지만, 호빗이 들면 숏 소드 정도에 해당한다.

스팅어(stinger)

펜 모양을 한 암기. 뚜껑을 열면 니들 형태의 도신이 나타나는데, 이것을 상대방을 찌르는데 사용한다. 그런 다음 스팅어를 잡아 빼면 니들이 자루와 분리되어 상대방 몸 속에 그대로 남아 있게 된다는 잔혹한 무기.

스파이크 실드(spike shield)

스파이크가 달린 방패의 총칭. 방어뿐 아니라, 상대방을 밀거나 때려서 공격할 수도 있다. 그 반면, 방패로 막은 공격이 스파이크에 걸려버리기 때문에 그 충격을 모두 받아들여야 한다.

〈아〉

아론다이트(arondight)

원탁의 기사인 랜슬롯 경의 검. 마법 능력의 유무에 관해서 등, 상세한 것은 명확하지 않지만, 랜슬럿은 이 검으로 친한 친구인 가웨인 경의 동생을 3명 죽였다.

아바레스트(arbalest)

13세기 이탈리아에서 사용되었던 크로스 보우. 라틴어로 『활 + 대형 투석기』를 뜻하는 단어에서 파생된 『ARBALEST』가 그 어원으로, 크로스보우를 "석궁" 이라고 부르게 된 근거 중 하나이다.

아이구치 (合口 : 합구)

일본의 단도. "자루와 칼집이 딱 들어맞는다" 는 데서 유래한 명칭으로, 일반적으로 날밑은 없다. 모양새는 일본도지만 거의 휘어짐이 없고, 도적 등이 숨기고 다니는 무기로 사용되었다.

아이언 보우건(iron bow-gun)

화살(쿼럴)이 아닌 철구를 발사하는 타입의 크로스 보우. 도를 터득한 사람이라면 철구에 기름을 칠하여 흡혈 귀조차도 멸할 수 있다.
*편집부 주 : 아라키 히로히코의 만화 「죠죠의 기묘한 모험」에 등장.

암기

숨겨서 지니고 다닐 수 있는 작은 무기의 총칭. 일반적으로는 던져서 사용하는 무기를 가리키는 말이지만, 숨길 수만 있으면 곤봉이건 검이건 암기에 포함된다.

앙공 (angon)

프랑크 족이 사용했던 투척창. 창의 앞쪽 3분의 1정도 부분에 무게추가 달려있어 위력을 증가시켜주고 있다. 상대방의 방패에 꽂힌 창 자루를 밟아, 적이 방패를 놓치게 만드는 전법에 사용되었다.

야리오리(槍折 : 창절)

육척봉이나 쿼터스태프 같은 『봉』을 칭하는 말. 전장에서 창의 창 끝을 잃고 나서도 자루만을 사용하여 싸웠던 연유로 이렇게 불린다. 그 때문인지 창술과 봉술은 서로 많이 닮았다.

야와라 스틱

타격용 촌철의 일종. 주먹을 쥐었을 때 양 끝이 아주 약간 삐져 나오는 정도의 길이인 봉으로, 주먹을 "쥐는 힘" 을 강화하여 때렸을 때의 타격력을 높인다.

에페(épée)

귀족의 결투에 사용되었던 검. 컵 모양의 호권이 있으며, 벨 수도 있도록 평평한 블레이드를 가졌다. 레이피어가 경량화되며 진화한 검으로, 이 검을 능숙히 다루기 위한 연습용으로 『플뢰레』가 만들어졌다.

엑스칼리버(Excalibur)

요정의 나라 아발론에서 단련되었다고 전해지는 마법의 검. 『세상이 시작할 때부터 왕의 검』이라 칭송받으며, 왕권의 상징이기도 하다. 어떠한 것이라고 벨 수 있고, 결코 칼날이 무뎌지지 않는 도신은 횃불 30개와 동등한 빛을 내뿜으며, 보석이 박힌 칼자루와 황금으로 된 날밑을 가진다. 또 이 검의 칼집을 가진 사람은, 결코 피를 흘리는 일이 없다고 전해진다.

엑스칼리버 주니어(Excalibur Jr.)

소설 'Grail Quest' 에 등장한다. 엑스칼리버와 아주 흡사한, 그러면서 그보다 한 치수 작은 겉모습을 가진 검. 마법사 멀린의 말에 의하면 엑스칼리버의 형제라고 하며, 스스로의 의지를 가지고 있다. 거미를 싫어한다.

오르테가 해머(Ortega hammer)

기동전사 건담에서 등장. 양 손을 서로 맞쥐고 그대로 상대방을 내리찍는 공격패턴으로, 지근거리에서의 효과는 절대적이다. 주먹을 맞쥔 악력과, 그것을 망치처럼 내려찍는 완력, 그리고 등근육의 근력이 그 위력을 결정짓는다. 이름을 붙인 이는 만화가 도쿠미츠 야스유키(德光 康之)씨라고 한다

오리칼쿰(Orichalcum, Orihalcon)

플라톤의 저서 Critias에 의하면 아틀란티스 대륙에서 사용되었던 일종의 마법 금속이라고 한다. 이름의 의미는 "산의 강철" 로, 태양의 빛을 마치 거울처럼 반사하며 빛나는 성질을 가진다. 순수한 상태에서는 금보다 부드럽지만, 합금을 만들면 플라티늄보다 단단해진다. 국내에서는 오리하르콘으로 더 알려져있다.

우츠 철(wootz steel)

18세기의 유럽을 떠들썩하게 한 『가짜 다마스커스 강』. 우츠란 산스크리트 어로 "단단하다" 는 의미로,

다마스커스 강의 재림이라고도 불렸으나, 실제로는 사이비에 가까운 것이었다 한다.

왜도(倭刀)

중국의 도검으로 일본도의 도신에 중국제 날밑이나 칼자루를 붙인 것. 혹은 일본에서 수입한 일본도 그 자체를 일컫는 경우도 있다.

익스큐셔너스 소드(executioner's sword)

처형용 단두검. 양손검이지만, 목을 쳐낼 때 힘을 힘껏 줄 수 있도록 손잡이가 짧다. 의식용 검이기도 해서, 폭이 넓은 도신이나 칼자루에는 장식과 조각이 되어있다.

일본도의 규정 사이즈

다치(太刀)의 규정 사이즈는 정확히는 2척 3촌 5부(약 71.2㎝). 가타나(打刀)에는 규정 사이즈는 없지만, 대략 2척 5촌(약 76㎝)정도이다.

〈자〉

점혈

타격계의 무술기법. 촌철이나 철선 등의 타격계 무기를 사용하여 인체의 급소를 찌르는 공격방법인데, 맨손이나 침을 사용하는 경우도 있다. 중국이나 일본 등에서 번성했다.

잭 나이프(jack knife)

칼날 부분이 자루 안으로 접혀서 수납되는 구조의 나이프. 버튼이나 레버조작을 통해 잠금쇠를 풀면, 용수철의 힘으로 자루 속에서 튀어나온다. 간단한 도신 잠금 기구가 있는 것도 있지만, 기본적으로는 찌르기에 적합하지 않다.

〈차〉

차크람(cakram, chakram)

『전륜』이나 『원월륜』이라고도 불리는 인도의 투척무기. 한 가운데에 구멍이 뚫린 금속 재질 원반의 바깥 둘레에 칼날이 달려있고, 지름은 10~30㎝정도다. 원반의 중앙에 손가락을 끼워서 돌리면서 투척하는 방법과, 원반을 손가락에 끼워서 투척하는 방법이 있다.

참철검

『루팡 3세』의 이시카와 고에몬이 가진 일본도. 고테츠(虎徹), 요시카네(吉兼), 마사무네(正宗)라는 명검 3자루를 녹여서 다시 만들었다고 전해진다. "이 세상에서 베지 못하는 것 없다"고 일컬어지는 칼이지만, 어째서인지 곤약만은 벨 수 없다고….

청룡언월도

소설 『삼국지연의』에 등장하는 관우가 사용하는 폴 암. "청룡의 모습이 새겨진 언월도"를 뜻하며, 청룡도와는 아무런 관계가 없다.

체인 메일(chain mail)

사슬을 셔츠모양으로 엮은 방어구. 일본의 쇠사슬 홑옷은 이것에 가까운 것이다. 긴소매, 반소매, 민소매 등 모양도 다양하다. 바지형태인 것도 있어서, 조합하기에 따라 온몸을 사슬로 휘감을 수 있다. 절단계나 참격계의 공격에는 어느 정도 방어력을 발휘하지만, 찌르기계열이나 타격계열의 공격에는 약하다.

칠만명

일본의 사극(시대극)『모모타로 사무라이(桃太郎侍)』를 연기한 다카하시 히데키(高橋 英樹)가 40년 가까이 걸쳐 벤 사람의 수. "가장 많이 벤 것은 에치고야의 금전 출납 담당직"이었다고 한다.

칠지도

도신에 가지처럼 6개의 작은 도신이 달려있는 검. 고대 일본의 조정 무기고였던 이소노카미(石上) 신궁에 모셔져 있으나, 신사에서는 검이 아닌 창으로서 다루고 있다.

〈카〉

카운터 웨이트(counter weight)

검의 칼자루 머리에 무게 조절을 위한 무게추가 겹쳐져 있을 때, 이렇게 불리기도 한다.

카타르

나뭇잎 모양의 도신을 가진 인도의 단검. 숏 소드 수준의 길이를 가진 것도 있다. 오래도록 『자마다하르(jamadhar)』와 혼동되어왔다.

카츠발게르(katzbalger)

S자나 8자 모양의 날밑을 가진 숏 소드. 독일의 용병부

대 『란츠크네히트(Landsknecht)』가 사용했던 검으로 유명하다. "카츠발게르" 라고 하는 이름의 어원은 『고양이의 가죽』이라고 하는 설, 『싸움용』이라고 하는 설 등 다양한 설이 존재한다.

칼리번(Caliburn)

『칼리브넌(Calibunun)』『칼리브스(Chalybus)』라고도 불린다. 엑스칼리버의 원형이라고도 불리는 검으로, 라틴어로 "쇠" "단단한 것" 이라는 뜻이다. 작품에 따라서는 아더왕이 왕권을 증명하기 위해 뽑은 『바위에 꽂힌 검』과 칼리번은 같은 것으로 보는 경우도 있다.

코르동 다르장(Cordon de Argent)

강철로 된 실을 엮어서, 채찍처럼 만든 무기. 프랑스어로 "금실", "금 리본" 을 뜻하는 다소 멋스러운 이름이지만, 휘감은 부분을 갈아내리듯이 절단하는 잔인한 무기이다.

크리스(Kris)

말레이시아 등 동남아시아에서 사용되었던 도검. 숏소드나 대거 정도 크기로, 흘러가는 듯이 물결치는 도신을 가졌다. 주로 장식이나 주술적인 일에 사용되며, 소형 『크리스 나이프』나 도신의 뿌리 부분에 용의 머리 모양을 흉내낸 『크리스 나가(kris naga)』등의 종류가 있다. 일부 게임에서는 이것을 장비하고 있으면 마법을 무효화하는 효과를 얻을 수 있다.

키드니 대거(kidney dagger)

칼 자루의 날밑이 신장(kidney)의 모양을 하고 있어서 이렇게 불린다. 찌르기 위한 단검으로, 14세기경부터 사용되었다(kidney란 "친절한" 이라는 의미로, 빈사상태의 동료나 적을 편히 쉬게 해주는 목적으로 사용되었던 것에서 유래했다는 설도 있다). 둥근 돌기가 좌우에 달려있어서 발럭 나이프(Ballock knife, ballock은 고환이라는 뜻)와 동일시 되는 경우도 많다.

키스(kiss)

자신의 입술을 이성에게 갖다 대는 공격 패턴으로 『입술 박치기』『뽀뽀』라고도 한다. 손등, 이마, 뺨 등 장소에 따라 위력이 달라지는 것이 그 특징으로, 상황에 따라서는 상대방보다도 주위 사람에게 입히는 대미지가 더 크기도 하다. 연속 공격은 적합하지 않으며, 두 번째 이후로는 위력이 떨어진다.

〈타〉

타검

수리검을 던지는 것. 검술의 연장이라는 사고 때문에 수리검을 던지는 것을 『친다(打つ)』라고 표현한다.

투척병

투척창이나 슬링 등을 주 무기로 다루는 병사로, 슬링어라고도 불린다. 사정거리가 짧고, 장비한 무기의 특성상 예비탄을 많이 들고 다닐 수 없었던 관계로, 검을 사용한 전투훈련도 받았다.

트라이던트(trident)

삼지창. 『군대의 정식무기』로 채용된 적은 없지만, 고대 로마의 검투사나 갤리선의 선원 들에게는 믿음직한 무기로서, 훌륭한 주 무기였다.

트리플 대거(triple dagger)

얼핏 보기엔 보통 대거지만, 스위치를 조작하면 도신이 세 갈래로 나뉘는 기믹이 장치된 단검이다. 상대방의 레이피어를 받아내는 『패링 대거』의 일종.

〈파〉

파르티잔(partisan)

창을 닮은 넓은 칼 밑둥 부분부터, 양쪽으로 날개모양의 칼날이 튀어나온 무기. 상대방에게 찔리면 좌우의 날이 살을 찢어서 대미지를 입힌다. "농민이 반란용으로 사용했던 다루기 쉬운 무기" 라는 평가도 있지만, 그것은 어디까지나 할버드 같은 복잡한 무기와 비교했을 경우에 다루기 쉽다는 이야기이고, 초보자도 사용할 수 있는 무기라는 뜻은 아니다. 나중에 수많은 정규군에서 채택한 것을 보아도 알 수 있듯이 잠재력이 높은 무기이다.

파이크(pike)

5~8미터 정도의 긴 자루에 소켓 형태의 창날이 달린 무기. 일 대 일의 싸움에는 적합하지 않으나, 밀집 대형을 이뤄 돌진해오는 기병을 견제하는 데에 효과적이다. 버트캡(물미)를 밟아서, 땅바닥에 고정시킨 뒤 사용했다.

판저슈테처(Panzerstecher)

독일에서 자돌검에 붙인 속칭으로, "갑옷 뚫기" 라는 뜻. 『에스톡(estoc : 프랑스 어)』나 『턱(tuck : 영어)』와 마찬가지로 "노려서 찌른다" 라고 하는 의미의 단어이다.

폴딩 나이프(folding knife)

『버터플라이 나이프』로 대표되는 접이식 나이프의 총

칭. 칼날부분이 자루의 안 쪽에 수납되기 때문에 칼집이 필요 없고, 주머니에 넣어서 운반할 수 있다.

폴 액스

자루가 긴 전투 도끼인데, "폴 암의 도끼" 라는 뜻이 아니라, 중세 영어의 『머리(poll) + 도끼(ax)』가 지금의 스펠링으로 변경된 것이라고 한다. 겉보기에는 할버드와 닮았으나, 자루부분에 『원반형태의 날밑』이 달려있다.

폼멜링(pommeling)

상대방을 폼멜 부위로 가격하는 것. 『급소 찌르기』 라 하여 상대방의 뒤통수에 대고 하는 일이 많은데, 힘 조절을 잘못하면 위험하므로 주의하자.

플람베르크(Flammeberg)

플랑베르쥬의 독일어 독음. 플람베르크는 "플랑베르쥬의 짧은 것" 이 아니라, 독일에서 만들어진 초기형 플랑베르쥬를 뜻한다. 레이피어 타입의 도검으로, 이탈리아나 프랑스에서 만들어진 양손검 타입의 플랑베르쥬는 이 검의 영향을 받은 것이다.

플레이트 메일(plate mail)

체인 메일의 중요부위(가슴이나 허리, 어깨 등)을 판금으로 둘러싸서 방어력을 강화시킨 것. 『플레이트 & 메일』의 약자로, 온 몸을 빈틈없이 뒤덮은 플레이트 아머 와는 다른 형태의 갑옷이다. 장갑 부분은 곡면으로 이루어져 있는데, 이것은 몸에 맞추기 위함과, 상대방의 공격을 미끄러지게 해서 타격력이 흩어지게 하기 위함이다.

플레이트 아머(plate armor)

수트 메일이라고도 불리는 전신갑주. 옆구리나, 팔꿈치 안쪽 등이 노출되어있던 플레이트 메일의 방어력을 강화하여, 온 몸을 빈틈없이 판금갑옷으로 뒤덮은 방어구. 그러나 엉덩이에서 허벅지 뒤에 이르는 부분과 발 뒷부분에는 장갑이 없다.

플뢰레(Fleuret)

펜싱의 검으로 유명한 『펜싱 포일(fencing foil)』은 이 검의 일종이다. 에페의 연습용으로 만들어진 검으로, 현재는 펜싱의 기초를 이루고 있다. 도신은 바늘형태로, 연습용이기 때문에 칼 끝은 둥글다.

필드 아머(field armor)

플레이트 메일의 체인 부분을 가죽으로 만든 방어구. 겉보기에 멋있고 그림으로 그리기 쉬워서인지, 주로 픽션 세계에서 많이 사용된다.

〈하〉

하리센(종이 부채)

배틀 팬(?)의 일종. 금속이나 대나무 등의 단단한 소재를 일절 사용하지 않고, 종이만 사용해서 만들었다는 점이 특징이다. 운반하기는 편하지만, 전투에는 적합하지 않고, 주로 위협이나 의례용으로 사용된다.

하이퍼 해머(hyper hammer)

윔블던에서 대활약한 탑 헤비(Top Heavy : 헤드 부분이 샤프트 보다 무거워서 보다 힘이 실리도록 설계된 구조)라는 특성을 지닌 테니스 라켓. 쓸데없는 기능을 배제한 심플한 구조로 인기가 높다.

환두태도

고대 일본의 도. 귀족의 권위의 상징이었던 『검』 과는 달리, 높은 신분의 집안부터 일반병사까지 널리 사용되었던 무기. 한 손용 외날의 직도이며 독특한 칼자루의 디자인을 가진다.

히히이로카네(緋緋色金, 日緋色金)

고대의 일본에서 여러 용도에 사용되었다고 하는 전설의 초금속. 순수한 것은 금보다 부드럽고, 합금을 만들면 단단하며 부식이 없다고 하는 『오리칼쿰』 과 아주 흡사한 특징을 가진다. 정제된 히히이로카네는 주색(朱色)을 띄고 있으며, 칼을 만들면 돌도 쉽게 자를 수 있었다고 한다.

황금 사자의 검

헨리 왕을 모시는 기사가 차고 있는 마법의 검. 전설에 의하면 아더왕 시대의 엑스칼리버를 단련한 대장장이에 의해 만들어진 검이라고 하며, 칼집에는 "영원" 의 문자가 새겨져 있고, 도신에는 황금 사자가 새겨져 있다. 일전에는 랭커셔(Lancashire)의 마법사가 지니던 물건이었다.

회전검

칼날이 드릴처럼 회전하는 검. 겉보기에는 롱 소드이지만, 찌르기를 기본으로 하여 싸우는 무기이다. 휴대시에는 전용 방패의 뒷면에 수납한다.

참고 문헌 일람

『武器と防具 西洋編』 市川定春 新起原社

『武器と防具 日本編』 戸田藤成 新起原社

『武器と防具 中国編』 篠田耕一 新起原社

『武器事典』 市川定春 新起原社

『ARMS & ARMOR 武器甲冑図鑑』 市川定春 新起原社

『武勲の刀』 市川定春・怪兵隊 新起原社

『幻の戦士たち』 市川定春・怪兵隊 新起原社

『アイテム・コレクション』 安田均／グループSNE 富士見書房

『西洋騎士道事典』 グラント オーデン／堀越 孝一 原書房

『図説西洋甲冑武器事典』 三浦権利 柏書房

『図説日本合戦武具事典』 笹間良彦 柏書房

『魔導具事典』 山北篤(監修) 新起原社

『武器屋』 Truth In Fantasy編集部 新起原社

『図説日本武器集成』 学習研究社

『図説日本刀大全』 学習研究社

『図説 剣技・剣術』 牧秀彦 新起原社

『図説 剣技・剣術 二』 牧秀彦 新起原社

『グラフィック戦史シリーズ 戦略戦術兵器事典②【日本戦国編】』 学習研究社

『戦国合戦の常識が変わる本』 藤本正行 洋泉社

『明府真影流手裏剣術のススメ』 大塚保之 BABジャパン

『CIAスパイ装備図鑑』 キース・メルトン／北島護(訳) 並木書房

『ナイフ・ナタ・斧の使い方』 鈴木 アキラ 山と渓谷社

『聖剣伝説』 佐藤俊之／F.E.A.R.著 新起原社

『聖剣伝説 II』 佐藤俊之／F.E.A.R.著 新起原社

『ドラゴン学』 ドゥガルド・A.スティール 今人舎

『RPG幻想事典・日本編』 飯島建男 ソフトバンククリエイティブ

『RPG幻想事典 アイテムガイド』 ヘッドルーム編 ソフトバンククリエイティブ

『RPG幻想事典 戦士たちの時代』 司史生 坂東いるか(共著) ソフトバンククリエイティブ

『ザ・暗殺術』 マーク スミス ジョン ミネリー／ハミルトン 遙子(訳) 第三書館

『ザ・必殺術』 ヘイ ロン ブラッドリー・J. シュタイナー／天海陸，田丸鐘(訳) 第三書館

『ザ・秒殺術』 マーク マックヤング，ドン・ヴィト クアトロッチ，ドクター・T. ガンボーデラ／ハミルトン 遙子(訳) 第三書館

『コマ送り動くポーズ＆アクション集5 武器編』 マール社編集部 マール社

『西洋甲冑ポーズ＆アクション集』 三浦権利 美術出版社

『実写版 アクションポーズ集 侍・忍者編』 ほーむるーむ グラフィック社

『ワーズ・ワード』 ジャン・クロード コルベイユ，アリアン アーシャンボウ 同朋舎出版

『武器』 ダイヤグラム・グループ(編) 田島優，北村 孝一(訳) マール社

『ビジュアル博物館 第5巻 武器と甲冑』 マイケル バイアム／リリーフ・システムズ(訳) 同朋舎出版

『ビジュアル博物館 第43巻 騎士』 クリストファー グラヴェット／リリーフ・システムズ(訳) 同朋舎出版

『ビジュアル博物館 第49巻 城』 クリストファー グラヴェット／リリーフ・システムズ(訳) 同朋舎出版

『OSPREY MEN-AT-ARMS アーサーとアングロサクソン戦争』 デヴィッド ニコル／佐藤俊之(訳) 新起原社

『OSPREY MEN-AT-ARMS 共和制ローマの軍隊』 ニック セカンダ／鈴木渓(訳) 新起原社

『OSPREY MEN-AT-ARMS サクソン/ヴァイキング/ノルマン』 テレンス ワイズ／佐藤俊之(訳) 新起原社

『OSPREY MEN-AT-ARMS 十字軍の軍隊』 テレンス ワイズ／桂令夫(訳) 新起原社

『OSPREY MEN-AT-ARMS 中世ドイツの軍隊』 クリストファ グラヴェット／鈴木渓(訳) 新起原社

『OSPREY MEN-AT-ARMS 百年戦争のフランス軍』 デヴィッド ニコル／稲葉義明(訳) 新起原社

『A Glossary of the Construction, Decoration and Use of Arms and Armor in All Countries and in All Times Together With Some Clesely related Subjects』 George Cameron Stone Dover Pubns

*편집부 주 : 본서에서는 원서와 동일하게 참고문헌을 표기하였습니다.

AK Trivia Book No. 1

도해 근접 무기

개정판 1쇄 인쇄 2025년 4월 25일
개정판 1쇄 발행 2025년 4월 30일

저자 : 오나미 아츠시
번역 : 이창협

펴낸이 : 이동섭
편집 : 이민규
디자인 : 조세연
기획 · 편집 : 송정환, 박소진
영업 · 마케팅 : 조정훈, 김려홍
e-BOOK : 홍인표, 최정수, 김은혜, 정희철, 김유빈
라이츠 : 서찬웅, 서유림
관리 : 이윤미

㈜에이케이커뮤니케이션즈
등록 1996년 7월 9일(제302-1996-00026호)
주소 : 08513 서울특별시 금천구 디지털로 178, B동 1805호
TEL : 02-702-7963~5 FAX : 0303-3440-2024
http://www.amusementkorea.co.kr

ISBN 979-11-274-8825-3 03900

図解　近接武器
ZUKAI KINSETSU BUKI
By OHNAMI Atsushi
Copyright © 2006 OHNAMI Atsushi
Cover Illustrations © ARITA Mitsuhiro
Illustrations © 2006 FUKUCHI Takako
All rights reserved
Originally published in Japan by Shinkigensha, Tokyo.

Korean translation copyright ©2009, 2010 by AK communications. Inc
Korean translation rights arranged by Shinkigensha